Sigmund Gottlieb
SO NICHT!

© LMV, ein Imprint der
Langen Müller Verlag GmbH, München
Alle Rechte vorbehalten

Umschlag: Sabine Schröder
Innengestaltung und Satz: Sibylle Schug
Umschlagmotiv: Dirk Bruniecki, i-Stock (Hintergrund)
Druck und Binden: Friedrich Pustet GmbH & Co.KG, Regensburg
Printed in Germany
ISBN: 978-3-7844-3598-5
www.langenmueller.de

SIGMUND GOTTLIEB

So nicht!

Klartext zur
Lage der Nation

*Für Nagia, Niklas
und meine Eltern*

Freiheit ist das Recht,
anderen zu sagen, was
sie nicht hören wollen.

George Orwell

Inhalt

PROLOG: Zerfallserscheinungen 9

VERIRRTER GEIST
Neue deutsche Denk- und Gefühlswelten 35
Bildung als Lippenbekenntnis.................................... 61
Sprachlose Gesellschaft 91

VERNACHLÄSSIGTES LAND
Sträflich vernachlässigt 115
Land der Bürokraten 134
Trostlose Servicewüste 151

BEDROHTE DEMOKRATIE
Das Dilemma der Politik 171
Absurdes Theater 203
Demokratie im Gegenwind 231

UNTERSCHÄTZTE FREIHEIT
Abkopplung von der Geschichte 251
Eigentum vernichtet 277
Qualitäts- oder Gesinnungsjournalismus 295

EPILOG: Was uns Roman Herzog
heute sagen würde 333

Literaturverzeichnis.. 348

PROLOG

Zerfalls-erscheinungen

Ein Bild der Nachlässigkeit

Auf der Terrasse eines Hotels in Berchtesgaden. Die Coronahöchststände liegen erst wenige Monate zurück. Der Tourismus versucht allmählich wieder Fuß zu fassen. Über mir ein Himmel, der an diesem Sommernachmittag auf einmal das passende Bild zu diesem Buch liefert. Es ist ein Bild, nach dem ich lange gesucht habe. Noch scheint wohltuend warm die Sonne, doch ich spüre und sehe, wie sich die Wetterlage allmählich ändert. Nein, noch nicht dramatisch und auch nicht rasend schnell. Aber es ist deutlich wahrzunehmen, wie das Wetter umschlägt. Wind kommt auf. Es wird kühler von Minute zu Minute. Graue Wolkentürme bauen sich bedrohlich über den Berggipfeln auf. Das tiefe Blau des Himmels, dass eben noch das schöne Land betörend überwölbt hat, verschwindet hinter einer rasch wachsenden Schlechtwetterfront. Ein paar azurblaue Flecken in der immer dichter werdenden Wolkendecke erinnern mich daran, wie schön und warm und angenehm es noch vor wenigen Minuten war. Über mir ist es jetzt schwarzgrau verhangen. Die Vorhersage der Meteorologen für die nächste Zeit verheißt nichts Gutes. Offensichtlich sehen das auch die Hotelgäste so und verlassen hektisch das Sonnendeck. Das Personal schließt die Schirme.

Ich erkenne, wie sich der Putz an vielen Stellen von der Wand löst. Die wundervollen Holzarbeiten an den Balkonen sind ausgebleicht und stumpf. Das Glas der Fenster ist staubbedeckt und blind, weil es seit Monaten nicht mehr gereinigt wurde. Das Bedienungspersonal trägt Lustlosigkeit zur Schau – für die Gäste nicht unbedingt ein Anlass zur Freude. Ihre abgetragene Arbeitskleidung passt in dieses Bild der Nachlässigkeit. Das hat es schon vor der Coronazeit gegeben, aber während der Pandemie ist man solchen Bildern noch viel öfter begegnet – nicht nur im Hotel- und Gaststättenbetrieb.

Das Virus hat uns den desolaten Zustand Deutschlands, der schon seit mindestens einem Jahrzehnt in besorgniserregender Weise vorangeschritten ist, wie in einem Brennglas gezeigt. Bleiben wir im Bild: Bündeln wir das Licht der Sonne, die unser Land – ein allgemeines und unbegründetes Wohlgefühl erzeugend – nur scheinbar erwärmt, zu einem gleißenden Brennpunkt unter dem Glas der unnachsichtig vergrößernden Lupe, bis es sich schließlich genau an der Stelle, auf die wir sie richten, unter heftiger Rauchentwicklung entzündet.

Auf einmal ist der Blick frei auf die Zerfallserscheinungen eines Deutschlands, dessen Eliten in Politik, Wirtschaft, Wissenschaft oder Medien sich selbst und ihr Volk belügen, indem sie noch immer so tun, als sei das mit 83 Millionen Menschen größte Land Europas auch mit einem Spitzenplatz in der globalen Hierarchie der Industrienationen gesegnet.

Aber, werden Sie jetzt möglicherweise erstaunt fragen, wie kommen Sie denn auf eine solche Idee? Steht dieses Deutschland nicht gut da in Europa und in der Welt? Sind wir nicht noch immer für viele das gelobte Land in der Welt? Haben wir nicht einen Sozialstaat zu bieten, der seinesgleichen sucht? Ist dieses Land nicht ein gesuchter Sehnsuchtsort für Milliardäre wie für Flüchtlinge aus der ganzen Welt? Sorgen nicht bienenfleißige Familienunternehmer für mehr als die Hälfte unserer Wertschöpfung, für 60 Prozent der Jobs und für 80 Prozent aller Ausbildungsplätze? Ist das nicht einmalig auf der Welt? Sind die Chinesen nicht ganz scharf auf unser duales Bildungssystem, das sie längst zu kopieren begonnen haben? Geben wir nicht ein Drittel unserer Wirtschaftsleistung für Soziales aus – eine Billion Euro fließen so Jahr für Jahr aus einem Füllhorn schier weltmeisterlicher Dimension? Hat uns schließlich das unberechenbare Coronavirus nicht die Augen geöffnet, wie gut Kliniken und Krankenversorgung im internationalen Vergleich dastehen?

Die Liste solcher Gegenpositionen zum Zustand unseres Landes ließe sich verlängern – und größtenteils bejahen. Doch genau darum geht es ja: Um diese Höchstleistungen zu bewahren, bedarf es einer klaren Analyse unserer Schwächen.

Das Schlendrianland

Einige Beispiele von vielen zeigen, was in diesem Land aus dem Ruder läuft. Sie erklären, warum das Vertrauen in die Eliten verloren geht. Sie machen deutlich, warum das Unbehagen vieler Menschen wächst. Die Beispiele zeigen – vom Taxifahrer, der sich ungerecht behandelt fühlt, über den Abgeordneten, der offen zugibt, dass ihn die moderne Technologie überfordert, bis hin zur Politik, die den Bürgerinnen und Bürgern immer wieder in die Tasche greift, weil ihr sonst nichts mehr einfällt –, dass wir täglich näher an eine kritische Grenze der Toleranz rücken, die die Regierten nicht mehr weiter zu ihren Lasten verschieben lassen wollen.

Vor einem großen Ruck, einem radikalen Kurswechsel, von dem zuerst einmal alle Entscheider überzeugt sein müssten und der bei realistischer Betrachtung erst künftigen Generationen zugutekäme, sollten wir in Erfahrung bringen, wie sich Deutschland in diese Situation bringen konnte – ein Land, das noch vor wenigen Jahren als Vorbild für die Welt galt, als eine Kraftmaschine, als Wirtschaftswunderland, als schier unschlagbar. Dann setzte der Niedergang ein, erst langsam und kaum wahrzunehmen, dann schneller und – wie die Beispiele belegen – an vielen Stellen gleichzeitig. Was ist passiert? Warum ist es passiert? Gibt es so etwas wie ein gemeinsames Ursachenmuster für diesen deutschen Niedergang trotz an manchen Stellen noch strahlender Oberfläche?

Auf der Suche nach Antworten auf diese Fragen fällt mir ein Erlebnis ein, das fast schon zwei Jahrzehnte zurückliegt und das als Erklärung mit hochaktuellen Bezug taugen könnte. Während eines Abendessens saß ich neben dem Vorstandsvorsitzenden eines großen internationalen Automobilkonzerns mit Sitz in Deutschland. Sehr plastisch und ungewöhnlich offen beschrieb mir der Mann die Schwierigkeiten seiner Branche in einem sich zuspitzenden Wettbewerb auf den Weltmärkten, um dann auf den eigentlichen, für ihn alles entscheidenden Punkt zu kommen: »Es geht um Qualität. Es geht um Zuverlässigkeit. Hier liegen die japanischen Autos weit vor uns an der Spitze. Das wäre früher undenkbar gewesen. Passt schon, reicht schon – das ist zu wenig. Diese Einstellung müssen wir dringend ändern.«

Was der Autoboss sagen wollte: Qualität beginnt in den Köpfen der Mitarbeiterinnen und Mitarbeiter. Ihr Einsatz und ihr Leistungswille entscheiden über Erfolg oder Misserfolg des Produkts – und damit über den Erfolg des Unternehmens. Der seit vielen Jahren in den USA tätige frühere Siemens-Chef Klaus Kleinfeld sagt in einem deutschen Hauptsatz, worauf es ankommt: »Höchstleistung verträgt kein Mittelmaß.« Im Umkehrschluss bedeutet das: Das Mittelmaß ist nicht zur Höchstleistung fähig. Wir sind in Deutschland, im Schlendrianland, das zur Republik der sich durchwurstelnden Schlamperei verkommen ist.

Wir blicken auf ein Land, in dem Genauigkeit in vielen Bereichen ein Fremdwort geworden ist und in dem viele nach dem Motto leben und arbeiten: Geht schon, reicht schon, passt doch! Fragen Sie sich doch selbst einmal kritisch: Ist es nicht ganz nett und vor allem bequem, in diesem Irgendwie-und-ungefähr-Land zu leben?

Geht schon, heißt es in dem Schlendrianland, wenn die Eltern neben Job, sonstigen Verpflichtungen und Freizeitaktivitäten kaum noch Zeit für ein Gespräch mit ihren Kindern finden.

Geht schon, heißt es im Schlendrianland, wenn die Lehrer für ihre Schüler zu Therapeuten werden müssen.

Geht schon, heißt es im Schlendrianland, wenn unsere besten Wissenschaftler ins Ausland fliehen.

Und da wundern wir uns noch, wenn wir als Hightechstandort im internationalen Vergleich schwer ins Hintertreffen geraten?

Wie oft müssen sich die Politikerinnen und Politiker beim sprachlosen Wahlvolk entschuldigen, es täte ihnen leid, sie müssten zugeben, dass sich in das Gesetzgebungsverfahren ein handwerklicher Fehler (genau so sagen sie das) eingeschlichen habe. Womit sie zugeben, dass sie in diesem Fall ihr Handwerk einfach nicht beherrscht haben.

Wer sich nicht mehr anstrengt, lässt nach. Wer nachlässt, wird nachlässig. Eine Schwester der Nachlässigkeit ist die Fahrlässigkeit. Das gilt für Institutionen, das gilt für Staaten, das gilt für alle Bereiche, in denen Menschen tätig sind. Wer nachlässt, vernachlässigt das ihm Anvertraute – zum Beispiel unser politisches Personal, das ihm anvertraute Land und die darin lebenden Menschen. »Deutschland verkommt« ist ein – zugegeben – harter Befund. Jedoch trifft er die deutsche Wirklichkeit am Beginn des zweiten Jahrzehnts im dritten Jahrtausend: Wir verkommen in der Beliebigkeit unserer individuellen Lebensstile und zu einem Staat, der alles an sich reißen will.

Verkommen ist ein politisches System, dessen oberstes Ziel der Machterhalt um jeden Preis ist und nicht mehr die beste Politik gegen alle Widerstände, auch auf die Gefahr hin, dass sie Amt und Würden kostet wie seinerzeit Gerhard Schröder. Unsere Sprache ist so misshandelt, dass sie immer weniger als Kommunikationsmittel taugt. Die Bildung ist so verkommen, dass künftige Generationen im internationalen Vergleich scheitern müssen. Die orientierungs- und mutlose Schulpolitik während der Coronamonate hat die Lage noch verschärft. Daraus sollten wir allerdings nicht voreilig den Schluss ziehen, eine zentrale Bildungspolitik des Bundes würde die bessere Alternative im Sinne der Schülerinnen und Schüler sein. Ich befürchte das Gegenteil: Bildung aus einer Hand schaltet den Wettbewerb der Länder aus und orientiert sich immer an den Leistungsschwachen. Die Folge wäre der weitere Abstieg unserer Bildungsangebote im internationalen Vergleich.

Wir beobachten einen Prozess, der unterschiedlich weit fortgeschritten ist. Manche Spitzendisziplinen bleiben vom Zerfallsprozess noch unberührt, weil sie sich täglich zu neuen Spitzenleistungen anspornen. Was ist eigentlich gemeint, wenn das Gefühl immer stärker wird, etwas würde verkommen? Es gibt eine Reihe sinnverwandter Begriffe, die an Deutlichkeit ebenfalls nichts zu wünschen übrig lassen. So könnte man auch vom Absinken sprechen oder vom Abrutschen, vom Abwirtschaften, vom Herunterkommen oder vom Abgleiten. Mit jedem dieser Begriffe ist der fortschreitende Muskelschwund des Made-in-Germany-Weltmeisters von einst zutreffend beschrieben.

Die Gesinnungsethiker

Wenn wir nach Erklärungen für den besorgniserregenden Zustand Deutschlands suchen, sollten wir bei Max Weber nachschlagen, dem berühmten Soziologen, der mit seinem Vortrag im Jahr 1919 Weltruhm erlangt hat und noch heute die politische Diskussion auf der ganzen Welt mit seinen klugen Gedanken anheizt. In seiner legendären Rede mit dem Titel »Politik als Beruf« hat er Gesinnungsethik und Verantwortungsethik gegenübergestellt.

Der Verantwortungsethiker muss die Folgen seines Handelns im Blick haben, die Gesinnungsethiker dagegen machen sich weitgehend frei von solchen Überlegungen. Die Konsequenzen ihrer Handlungen sind ihnen im Zweifelsfall gleichgültig. Es geht ihnen in erster Linie um die Moral und um die Formulierung eines Absolutheitsanspruchs, koste es, was es wolle, was sich an vielen Vorschlägen zur Klimapolitik aktuell nachweisen lässt.

Wen wundert es da, dass gesinnungsethische Positionen in aller Regel von Politikerinnen und Politikern in der Opposition eingenommen werden, die fernab vom Regierungshandeln keine Entscheidungen treffen müssen, oder von Bürgerinnen und Bürgern, deren ebenso gut gemeinte wie oft weltfremde Argumente niemals einem Realitäts- oder Realisierungscheck unterzogen werden müssen.

Die Verantwortungsethiker dagegen mussten sich schon immer in der Nische der Minderheiten einrichten.

In Deutschland hatten und haben sie einen besonders schweren Stand. Wer die Ethik dagegen nur an seine Gesinnung bindet, hat sich meist schon entschieden: Erst kommt die Moral, dann die Fakten, erst das Gewissen, dann das Wissen. Diese Haltung ist mehrheitsfähig, weil sie längst ihre Entsprechung in der Politik und in den Medien gefunden hat. Millionen von Gesinnungsethikern gehen beinahe täglich eine weitgehend faktenfreie Verbindung mit den Grünen und der Linkspartei ein. Gesinnungsethiker sind vereinzelt auch noch in der SPD anzutreffen, doch längst nicht mehr in der Größenordnung früherer Jahre.

Die Gesinnungsethiker sind in der Bundesrepublik inzwischen in einem Maße präsent, an das Max Weber noch nicht einmal im Traum gedacht hat. Sie bestimmen die politische Diskussion, sie beherrschen die Straße, und ihre Geistesverwandtschaft in den Medien sorgt dafür, dass sie auf allen Ausspielwegen präsent sind. Machbarkeit und Überprüfbarkeit dieser auf Gewissensebene vorgetragenen Argumente und Forderungen spielen für die genannten Gruppen und Parteien keine oder nur mehr eine untergeordnete Rolle. Dies macht die Auseinandersetzung mit ihnen, besonders aber Versuche der Problemlösung, so schwer, um nicht zu sagen, unmöglich.

In der jüngeren und jüngsten Geschichte der Bundesrepublik hat die Gesinnungsethik die politische Diskussion immer mehr durchdrungen. Das Wünschbare hat längst das Machbare überlagert. Die guten Absichten übertrafen stets den Willen zu ihrer Umsetzung. Dieser sich massiv beschleunigende Trend zeigt fatale Folgen für unser Land, weil für die Gesinnungsethiker Machbarkeit, Lösbarkeit und Umsetzbarkeit zweitrangig oder bedeutungslos sind, weil sie ihren radikalen Denkprinzipien ganz einfach im Wege stehen.

Bitte kein Missverständnis: Dies ist kein Plädoyer dafür, Vertretern der Gesinnungsethik das Wort zu entziehen oder sie als notorische Gutmenschen zu desavouieren. Ihre unorthodoxen und durch keinerlei Machbarkeitsschranken eingeengten Denkansätze brachten schon manchem Verantwortungsethiker wertvolle Denkanstöße. Ein solcher Austausch wäre wohl auch im Sinne Max Webers gewesen. Nicht in seinem Sinne wäre es dagegen, dass das Verhältnis zwischen beiden Denkschulen völlig aus der Balance geraten ist. Die Gesinnung hat die Herrschaft übernommen, gemeinsam mit ihrer Halbschwester, dem Nichtwissen, begleitet von Medien, die nie einen Zweifel daran gelassen haben, auf wessen Seite sie stehen.

Gesinnungsethiker versammeln sich seit vielen Jahren vor allem auf zwei politischen Meinungsfeldern: dem der Klima- und dem der Flüchtlingspolitik. Beide Themen haben natürlich eine globale Dimension, gleichzeitig haben sie typisch deutsche Bezüge und sind von typisch deutschem Interesse. In der Flüchtlingspolitik haben wir im Spätsommer 2015 eine Kanzlerin erlebt, deren Handeln als Regierungschefin, das in der Regel qua Amt verantwortungsethischen Grundsätzen zu folgen hat, über Nacht auch gesinnungsethisch gesteuert war. In der Klimapolitik reklamieren die Grünen bekanntermaßen und zu Recht das Urheberrecht und setzen seit Jahren alles daran, von Naturkatastrophen aller Art bis hin zur Überflutung und Zerstörung deutscher Vorzeigestädte in Nordrhein-Westfalen und Rheinland-Pfalz zu profitieren.

Die Spätsommertage 2021 haben uns am Beispiel des Themas »Klimapolitik« eine Gesinnungsoffensive noch nie erlebter Wucht vor Augen geführt. Wer auf dieser gewaltigen Klimawelle nicht mitsurfte, sondern es auch nur wagte, ein paar vorsichtig vorgetragene Fragen bezüglich der Belastbarkeit der einen oder anderen Klimastudie zu

stellen, der wurde binnen eines Wimpernschlags als Klima-
leugner an den öffentlichen Pranger gestellt. Und in viele
Diskussionsrunden werden die ohnehin kaum mehr auffindbaren Vertreter solcher Positionen nur mehr sporadisch oder gar nicht mehr eingeladen.

Max Weber hat es als die Aufgabe des Politikers oder
der Politikerin bezeichnet, ein Gleichgewicht zwischen
Verantwortungsethik und Gesinnungsethik zu finden. Ein
Land gleitet ab, wenn die immer größer werdende Gemein-
schaft der Gesinnungsethiker Gegenpositionen nicht mehr
zulässt und deren Vertreter mundtot macht. In Deutschland beherrschen Moralisten und Ideologen weite Strecken
der öffentlichen Diskussion. Ihr Vorgehen ist gegenüber
Abweichlern von der eigenen Haltung – oder sollte man
besser sagen Ideologie – von wachsender Unnachgiebigkeit
und Militanz geprägt.

Die Euphemisten

Wie hat Henrik M. Broder einmal sehr treffend gesagt:
»Euphemismus – das ist der Meister aus Deutschland.«
Broder meinte dies in Anlehnung an die Todesfuge von
Paul Celan, an eines der wichtigsten Gedichte, die an die
Opfer des Holocaust erinnern. Wir haben es in der Tat
zu einer Meisterschaft gebracht – und hier wird uns das
Siegertreppchen von keinem auf dieser Welt streitig ge-
macht –, nicht mehr zu sagen, was gesagt werden müsste;
nicht mehr auszusprechen, was danach schreit ausgespro-
chen zu werden. Deutschland und die Deutschen haben
sich in der Schweigespirale der Euphemisten eingesperrt.
Wenn wir mehr über sie wissen wollen, helfen uns die
Griechen weiter. Da erfahren wir, dass sie eigentlich für
etwas Positives stehen. Euphemismus, erfahren wir, ist

das »Wort von der guten Bedeutung«. Doch diese gute Bedeutung ist genau das Problem. Sie beschönigt oder verharmlost nämlich die Lage. Sie versucht, Negatives unbedeutend erscheinen zu lassen, zumindest unbedeutender, als es in Wirklichkeit ist. Die Euphemisten sind überall dort anzutreffen, wo Verantwortung übernommen werden muss und wo deshalb auch Fehler gemacht werden. Nirgends sitzen sie so dicht gedrängt wie in den deutschen Ministerien, Parlamenten oder Vorstandsetagen.

Einen Euphemismus der besonderen Art hat sich die Unionspolitikerin Annegret Kramp-Karrenbauer geleistet. Angesichts des Terroranschlags von Halle am 9. Oktober 2019 sprach sie von einem »Alarmzeichen, das niemanden in Deutschland unberührt lassen kann«. Dies war eine Fehlleistung, wie sie Politikern einfach nicht passieren darf. Diese Einschätzung kam ja nicht von irgendwem, sondern von der damaligen CDU-Chefin und Verteidigungsministerin der Bundesrepublik Deutschland. Und ich kann es mir nicht anders vorstellen: Dieser sprachlichen Entgleisung muss eine gedankliche Verirrung vorausgegangen sein.

Der Euphemismus ist ein Meister aus Deutschland – worauf würde Broders Schlüsselsatz besser passen! Denn der Terrorakt von Halle war kein Alarmzeichen, sondern ein tödlicher Anschlag, der nur möglich geworden war, weil viele Alarmzeichen vorher nicht ernst genommen wurden – vor allem von Politikerinnen und Politikern nicht. Dieser Satz der Unionspolitikerin war Euphemismus pur. Einen gerade noch abgewendeten Terroranschlag gegen Juden an Jom Kippur als alarmierend abzutun, hat die Dimension des Ereignisses natürlich völlig verkannt. Zum Ausdruck kommt hier wieder einmal der jedem Euphemismus zu Grunde liegende Gedanke der Beschwichtigung. Auch wenn diese Verfehlung nur aus Unachtsamkeit erfolgte, so macht sie das Problem nicht kleiner. Für Springer-Chef Matthias Döpfner, der sich damals in einem viel beachteten Leitartikel in der Welt zu Wort gemeldet hatte, steht dieses Beispiel symbolisch für eine politische Kultur der Euphemismen. Immer weniger wird noch benannt, wie es ist. Es wird verschwiegen oder beschwichtigt oder verharmlost.

In Parteien, Parlamenten und Regierungen haben die Beschöniger, Beschwichtiger und Gesundbeter längst die Herrschaft übernommen. Dies gilt für fast alle wichtigen Themen der Politik. Und die sind längst zu komplex geworden, um sie mit dem vorhandenen politischen Personal und seiner Problemlösungskompetenz in den Griff zu bekommen. Die Euphemisten setzen unserem Land so zu, weil sie die Lage – wider besseres Wissen – besser darstellen, als sie ist, und das, was auf deutsche Bürgerinnen und Bürger zukommen wird, verschweigen.

Manchmal lassen sie aus den Parteizentralen von CDU, CSU oder FDP zaghaft einen Versuchsballon steigen, den man mit der Botschaft »Wir müssen bis 70 arbeiten« gen Himmel schickt. Der Aufschrei, der bei solchen Gelegenheiten durchs Land hallt, beendet ein Experiment wie dieses meist schon binnen Stunden. Das Thema wird dann umgehend aus der öffentlichen Diskussion entfernt, schließlich könnte es ja die Wahlchancen der Befürworterinnen und Befürworter einer solchen Idee stark beeinträchtigen. Es fehlt an politischem Mut, die Wahrheit zu sagen, und es fehlt an dem Willen und der Fähigkeit unserer Volksvertreter, ein paar einfache – oder nicht ganz so einfache – Zusammenhänge zu erklären. Statt notwendige Reformen vor dem Volk zu verbergen, weil sie unpopulär sind, könnte man es ja auch einmal mit Überzeugungsarbeit versuchen – und die ginge bei unserem Beispiel so:

Die Deutschen werden länger arbeiten müssen, weil anders unsere gesetzlichen Rentensysteme nicht mehr zu finanzieren sind. Die Lage ist vor allem deshalb so dramatisch, weil die Menschen immer älter werden und immer weniger junge und mittlere Altersgruppen ins System einzahlen. Die durchschnittliche Lebenserwartung der Deutschen beläuft sich nach aktuellen Statistiken auf knapp 79 Jahre bei Männern und auf knapp 84 Jahre bei Frauen. Damit sind wir heute mehr als doppelt so alt wie in den 1870er-Jahren. Diese Entwicklung wird sich zuspitzen, weil künftige Generationen noch älter werden.

Gleichzeitig – so müsste man es erklären, wenn man es wollte und könnte – wird sich das Verhältnis von Beitragszahlern und Rentnern künftig in dramatischer Weise verschieben. Dass zwei Beitragszahler einem Rentner gegenüberstehen wie heute – das wird nicht mehr lange so bleiben. Mehr Rentner und weniger Beitragszahler – so lautet die besorgniserregende Rentenformel der nahen Zukunft. Dabei sollten wir nicht vergessen, dass ab 2020 die geburtenstarken Babyboomerjahrgänge in den Ruhestand gehen. Die Folge sind wesentlich mehr Rentner und deutlich weniger Menschen in Arbeit.

So könnte man es erklären. Doch dies wird unterlassen. Eine dringend notwendige Diskussion wird nicht geführt, weil sie bei den Wählerinnen und Wählern schlecht ankommt. Das Thema wird zwischen Gesinnungsethikern und Tabuisierern bis zur Unkenntlichkeit zerrieben. Und noch etwas: Wem es an erster Stelle um den Machterhalt und das eigene politische Überleben geht, der fasst dieses Thema eher mit spitzen Fingern an. Jedenfalls wächst die Zahl der Politikerinnen und Politiker, die Probleme aussitzen, um den von ihnen verursachten Scherbenhaufen nach Erreichen der Altersgrenze ihren Nachfolgern überlassen zu können.

Das Land der Tabus und des Schweigens

Die konsequentere Schwester der Beschönigung heißt Tabu. Deutschland ist spitze im Ausklammern und Wegdrücken der Wahrheit. Mir scheint, als zögen die da oben und die da unten, also Eliten, politische und andere, die man so nennt oder die sich so nennen, und wir Normalos in dieser Disziplin in großer Einigkeit an einem Strang. Täglich tauchen neue Themeninseln auf, um die wir einen großen Bogen machen. Die deutschen Tabuzonen dehnen sich immer weiter aus.

Nehmen wir das Beispiel Zuwanderung. Jahrzehntelang war es in Deutschland tabu, über deren Probleme offen und öffentlich zu diskutieren. Gut gemeint ist eben allzu oft das Gegenteil von gut. Dass Sprachkenntnisse für Ausländer im Gastland unverzichtbar sind, wurde von vielen gesinnungsethisch Verblendeten in der Politik erst zähneknirschend akzeptiert, nachdem im Herbst 2015 Tausende syrischer Flüchtlinge nach Deutschland kamen. War es nicht lange Zeit ein Tabu, darauf hinzuweisen, dass Integration auch integrationswillige Menschen verlangt? War es nicht lange ein Tabu, Wahrheiten wie die des langjährigen Bezirksbürgermeisters von Neukölln, Heinz Buschkowsky, anzusprechen? Jugendlichen, auch Ausländern müsse klargemacht werden, dass sie sich an unsere Wertvorstellungen zu halten haben. Wer nicht akzeptieren wolle, dass Juden keine Feinde und Raub kein Kavaliersdelikt seien, habe in Deutschland nichts verloren – so der Bürgermeister.

Dieser von Teilen der Politik gewollte, von anderen geduldete Prozess der Tabuisierung hat besorgniserregende Folgen. Er führt dazu, dass das Freiheitsgefühl der Bürgerinnen und Bürger abnimmt. Immer mehr Deutsche halten sich mit Äußerungen zu bestimmten Themen zurück, weil sie das Gefühl haben, dass eine kritische, differenzierte und vom Mainstream abweichende Meinung, weil nicht »political correct«, nicht erwünscht ist.

Eine Mehrheit hat überhaupt keine Probleme, sich zu kritischen Themen im Freundes- oder Bekanntenkreis zu äußern, will dies jedoch nicht in der Öffentlichkeit tun – in dem Raum also, in dem Tabuthemen oder Mehrheitsmeinungen schon alle Plätze besetzt haben.

Seit fast siebzig Jahren stellt das Allensbach-Institut den Deutschen die stets gleiche Frage: »Haben Sie das Gefühl, dass man in Deutschland seine politische Meinung frei sagen kann – oder ist es besser, vorsichtig zu sein?« Seit den 1960er-Jahren bis ins vergangene Jahrzehnt hinein waren mehr als zwei Drittel der Befragten der Meinung, sie hätten kein Problem, sich zu allen Themen frei zu äußern. Seitdem haben sich die Antworten allerdings dramatisch verändert. Während der Umfrage im Juni 2021 sagten gerade noch 45 Prozent, man könne seine Meinung frei sagen, 44 Prozent widersprachen dem. Die Befragten befürchteten gesellschaftliche Sanktionen, wenn sie mit ihrer Meinung gegen den Strom der politischen Korrektheit verstoßen würden.

Die Allensbach-Umfrage wollte außerdem wissen, was heikle Themen seien, bei denen man sich leicht den Mund verbrennen könne. Es sei ein Problem, über Muslime und den Islam zu sprechen, meinten 1996 noch 15 Prozent der Befragten, 2021 war es dagegen schon das Vierfache, nämlich 59 Prozent. Es sei problematisch, über Vaterlandsliebe und Patriotismus zu sprechen, sagten 1996 16 Prozent der Befragten, 2021 waren es dagegen 38 Prozent. Allensbach-Chefin Renate Köcher kommt zu dem Schluss, dass eine wachsende Zahl von Deutschen die Sorge habe, als rechtsaußen zu gelten, wenn sie sich als Patrioten zu erkennen gäben.

Hier tut sich offensichtlich eine täglich tiefer werdende Vertrauenslücke auf, die unsere Elitenvertreter, vor allem aus der Politik, nicht sehen, nicht sehen wollen oder nicht ernst genug nehmen. Der Zerfallsprozess Deutschlands in vielen Bereichen wird nur zu stoppen sein, wenn sein Spitzenpersonal, allen voran das aus der Politik, neben vielen anderen Maßnahmen auch den großen Tabubruch organisiert. Dazu würden allerdings Entschlossenheit gehören, Mut und die persönliche Freiheit, sich gegebenenfalls von der Macht zu verabschieden. Jedenfalls wäre es die Chance zur Auflösung unserer deutschen Tabuzonen. Wenn weiterhin dringende, schwierige, unangenehme und unbequeme Themen hinter einer Mauer des Schweigens weggesperrt statt gelöst werden, wird Deutschland im internationalen Vergleich noch weiter ins Hintertreffen geraten.

Doch es ist bereits ein bedenkliches Zeichen, wenn sich immer mehr Menschen in unserem Land zu den Themen Flüchtlinge und Patriotismus in der Öffentlichkeit nicht mehr äußern wollen, weil sie glauben, es sei nicht erwünscht und entspreche nicht der Meinung der Mehrheit. Was zeigt uns das? Auch in Demokratien kann Meinungsfreiheit an ihre Grenzen stoßen – nicht mittels Erlass oder Verordnung, sondern aufgrund eines stimmungsbildenden Haltungsverbundes, an dem auch Politik und Medien beteiligt sind. Diese problematische Verbindung zwischen Politikgestaltern und Politikbeobachtern ist ein wichtiger Grund für den Vertrauensverlust vieler Frauen und Männer in Politik, Medien und die Eliten insgesamt.

Die Menschen spüren – und man sollte ihre Sensibilität nicht unterschätzen –, wie durch den polit-medialen Gleichklang die Kontrolle der Macht immer schwieriger wird. Sie empfinden, dass nicht mehr das ganze Bild gezeichnet wird, sondern nur mehr solche Ausschnitte das

Licht der Öffentlichkeit erblicken, die einer herrschenden Politiker- und Journalistenklasse opportun oder ideologisch angemessen erscheinen. Dabei handelt es sich um eine Fehlentwicklung, die in den vergangenen Jahren erkennbar fortgeschritten ist – vor allem unter der schwülen Dunstglocke der Hauptstadt Berlin.

Ich bin seit über 40 Jahren Journalist und muss feststellen, dass die Verklebungen zwischen Politik- und Medienmenschen im Laufe der Jahre und Jahrzehnte immer fester und unauflösbarer wurden. Diese unheilige Allianz war es auch, die sich stillschweigend darauf verständigte, immer mehr Themen zum Tabu zu machen. Kanzlerin Merkel und ihre bis weit in das linksliberale Lager reichenden journalistischen Sympathisanten haben es in den zurückliegenden anderthalb Jahrzehnten in dieser Disziplin zu einer Perfektion gebracht, die Deutschland beträchtlichen Schaden zugefügt hat. Das große Schweigen lähmt unser Land. Offene und kontroverse Debatten sind nicht erwünscht. Wer sich außerhalb des festgesetzten Meinungsrahmens einer selbst ernannten Elite bewegt, wird sehr schnell zum Schweigen gebracht – mit Ausgrenzung und mit Ächtung, nicht selten mit menschenverachtender Häme.

Und so wird weiter alles totgeschwiegen, was dem Machterhalt des Systems Schaden zufügen könnte: in der Politik, in den Medien, in der Polizei und in den Behörden. Diese Entwicklung ist in ihrer Gefahr nicht zu unterschätzen. Immer mehr »Andersmeinende« sorgen dafür, dass die schweigende Mehrheit täglich größer wird. Diese Leute, deren Zahl schwer zu beziffern, aber im Zweifelsfall höher ist als vermutet, da von einer hohen Dunkelziffer auszugehen ist, haben längst resigniert. Sie beklagen – wie ich finde zu Recht –, dass sie mit ihrer Meinung und ihren Problemen kein Gehör finden bei denen, die in den Schutzzonen ihrer

Eigenheime am Rande der Stadt kein Gefühl dafür mehr entwickeln, was die Leute wirklich umtreibt. Merke: Gefährlich wird es immer dann, wenn am Stammtisch nicht mehr gestritten, sondern nur noch geschwiegen wird. Deutschland ist auf dem Weg zum schweigenden Stammtisch.

Diese fortschreitende Vertrauenskrise, diese Abwendung vieler Menschen von denen da oben, zehrt an der Kraft unseres Gemeinwesens, rüttelt an den Fundamenten unseres Staates, dessen Repräsentanten schon seit Jahren in ihrer großen Mehrheit nur noch in hilfloser Verteidigungshaltung verharren. Die Befreiung aus dem Tal der Kraftlosigkeit wäre möglich durch offenen Streit und eine disruptive Debatte, die alles infrage zu stellen bereit ist. Doch davon sind wir meilenweit entfernt. Audiatur et altera pars ist nicht erwünscht (lieber wird die Gegenseite mundtot gemacht, als sie zu hören). Das würde ja die Argumente der Besitzstandswahrer infrage stellen. So muss bei einer wachsenden Zahl von Menschen der Eindruck entstehen, dass die öffentlichen Diskussionen zu vielen Themen, vom Klima bis zu den Flüchtlingen, von den Renten bis zur Inflation geprägt sind von rigoroser Einseitigkeit.

Es gibt Tage, da wünsche ich mir Joachim Gauck ins Amt zurück. Er hat Missstände beim Namen genannt. Auch wenn es nicht populär war, auch wenn er damit zum Widerspruch herausforderte. Er verweist zum Beispiel darauf, dass jemand, der Bedenken gegen Einwanderung erhebt, noch längst kein Rassist sein muss. Es sei auch kein Nationalist oder gar Faschist, wer eine positive Beziehung zu seiner Heimat pflegt. In einer Vorlesung an der Universität Mainz beklagt Gauck ein Toleranzdefizit unserer Eliten, aber auch der gesamten Gesellschaft, das Abweichler vom Mainstream der Meinung zu unerwünschten Personen erklärt. Gauck wörtlich: »Die unangenehme Meinung zu früh als unmoralisch auszugrenzen und Kritik

an unserer Demokratie vorschnell als faschistisch zu erklären, führt zu früh zu der in anderen Fällen erforderlichen
Intoleranz und spaltet die Gesellschaft.«

Seine Stimme erhebt Joachim Gauck auch bei Themen,
die andere lieber meiden. Er stellt Zusammenhänge her,
erklärt und enttabuisiert. Ein Beispiel ist der islamistische
Antisemitismus. Er schürt Misstrauen in der Gesellschaft
und ist Wasser auf die Mühlen der AfD. In seinem Buch
»Toleranz« gibt Gauck eine Erklärung für dieses Verdrän-
gungsverhalten: »Offensichtlich bestand eine Furcht einer
Gruppe (den Flüchtlingen), die selbst Diskriminierung erfährt, ihrerseits die Diskriminierung anderer anzulasten.«
Auch Political Correctness, getragen von wohlmeinenden
Motiven, entbindet uns nicht von der Pflicht, auch die Gefahr, die von radikalen Muslimen ausgeht, offen, öffentlich
und unzensiert zu thematisieren – genauso wie die Bedrohung von rechts. Aber genau das wollen die Gesinnungsethiker und Euphemisten nicht.

Untauglich in der Krise

Die Arbeit an diesem Buch fiel in eine außergewöhnliche,
beunruhigende und in hohem Maße unübersichtliche Zeit.
Ein Virus hält die Welt in Atem und wurde zu einer der
großen Herausforderungen in der Menschheitsgeschichte.
Zu Beginn der Pandemie schien Deutschland – trotz hane-
büchener Fehler etwa bei der Maskenbeschaffung – vieles
richtig zu machen. Wie das den Deutschen gelang, fragte
man sich in den Hauptstädten der Welt voller Neid. Dies
blieb freilich nicht ohne Folgen. Eine zunehmende Über-
heblichkeit bei den politischen Entscheidern in Berlin und
in den Bundesländern konnte man sehr wohl spüren – ein
wenig auch bei Kanzlerin Merkel, in besonderer Weise aber

bei den Karrieristen Jens Spahn und Markus Söder, die ihr jeweiliges Coronamanagement im gleichen Maße an der Sache wie an der eigenen Person ausrichteten. Es dauerte jedoch nicht lange, und unsere Politiker waren bei der Bekämpfung des Virus genauso überfordert wie die meisten anderen Länder und Regierungen dieser Welt.

Seitdem erleben wir Management by Überforderung, den Rückzug der Politik in den täglichen Pragmatismus neuer, vorher noch nie erlebter Herausforderungen. Der Hinweis, mit einer vergleichbaren Krise seien die Entscheider in der Politik noch nie konfrontiert gewesen, ist, zumindest für die erste Welle, berechtigt. Es sei jedoch genauso der Hinweis gestattet, dass Eliten dafür da sind (in der Politik dafür gewählt sind), auch in unvorhersehbaren Krisensituationen nach bestem Wissen und Gewissen (in dieser Reihenfolge) zu handeln und zu entscheiden. So förderte die große Pandemie die Schwächen unseres politischen Systems in der Krise zutage – unerbittlich und jeden Tag aufs Neue. Das politische Personal der Jetztzeit ist für Zeiten, die Thinking out of the box sowie unkonventionelles und schnelles Handeln erfordern, nicht gemacht.

Der über viele Monate stereotyp wiederholte Hinweis, man werde aus den Fehlern lernen und es bei der nächsten Katastrophe besser machen, empfinde ich weniger als Ausdruck von Demut als von Hilflosigkeit. Für die Regierten sind solche Worte alles andere als beruhigend. Schließlich geht es noch nicht darum, die nächste Krise zu bewältigen, auf die man dann vielleicht (wer weiß das schon und wer kann uns das garantieren?) besser vorbereitet sein wird, sondern es geht um die mühsame Gegenwart, um die Seuche, die uns jetzt heimsucht und deren Ende wir immer noch nicht genau kennen.

Corona ist nicht das einzige, wenn auch das dramatischste Beispiel, das uns die begrenzten Fähigkeiten einer politischen Elite vor Augen führt, in Ausnahmesituationen das Richtige zu tun und verantwortungsvoll zu entscheiden. Corona hat nicht nur gezeigt, dass unser Gesundheitssystem noch immer gut funktioniert, sondern auch unsere Augen geöffnet für ein bürokratisches Monster, das nicht nur das Krankensystem, sondern alle Bereiche, derer es in seiner unersättlichen Gier habhaft werden kann, erdrückt.

Wer glaubt, Deutschland würde noch in der ersten Liga der Nationen dieser Welt mitspielen, ist kein Realist, sondern ein Euphemist, der die Situation wider besseres Wissen beschönigt. Es könnte auch sein, dass dies der Blickwinkel der Saturierten ist, die es sich in der eng geflochtenen Hängematte des Wohlstands bequem gemacht haben und darüber den Blick auf die wirklichen Zustände im Land verloren haben, weil sie von einem einzigen Wunsch beseelt sind: Alles möge so bleiben wie es ist.

In Deutschland zeichnet man gerne Trugbilder, von ihnen sollten wir uns jedoch nicht verführen lassen. Wie kommt es, dass ich mich angesichts des Zustands unseres Landes immer wieder an Venedig erinnert fühle, die Stadt in der Lagune, die Serenissima, für viele die schönste Stadt der Welt? War sie nicht einst eine Weltmacht, die dann untergegangen ist? Ist sie nicht heute noch eine Weltmarke, ein Tourismusmagnet, eine Gewinnbringerin, eine Wirtschaftsgigantin, ein Sehnsuchtsort? Seit Jahrhunderten schon werden ihre Prachtpaläste und Kirchen, ihre Museen, das Theater la Fenice, ihre Märkte und Hafenanlagen von Millionen Eichen- und Lärchenstämmen gegen die Fluten gestützt.

Wie lange geht das noch gut? Wie lange werden die hölzernen Fundamente, in die sich der Moder der Jahrhunderte gefressen hat, die unermesslichen Werte und das Leben der Stadt noch tragen können? Für das menschliche Auge wird kaum sichtbar, welcher Überlebenskampf sich da in den dunklen Fluten tief unter den mächtigen Bibliotheksräumen und prachtvollen Speisezimmern der Palazzi abspielt. Wie lange wollen Stadtverwaltung und Regierung in Rom noch zusehen, obwohl sie wissen, wie dramatisch die Situation ist? Selbst wenn der Überlebenskampf dieser Stadt, der unter der glänzenden Oberfläche tobt, für die Millionen Besucher Venedigs plötzlich sichtbar würde – sie würden vermutlich die Augen verschließen. Sie wollen sich am Unversehrten, Schönen und Verführerischen erfreuen und nicht an Zerfall und Niedergang erinnert werden.

Wie die Stadt in der Lagune hat auch Deutschland in der Mitte Europas enorm viel zu verteidigen. Es hatte einmal die Qualitäten eines Superstars, der an der Weltspitze mitspielt. Viele deutsche Unternehmen tun das noch heute, auch wenn China die Maschinenbauer aus Germany gerade als Exportweltmeister ablöst.

Der Blick in die Lagunenstadt gibt uns ein Gefühl, wie es ist, wenn das Fundament, auf dem der Erfolg aufgebaut ist, Risse bekommt und zu brechen beginnt. Noch funktioniert unsere Wirtschaft – und unser Sozialstaat, auf den wir uns so viel zugutehalten. Aber wie lange noch? Bei meinen Recherchen zu diesem Buch, in vielen Gesprächen habe ich immer wieder die Fragen gestellt: Was passiert eigentlich in diesem Land? Warum haben immer mehr Menschen das Gefühl, dass die Frauen und Männer an der Spitze von Politik, Wirtschaft und Wissenschaft (sehr oft) überfordert sind, wenn es darum geht, die Geschicke unseres Landes zu lenken? Woher kommt der massive Vertrauensverlust vor allem in die Politik? Warum kommt Deutschland bei der Digitalisierung nicht in die Gänge? Obwohl man uns seit Jahren das Blaue vom Himmel verspricht? Warum fallen wir in der Bildung immer weiter zurück? Warum dauert alles so lange? Beispielsweise der Bau des Berliner

Flughafens statt geplanter vier ganze vierzehn Jahre – so lange, bis viele technische Standards schon wieder veraltet sind. Wie kann es eigentlich sein, dass in vielen deutschen Grundschulen Lehrerinnen und Lehrer über keinen eigenen Laptop verfügen?

Wir leben in einem Land, in dem immer mehr Menschen immer mehr Fragen haben, auf die sie keine Antwort bekommen. Jeden Tag wächst die Zahl der Leute im Land, die spüren, dass die Wohlfühltage zu Ende gehen und dass man den Beschwichtigungsformeln von Entscheidern, die verlernt haben zu entscheiden, keinen Glauben mehr schenken sollte. Was hilft da schon der Hinweis, dass wir in vielen Bereichen doch noch immer spitze seien – im Mittelstand, im dualen Ausbildungssystem, in der sozialen Versorgung. Das ist wohl wahr in der Momentaufnahme, doch auch hier gilt: wie lange noch?

Bittere Wahrheiten

Es ist überfällig, die Lage Deutschlands so zu zeichnen, wie sie ist. Wir sind längst nicht mehr Weltmeister. Unsere internationale Wettbewerbsfähigkeit befindet sich im Sinkflug. Auf dem Siegertreppchen stehen wir nur noch bei der Sozialbetreuung durch den Staat. Ansonsten gibt es nur eine Handvoll Disziplinen, in denen wir spitze sind – zum Beispiel bei den erstklassigen Ingenieuren und beim dualen Bildungssystem. Das war's dann auch schon – der Rest ist Durchschnitt oder darunter, manchmal weit darunter.

Wer in Deutschland im Internet unterwegs ist, der surft dort langsamer als die Bevölkerung in Panama. Aber es scheint uns ja zu genügen – denen da oben genauso wie denen da unten. Über all das wird nicht gerne gesprochen –

nicht über die Vermachtung der Politik und nicht über die Zerfallserscheinungen in immer mehr Bereichen unserer Gesellschaft, die das Land baufällig gemacht und zu dem beklagenswerten Zustand von heute geführt haben.

Deutschland hat sich zur Nation der drei Affen entwickelt, die sich Ohren, Augen und den Mund zuhalten. Dabei wissen die Entscheider auf allen Ebenen sehr genau um die Schwächen des Landes. Schließlich sind sie es, die die Entscheidungen getroffen haben und daher verantwortlich oder zumindest mitverantwortlich sind. Daher ist es nur logisch, dass Kritik unerwünscht ist, da sie nicht dem von Politik und einem großen Teil der Medien gesteuerten Mainstream folgt. Wer trotzdem seine Stimme erhebt, um den Tatsachen Raum zu geben und offen auszusprechen, was im Argen liegt, wird einer jahrelang gepflegten deutschen Tradition folgend nach allen Regeln der Kunst ausgegrenzt und mundtot gemacht.

Daher ist es an der Zeit, die Unwahrheiten der Gesundbeter aus Politik, Medien und Verbänden zu entlarven. Seit vielen Jahren erwecken sie wider besseres Wissen den Eindruck, Deutschland sei das Musterland der Welt. Daher bedarf es der Kompromisslosigkeit, um zu zeigen, warum Deutschland vom Zerfall bedroht ist, warum es den Zusammenhalt verliert oder schon verloren hat. Vielleicht haben wir Glück und können mit den richtigen Weichenstellungen noch die Spitzenplätze verteidigen, die uns geblieben sind – um zu retten, was noch zu retten ist. Die Wahrheit ist ein bitterer Trank und wer ihn braut, hat selten Dank. Wie uns viele Umfragen bestätigen, haben immer mehr Deutsche das Gefühl, nicht die ganze Wahrheit über die Lage der Nation zu erfahren. Dieses Gefühl trügt die Menschen nicht. Zu viel bleibt ihnen verborgen, zu viel wird ihnen vorenthalten. Aus einer offenen Debatte ist eine einseitige Debatte geworden. Wer auf der falschen Seite argumentiert, hat ein Problem, denn seine Spielräume werden immer enger. Die Tabuzonen dehnen sich aus. Das macht immer mehr Leute nervös. Sie verlieren das Vertrauen.

Zeigen wir daher die verborgene Seite Deutschlands! Wenn die Frauen und Männer an der Spitze weiter so tun, als wären wir noch der Superstar, der wir einmal waren, dann erfüllt das den Tatbestand der Realitätsverweigerung und der bewussten Täuschung.

Ich denke gerade an das stattliche Hotel in den Berchtesgadener Bergen, das sich mir während meines Besuches in einem ziemlich vernachlässigten Zustand gezeigt hatte. Ging die Entwicklung so weiter bis zum bitterem Ende, vielleicht bis zur Insolvenz? Oder war es möglich, durch einen gemeinsamen Kraftakt der Hotelleitung und des Personals durch neue Ideen den Ruin des Hauses doch noch abzuwenden? Ich werde demnächst nach Berchtesgaden reisen, um zu sehen, wie es um das Hotel steht. Irgendwie erinnert mich diese Ungewissheit an Deutschland.

VERIRRRTER GEIST

Unser Leben ist das
Produkt unserer Gedanken.

Marc Aurel

Neue deutsche Denk- und Gefühlswelten

Bedrohliche Zukunft

In dem Maße, wie sich unsere Welt in den vergangenen Jahren verändert hat, haben auch wir uns verändert. Wir suchen Orientierung angesichts gewaltiger Umbrüche, die uns Sorge bereiten oder Angst machen, den Deutschen meist mehr als anderen Völkern auf der Welt. Wie heißt es doch: Wenn die Deutschen Licht am Ende des Tunnels sehen, verlängern sie den Tunnel. Aber das mit dem Licht ist so eine Sache. Da wirken die Kräfte der Globalisierung, die nicht nur unsere Wirtschaftswelt radikal verändern. Da ist der atemberaubende technische Fortschritt, der uns verunsichert. Algorithmen und künstliche Intelligenz werden – auch abhängig vom Bildungsstand – nicht nur als Chance, sondern zunehmend als Bedrohung empfunden.

Die Gegenwart mag der Einzelne noch als einigermaßen stabil und hinreichend gesichert empfinden, die Zukunft dagegen erscheint ihm ungewiss und – abhängig vom persönlichen Naturell – ziemlich bedrohlich. Diese disruptiven Entwicklungen verunsichern uns Deutsche genauso wie Menschen auf der ganzen Welt. In den reichen Industrieländern fragt man sich, ob der Wohlstand jetzt in Gefahr ist oder ob die gewaltigen Veränderungen neue Chancen bieten, diesen zu vermehren. In den Entwicklungs- und Schwellenländern ist es die Frage, ob und wie viel Teilhabe am Wohlstand künftig möglich ist. Möge es mir doch weiterhin so gut gehen wie bisher, denkt der Durchschnittsdeutsche und versucht die höchst beunruhigende Vorstellung zu verdrängen, dass ihn die maschinellen Superhirne in Zukunft seinen Job kosten könnten.

Zu diesen diffusen Zukunftsängsten kam im Jahr 2020 wie aus heiterem Himmel die gegenwärtige Angst vor Corona. Sie überlagerte von da an (mit bis heute offenem Ende) verständlicherweise nahezu alle anderen Gefühle der Verunsicherung. Bei vielen Menschen führten die Erlebnisse während der Pandemie zu einer sich beschleunigenden Veränderung ihrer Denk- und Gefühlswelt, die schon lange vor Corona spürbar wurde und insgesamt betrachtet nicht gerade zur Stabilisierung unserer Gesellschaft beiträgt.

Mit dieser These will ich allerdings nicht der Auffassung des Yale-Historikers Nicolas Christakis folgen, der in seinem im Oktober 2020 erschienenen Buch »Apollo's Arrow« schreibt: »Die Menschen werden sich (nach Corona) schonungslos in das Leben stürzen, Clubs besuchen, Restaurants, politische Kundgebungen, Sportereignisse, Konzerte. Wir könnten eine Phase sexueller Freiheiten erleben, die Künste könnten aufblühen.« Er will damit sagen, dass sich unsere Welt nach Überwindung von Corona in einer rauschhaften Aufwallung in die goldenen Zwanziger stürzen werde – wie bereits einmal vor 100 Jahren. Dem Autor ist in zweierlei Hinsicht zu widersprechen:

1. Während diese Zeilen geschrieben werden, befindet sich die Welt und damit auch Deutschland noch immer in der Pandemie. Omikron hat Delta abgelöst, das Virus hat ein neues Gesicht. Trotz dieser noch immer bedrohlichen Situation finden hinter verschlossenen Türen Exzesse

statt, als sei die Gefahr längst gebannt. Auf das Ende der Pandemie wartet niemand mehr.

2. Ich frage mich, ob wir nach dem Ende der Seuche, wann immer es ausgerufen werden kann, wirklich noch Lust und Laune auf zügellose Partys empfinden werden. Es bleibt abzuwarten, ob wir dann noch immer in einer Welt des anscheinend endlos weiterwachsenden Wohlstands leben werden. Könnte ja sein, dass dann wirklich nur noch eine Handvoll Hedonisten übrig bleibt, die zur Party bitten.

Die Moralisten

Der Literatur – und Medienwissenschaftler Uwe C. Steiner hat in der *Neuen Zürcher Zeitung* bereits 2018 einen bemerkenswerten Artikel über die »moralische Klimaerwärmung« verfasst. Darin erwähnt er den Wiener Spätaufklärer Johann Pezzl, der die Empfindsamkeit als eine »moralische Epidemie« karikierte. Goethe hatte schon früher ein ähnliches Bild gezeichnet. In der nationalmoralischen Mobilisierung der Befreiungskriege 1812/13 sah er Züge eines sittlichen Massenleidens. Der Dichterfürst identifizierte »das zarte, ja kranke Gefühl«, das »in schönen Seelen unter der Form der Gerechtigkeit« erscheine und das fatalerweise eine »gewisse sittliche Befehdung« auslöse.

Die moralische Klimaerwärmung ist allerdings nicht nur vor mehr als zweihundert Jahren von großen Geistern, die über die notwendige Sensibilität zu verfügen schienen, erspürt worden. Gerade in Deutschland scheint ihre Temperatur seit Jahrzehnten zu steigen. Die Moralisten sind nicht in der Mehrheit, aber sie tun so. Sie nehmen für sich in Anspruch, über die wahre Erkenntnis zu verfügen. Moralisten stellen ihre Ansichten nie infrage, dafür die Gegenposition der Andersdenkenden. Moralisten ziehen das Diktat der Diskussion vor. Man findet sie häufig in der Politik und in den Medien, auch in Berufen, die Gesinnungsethik bevorzugen. In deutschen Medienhäusern treffen sie auf Gesinnungsgenossen, die die Meinung der Moralisten so lange vervielfältigen, bis sie zur gefühlten Mehrheitsmeinung wird.

Moralisten haben die Neigung, sich im missionarischen Eifer der Auserwählten immer weiter auszudehnen und gleichzeitig die Anhänger von Gegenpositionen in ihren Spielräumen einzuengen. Für die Moralisten der Zwanzigerjahre des dritten Jahrtausends sind Fakten nur so lange von Bedeutung, wie sie das Gebäude ihrer Gesinnung stützen und nicht ins Wanken bringen. Sie halten sich für mündig und jene, die ihnen widersprechen, für unmündig. Sie schrecken vor persönlichen Angriffen nicht zurück, wenn es darum geht, die andere Seite mundtot zu machen. Im Land der moralischen Klimaerwärmung bedarf es der Gattung der Sündenböcke, um mit den eigenen Botschaften besser durchzudringen. Die Moralisten sind sensibel und haben daher auch eine »Diskriminierungssensibilität« entwickelt, die sich häufig in neuen Wortschöpfungen auslebt. Der Moralist ist in Personalunion oft auch Gutmensch und hält es für eines der wichtigsten Themen, die die Nation bewegen, wenn der Bahlsenkeks »Afrika« jetzt »Perpetum« heißt. Das ist ein schönes Beispiel dafür, wie die Moralisten auch Einfluss auf die Wirtschaft nehmen.

Was war mit dem Keks »Afrika« passiert? Nach einer Rassismus-Debatte in den sozialen Netzwerken hat der Kekshersteller seine Waffel umbenannt. Vor 60 Jahren hatte man sich gedacht, der Name Afrika sei passend, weil er einen Bezug zum Rohstoff Kakao hat, der in einigen afrikanischen Ländern angebaut wird. Das war einmal. Jetzt heißt es weg mit »Afrika«, könnte ja falsch verstanden werden. Stattdessen ein neuer Produktname namens »Perpetum«, aus dem lateinischen Wort »beständig«, nur eben falsch geschrieben, mit einem U weniger. Was lehrt uns das? Beim Keskhersteller gibt es zu wenige Mitarbeiter mit dem großen Latinum.

Ganz schön verrückt, könnte man sagen, womit man sich in diesem Land so beschäftigt. Ja, sogar ein Unternehmen. Es wäre spannend zu erfahren, wie viele Stunden man sich mit diesem Thema beschäftigt hat. Etwas Gutes hatte die Umbenennung fürs Unternehmen auf jeden Fall. Die Hamburger Verbraucherzentrale hat nämlich eine verdeckte Preiserhöhung aufgedeckt, die mit der Auslöschung Afrikas verbunden war. 130 Gramm soll die »Afrika«-Packung gewogen haben, nur noch 97 Gramm wiegt »Perpetum« bei gleichem Preis. Das rechnet sich. Das allerdings interessiert die Moralisten längst nicht mehr, haben sie doch ihr Ziel erreicht und Afrika von der Bahlsen-Landkarte getilgt. Auf den durchaus naheliegenden Gedanken, dass es sich angesichts dieser Löschungsaktion um die Diskriminierung eines ganzen Kontinents und seiner Bewohner handeln könne, ist man anscheinend weder bei den Moralisten in den sozialen Netzwerken noch beim Keskhersteller gekommen.

Eine plausible Erklärung für den moralüberladenen Zustand Deutschlands liefert der Medienwissenschaftler und Philosoph Norbert Bolz. Die Geschichte der Bundesrepublik sei bis zur Jahrtausendwende durch einen verantwortungsbewussten Reformismus geprägt gewesen. Dies sei längst nicht mehr der Fall: Nicht nur die Protestbewegungen, sondern auch öffentlich-rechtliche Medien und Gesinnungspolitiker wollten den gordischen Knoten gesellschaftlicher Komplexität mit Moral durchhauen. Für Bolz kollabiert die Differenz zwischen Politik und Moral im politischen Moralismus von heute.

Eine engagierte Debattenkultur und die Kraft der Argumente haben es in dieser Welt immer schwerer. Da die Moralisten munter auf der Welle des Zeitgeistes reiten, ist es für diejenigen, die andere, zum Beispiel verantwortungsethische Standpunkte vertreten, so schwer, sich aus diesem Sog zu befreien und vor allem in den Medien Gehör zu finden. Moralisten haben ein »romantisch-aggressives Politikverständnis« (Bolz), das dem Wünschbaren die Tore öffnet und Fragen nach der Machbarkeit konsequent ausklammert. Auf dieser verantwortungsbefreiten Ebene ist der Wirklichkeitscheck nicht gefragt. Es geht vielmehr um einfache Symbolpolitik, die für sich in Anspruch nimmt, dass nur ein schlechtes Gewissen ein gutes Gewissen sein kann.

Die Grünen haben das längst begriffen. Sie haben verstanden, dass sie den vom grünen Zeitgeist erfüllten Deutschen vermutlich gar keinen exakt durchgerechneten Plan zur Umsetzung der Klimaziele vorlegen müssen, dass es im Gegenteil reichen könnte, dafür zu sorgen, dass die Temperatur der moralischen Klimaerwärmung nicht absinkt. Grüne Moralisten, zumal in Regierungsverantwortung, haben stets das große Ganze im Blick, das Ziel und die gute Absicht.

Sollten die hochgesteckten Klimaziele der neuen Bundesregierung dann doch nicht erreicht werden, wenn vermutlich nach vier Jahren Bilanz gezogen wird, dann bedarf es nicht allzu großer Fantasie, um sich die Antwort der Grünen auszumalen: Die Umstände seien eben schuld daran, dass nicht mehr erreicht worden sei. Welche Umstände bitte sehr? Die Finanzen, die Koalitionspartner, Corona (muss ja inzwischen für jedes Versagen herhalten), die Unternehmer, von denen man viel mehr Innovationskraft beim Thema Klimaschutz erwartet hätte. So oder ähnlich könnte sie lauten, die Begründung für das Scheitern. Genau so könnte es kommen. Dieses Spiel beherrschen inzwischen alle meisterhaft, auch die Grünen. Dass der Krieg in der Ukraine viele Klimaziele erst einmal verzögert oder durchkreuzt hat, kommt erschwerend hinzu.

Den Moralisten ist vorzuhalten, dass sie sich mit Themen befassen, deren Dringlichkeit infrage zu stellen ist (Genderdiskussion), und dass sie sich andererseits mit großen Menschheitsproblemen wie dem Klimaschutz beschäftigen, ohne dafür belastbare Lösungspläne vorzulegen oder vorlegen zu müssen.

Die Moralisten haben ein Symbol gefunden, bei dessen Betrachtung sie sich so richtig wohlfühlen und unter dessen Fahne sie gerne marschieren: die Regenbogenflagge. Sie erzeugt gute Gefühle und steht auch tatsächlich für viel Gutes: Toleranz, Umweltschutz, Diversität und Hoffnung. Wer wollte da nicht dabei sein? Wo sich diese fünf zu Welttugenden erkorenen Farben prächtig entfalten, findet man sich gerne ein, auch der Fußball, der jede Gelegenheit nutzt, sein ramponiertes Image mit Goodwill-Aktionen aller Art aufzupolieren. So fand doch tatsächlich das Regenbogengefühl der Moralisten seinen Weg in die Hauptnachrichtensendungen des deutschen Fernsehens. Vor dem EM-Spiel Deutschland – Ungarn war die Oberfläche des Fußballstadions in den symbolträchtigen Farben hell erleuchtet. Der Regenbogen in der Münchner Allianz Arena war die Topmeldung des Abends. Erst danach kamen die Kriege und die Krisen dieser Welt an die Reihe, darunter auch Corona. Die Moralisten haben es weit gebracht.

Merke: Deutsche Gutmenschen schwenken bei jeder Gelegenheit die Regenbogenflagge. Daran kann man sie erkennen. Sie sind ein Gesicht von vielen, mit dem uns die Moralisten begegnen. Regenbogenfarben stehen leuchtend für Toleranz, jedoch nur in der Theorie. Wie intolerant die Moralisten sein können, musste die Literaturkritikerin und Schriftstellerin Elke Heidenreich erfahren, als sie sich sehr deutlich gegen das Gendern aussprach. Sie nannte es »grauenhaft« und »verlogen«, »es verhunzt die Sprache«. Für ihre klar begründete Kritik erntete sie einen Shitstorm, den sie nicht für möglich gehalten hätte. Moralisten wollen gerne missverstehen, Moralisten lassen die andere Meinung nicht zu. Moralisten sind intolerant.

Die Gleichgültigen

Die Deutschen demonstrieren gerne, viel und fast gegen alles. Corona ist seit vielen Monaten das Thema der Straße. Bei vielen Anlässen und Gelegenheiten sind wir schnell sehr betroffen, bei anderen nicht. So gäbe es die Möglichkeit, gegen Antisemitismus auf die Straße zu gehen – oder für Israel. Nach den Anschlägen von Halle und Hanau haben sich einige Bürger dann doch bewegt und sich zusammengeschlossen zu ein paar Mahnwachen oder Lichterketten vor Synagogen. Denen, die sich bei solchen traurigen Anlässen dort versammeln, will ich nicht absprechen, dass es ihnen ernst ist und dass sie für ein paar Stunden wirklich erschüttert sind. Aber es ist eine Betroffenheit des Augenblicks, nicht mehr, morgen bereits vergessen. Ein starker, machtvoller, nachhaltiger und zur Nachahmung aufrufender Aufstand gegen Antisemiten und Rassisten sieht anders aus.

Ich will die kleinen, gut gemeinten Gesten nicht leichtfertig als lächerlich abtun, ich fürchte jedoch, es handelt sich um Wohlfühlveranstaltungen einiger weniger, die vor allem diffuse Schuldgefühle und damit das Ego der Versammelten bedienen. Von dauerhafter Empathie für derart bedrohte Minderheiten kann nicht die Rede sein. Es fehlt den meisten von uns an Zuwendung, es fehlt an Interesse. Es berührt uns nicht, wie sich diese Menschen bei uns fühlen. Unser Verhalten ist kläglich. Wir zeigen entsetzlich wenig Mitgefühl.

Wo bleibt der Aufschrei? Er ist nicht zu hören. Er ist zu leise, um wahrgenommen, zu unentschlossen, um ernst genommen zu werden. Oder gibt es ihn gar nicht? Sind wir vor allem und vor allen anderen zu sehr mit uns selbst beschäftigt – mit unseren Ängsten um die Zukunft, mit unserer Besitzstandswahrung, unserer Oberflächlichkeit, unserer Unterhaltungshörigkeit, mit unserem Nichtwissen, unserer Nicht-Wahrnehmungsfähigkeit? Warum tun wir nichts gegen die Coronaleugner, die mit dem Judenstern auf der Brust durch die Straßen von München, Leipzig oder Berlin ziehen, Hand in Hand mit Extremisten von rechts und links, mit AfD-Politikern und mit unauffälligen Demonstranten, die nicht den Mut und nicht die Kraft haben, sich von diesen Gruppen zu distanzieren?

Die Gruppe der Gleichgültigen ist die stärkste Kraft im Land. In ihr haben sich die meisten gut eingerichtet. Die Gleichgültigen können sich auf eine beachtliche Tradition in Deutschland berufen. Sie waren immer dabei, sie sind überall mitgeschwommen: unter der Terrorherrschaft Hitlers wie unter der Diktatur der DDR. Die Gleichgültigen haben alles überlebt. Das zeichnet sie aus: Alles ist für sie gleich gültig. Damit kommt man durch, damit kann man gut überleben und – wenn man Glück hat – sogar ganz oben schwimmen. Hauptsache, man geht nicht unter. Und so stolpern sie durchs Land und bemühen sich nicht zu fallen. Sie wollen ihre Stromrechnung bezahlen können, die Monat für Monat teurer wird. Sie wollen ihr Auto volltanken können, zweimal im Monat zum Italiener gehen und, wenn es sich rechnet, noch einmal im Jahr nach Mallorca. So klingt der Lebenstakt der Deutschen. Man kann das beklagen. Aber kann man es ihnen verdenken?

Weil für sie alles, oder sagen wir, das meiste gleiche Gültigkeit hat, sind sie ruhige Zeitgenossen. Sie bewahren Ruhe in der Krise. Sie widersprechen nicht und engagieren sich selten. Ihre Tatkraft hält sich in Grenzen, und ihre Lebensenergie reicht gerade mal für die eigene Existenz. Sie bilden die viel zitierte schweigende Mehrheit. Zu einem Aufschrei taugen die wenigsten von ihnen.

Welcher Kanzler oder welche Kanzlerin gerade die Geschicke unseres Landes bestimmt, ist ihnen nicht so wichtig. Politisches Engagement ist ihnen eher fremd. Sie neigen weniger zum Zorn als zur Anpassung. Die meisten von ihnen lösen sich nicht aus der Menge. Sie setzen sich nicht an die Spitze, schon gar nicht einer Bewegung. Nur im Ausnahmefall übernehmen sie die Führung. Sollten die Gleichgültigen wirklich einmal zornig auf »die da oben« werden, dann nicht auf der Straße, sondern durch Verweigerung bei der Wahl. Sie leben lieber im Stillstand, als dass sie den Drang nach Veränderung und Bewegung verspüren. Viele von ihnen sind zu einem der Schafe geworden, die zwar nicht blind sind, aber doch gerne dem Leittier folgen. Und sie folgen einer Mehrheit, zu der sie selbst gerne gehören, der Menge, in der sie sich wohlfühlen. Sie tun oder lassen das, was die anderen auch tun oder lassen.

Den Gleichgültigen ist freilich nicht alles gleichgültig. Sie sagen schon, was sie gut finden und was nicht. So haben sie ein gutes Gefühl, wenn sie betreut und versorgt werden. Die Fremdbestimmung, die dazugehört, nimmt man gerne in Kauf. Der nur mehr auf Pump zu finanzierende Sozialstaat ist ihr Zuhause. Die Geschenke, die er bereithält, werden gerne ausgepackt, wer wollte ihnen das verdenken? So richten die Gleichgültigen ihr Leben am Prinzip der sozialen Bewährtheit aus. Mut und Zivilcourage sind ihre Sache nicht. Sie sind zu einer Wegschaugesellschaft degeneriert. Sie senken verschämt den Blick, wenn

Frauen in der S-Bahn belästigt werden. Sie schauen in aller Regel tatenlos zu, wenn wehrlose Rentner vor ihren Augen zusammengeschlagen werden. Es lässt sie kalt, wenn ausländische Mitbürger von Skinheads durch die Straßen gejagt werden. Es geschah am helllichten Tag – und wir standen mutlos und tatenlos dabei, eine feine Gesellschaft von Gaffern.

Von dieser Gesellschaft der Gleichgültigen ist wenig zu erwarten. Seit Beginn der Pandemie ist von ihnen noch weniger Engagement für andere, für Minderheiten zu sehen als zuvor. Wir erleben in diesen Zwanzigerjahren, dass es nicht nur den Antisemitismus der Rechten, der Linken, der Antizionisten und der Islamisten gibt. Nein, genauso sind wir Zeugen, wie der Antisemitismus einer Mehrheit der Gleichgültigen voranschreitet. Sie leisten keine Hilfe, sie bieten keinen Schutz, sie lassen geschehen, was geschieht. Die Bedrohten in ihrer Mitte sind ihnen gleichgültig, Der Kontrollverlust über ihren Wohlstand ist es nicht. Eine Gesellschaft, die sich nicht mehr um ihre wirklich bedrohten Minderheiten sorgt, droht zu verkommen.

Die Radikalen

Die Pandemie, die Bürger und Politiker seit Anfang 2020 fordert und überfordert, prägte zwischenzeitlich das Bild der Straße in vielen deutschen Städten. Während die einen glaubten, gegen die ihrer Meinung nach zu weitgehende Einschränkung ihrer persönlichen Freiheit demonstrieren zu müssen, waren die anderen zu Gewalt in Wort und Tat bereit. Der Radikalisierung in den sozialen Medien folgte die Radikalisierung auf der Straße. Das Problem dieser zeitweilig regelmäßig stattfindenden Demonstrationen bestand vor allem darin, dass Demonstranten, oft ganze

Familien, die ihren friedlichen Protest gegen die Coronapolitik des Staates zum Ausdruck bringen wollten, von
radikalen Verschwörungstheoretikern, die zur Gewalt bereit sind und zur Gewalt auffordern, »gekapert« wurden.
Damit waren die Friedlichen nicht mehr von den Radikalen
zu unterscheiden, was auch für die Polizei den Einsatz er-
schwerte. Den Nicht-Radikalen auf der Straße ist vorzu-
werfen, dass sie sich oft nicht klar und wahrnehmbar von
den anderen distanzierten.

So brachten sich die einen selbst in Misskredit, weil
sie die anderen an ihrer Seite duldeten und damit den Eindruck erweckten, sie würden die Aktivitäten der Radikalen
einfach hinnehmen. Auf den Plätzen von Berlin, Stuttgart
oder München war bei nicht wenigen der dort Versammelten eine erstaunliche Passivität, ja Gleichgültigkeit festzustellen, die den Antidemokraten nicht das eindeutige
Gefühl vermittelte, unerwünschte Personen zu sein. Es
wurde daher von Woche zu Woche schwieriger, zwischen
den einen und den anderen zu unterscheiden.

Sebastian Fiedler, Chef des Bundes Deutscher Kriminal-
beamter, sah in diesen Demonstrationen ein ideales Um-
feld für radikale Bewegungen, um immer mehr Menschen
für ihre Ideologien zu gewinnen. »Dort mischen sich Feinde der Demokratie mit Teilen der gesellschaftlichen Mitte.
Verschwörungstheorien können so immer schneller um sich
greifen.« So entstand ein Gemeinschaftsgefühl verschiede-
ner Gruppen, die vorher noch nichts miteinander zu tun gehabt hatten. Andererseits war und ist es den Vernünftigen,
die mit ernsthaften Anliegen gegen die Coronamaßnahmen
der Regierung demonstrieren, nicht zuzumuten, der Gewalt
zu weichen und zu Hause zu bleiben.

Ein Blick auf die Anti-Coronademonstrationen lässt
den Schluss zu, dass mentale Klammern zwischen Radikalen und Nicht-Radikalen durchaus vorhanden sind. Eine

solche Klammer könnte das Element des Widerstands bilden. Dazu passt sehr gut, wenn der Protestforscher Dieter Rucht meint: »Das Selbstbewusstsein, zum Widerstand gegen ›die da oben‹ zu gehören, beschränkt sich nicht mehr nur auf Rechtsextreme.« Mit zunehmender Radikalisierung der Demonstrationen, die man auch immer öfter »Spaziergänge« nannte, blieben die berechtigten Anliegen der Bürger, blieb ihr geordneter Protest in vernünftiger Absicht auf der Strecke.

Es ist davon auszugehen, dass die Radikalisierung auf der Straße mit dem Verschwinden des Virus nicht beendet sein wird. Sie wird sich immer wieder Anlässe suchen, die ihr Vorwände zur Destabilisierung der Demokratie liefern. Das Bild von den Teilnehmern, die Zusammensetzung der demonstrierenden Gruppen wird auch in Zukunft diffus sein, die geistige Urheberschaft wird jedoch bis auf Weiteres rechtsextremer Herkunft sein. Zu vermuten ist, dass der seriöse Protest allmählich resigniert, auf der Strecke bleibt und einer radikalen Minderheit, die sich immer mehr versprengter Seelen zu bemächtigen versucht, die Straßen und Plätze überlassen wird.

Leider sind die Radikalen gerne gesuchte Objekte der Medien. Je bildträchtiger, je interessanter die Aktion, desto wahrscheinlicher, in den Nachrichten einen Platz zu finden. Auch hier bestimmen die Lautstarken die Szene und die Bilder, und nicht die Leisen. Was auf Deutschland an Destabilisierung zukommen könnte, zeigen die Ereignisse aus der zweiten Hälfte des Jahres 2021 und von Anfang 2022. Immer mehr Polizisten wurden verletzt (worüber vergleichsweise wenig berichtet wurde). Journalisten wurden angegriffen und an ihrer Arbeit gehindert. An manchen Tagen sah es aus, als habe der Staat sein Gewaltmonopol bereits verloren. Wir erlebten angemeldete Demonstrationen und solche, die nicht genehmigt waren.

Maskenpflicht und Abstandsregeln: Die einen halten sich daran, die anderen nicht – wie es euch gefällt.

Es gilt, wirklich aufzupassen. Mit den bekannten Worten zum Sonntag unserer Politiker werden wir der Probleme nicht Herr werden. Das neue radikale Denken hat die Destabilisierung der Demokratie zum Ziel. Die Angreifer sind bestens vernetzt. Die Sicherheitsdienste sind alarmiert. Der Terrorismus-Experte Peter Neumann schloss nicht aus, dass von diesen Protesten auch terroristische Gefahren ausgehen könnten. Er bezog sich auf zwar vereinzelte, aber durchaus komplexere Anschläge auf Kliniken oder Impfstellen. Neumann konnte sich daher vorstellen, dass wir in einigen Monaten tatsächlich von einer terroristischen Kampagne sprechen müssten. Seit wütende Demonstranten Häuser und Wohnungen von Politikern belagerten, war eine weitere Stufe der Eskalation erreicht und der demokratische Staat musste und muss sich entschlossen zur Wehr setzen.

Die Verunsicherten

Nach der Flüchtlingskrise im Jahr 2015 hat die Politik immer weiter an Zustimmung für wachsende Teile der Bevölkerung verloren und im zweiten Halbjahr 2021 einen neuen Tiefpunkt an Akzeptanz erreicht. Das Mea culpa der Verantwortlichen kam zu spät, blieb ohne Wirkung, war nicht glaubwürdig. Es gab einmal eine Zeit, da gaben Bürgerinnen und Bürger den Regierenden einen üppigen Vertrauensvorschuss, weil sie hoffen konnten, nicht alle, aber wenigstens ein Teil ihrer Probleme würden gelöst werden.

Heute jedoch werden wir so miserabel regiert, dass immer mehr Deutsche nur mehr bereit sind, einen Vorschuss an Misstrauen zu geben. In vielen Gesprächen bin ich auf besorgte und verunsicherte Menschen gestoßen, die keinen Hehl daraus machten, dass sie mit einem bangen Gefühl in die Zukunft blickten. Dabei geht es ihnen, so mein Eindruck, weniger um ihre eigene Existenz und ihr persönliches Schicksal. Sie sorgen sich im übergeordneten Sinn vielmehr um die Zukunfts- und Überlebensfähigkeit unseres Landes in einem orientierungslos erscheinenden Europa. Diese Furcht quält vor allem die mittleren und die älteren Jahrgänge, die sich vermehrt Sorgen um die Chancen und das Wohlergehen ihrer Kinder und Enkel machen.

Wer mit offenen Augen durch unser Land reist, stellt eine wachsende Unzufriedenheit bei vielen Menschen bis weit in die Mittelschicht hinein fest, deren Lebensentwürfe in atemberaubender Geschwindigkeit zerfallen – oder die zumindest das Gefühl haben, es könne demnächst so kommen. Die vorwiegend mit sich selbst und ihrem eigenen Überleben beschäftigte Führung in Politik und Wirtschaft scheint von dieser Stimmung wenig bis nichts mitzubekommen. Sie hat es bis heute nicht geschafft, eine Antwort auf die radikalen Veränderungsprozesse zu geben. Man muss nicht nur auf das untere Ende der sozialen Skala blicken, um zu erkennen, welcher Sprengstoff in dieser Entwicklung liegt, der sich schon bald entladen könnte.

Wie erklärt man es dem 45-jährigen hoch qualifizierten Ingenieur für Verbrennungsmotoren, dass sich sein Leben grundlegend verändern wird, weil der Vorstand aus wohl erwogenen und nachvollziehbaren Gründen entschieden hat, ab sofort nur mehr Fahrzeuge mit Elektroantrieb zu bauen? Seine besondere Qualifikation ist mit einem Mal nicht mehr gefragt. Er hat keine Ahnung, wie es weitergeht – mit ihm, mit seiner Familie, den Kindern, dem Haus am Rande der Stadt, das noch abbezahlt werden muss. Der Mann gerät aus der Spur des Lebens. Wo wird er sein Kreuz bei der nächsten Wahl machen?

Dies ist kein Beispiel aus der Armutszone, sondern aus der Mittelschicht, aus der Mitte der Gesellschaft. Davon gibt es Zigtausende. Der Umstieg vom Verbrennungsmotor zum Elektroantrieb bis 2030 oder 2035 kann Deutschland 600 000 Jobs im topqualifizierten Sektor der Automobilindustrie kosten. Es gehört nicht viel Fantasie dazu, sich vorzustellen, dass viele aus dem »Heer der unbrauchbar Gewordenen« keinen vergleichbaren Job mehr bekommen werden. Wer macht sich eigentlich Gedanken über die dramatischen Folgen dieses größten Strukturwandels in der Geschichte der Automobilindustrie?

Ausreichend Gedankenkapazität allein im Deutschen Bundestag wäre ja wohl vorhanden. 709 Abgeordnete im letzten Parlament, 736 im neuen Bundestag.

Wir können getrost davon ausgehen, dass die kommenden Jahre nicht entspannter, sondern sehr viel nervöser, weil schwieriger werden. Wenn unseren Entscheidern (die entscheiden müssten, dies aber nur selten tun) nicht sehr bald etwas einfällt, wird die Spaltung der Gesellschaft, für die es bereits jetzt immer mehr Anzeichen gibt, noch tiefer werden: in die Armen und in die Reichen, die Jungen und die Alten, die Städter und die Landbewohner, die Gebildeten und die Ungebildeten, die Gewinner und die Verlierer, die Informierten und die Nichtinformierten. Wo der Zusammenhalt fehlt, schreitet der Zerfallsprozess voran. Es ist schon erstaunlich, wie gelassen und stoisch ruhig die meisten Deutschen diese Entwicklung mit sich täglich höher türmenden Problembergen ertragen. Vielleicht liegt das auch daran, dass sie nicht alles wissen, weil man es ihnen verschweigt, weil sie über das wirkliche Ausmaß der Lage im Unklaren gelassen werden. Eine Unterlassungssünde übrigens nicht nur der Politik, sondern auch der Medien, worauf wir an anderer Stelle noch zu sprechen kommen werden.

Die Respektlosen

Rücksicht ist alles andere als eine Sekundärtugend, Rücksichtnahme ist alles andere als spießig. Rücksicht ist eine Eigenschaft, ohne die nichts wirklich funktionieren kann – weder bei den großen folgenreichen Entscheidungen in Wirtschaft und Politik noch im Zusammenleben der Menschen. Rücksicht nehmen auf den anderen, auf die andere Seite ist eine soziale Schlüsselkompetenz und – sagen wir es ruhig – eine Tugend. Sie ist in den vergangenen Jahrzehnten genauso unter die Räder geraten wie andere Werte, von denen man nicht mehr spricht, denen man keine Bedeutung mehr beimisst, die verschollen sind. Wen wundert das? Rücksichtnahme ist das Gegenteil von Rücksichtslosigkeit. Diese wiederum steht für Egoismus, Egozentrik und Ichsucht.

Die Pandemie hat dem Respekt eine neue Bedeutung verliehen. Die Mehrheit der Deutschen verhielt sich seit Beginn von Corona rücksichtsvoll im doppelten Sinn: sich selbst und der eigenen Gesundheit wie auch den Mitmenschen gegenüber, den Mitgefährdeten, den Schwachen, den Kindern und den älteren Menschen. Dieser Respekt war in den vergangenen zwei Jahren stets verbunden mit Disziplin und mit Anstrengung. Rücksichtnahme bedeutete für die meisten Menschen die Umsetzung der von Wissenschaftlern empfohlenen und von Politikern beschlossenen Coronaregeln, im Vertrauen darauf, dass die Entscheider nach bestem Wissen und Gewissen handelten, um die gesundheitliche Bedrohung der Menschen abzuwehren.

Es war allerdings sehr schnell zu erkennen, wie der Respekt vieler Menschen gegenüber der handelnden Politik nachzulassen begann. Uneinigkeit, Inkompetenz und Vertrauensbrüche wie bei der Impfpflicht waren an die Stelle von Berechenbarkeit getreten. Disziplin wie Einsicht in die verordneten Maßnahmen gingen zurück, die Aktivitäten von Coronaleugnern, Impfgegnern, Verschwörungstheoretikern und Radikalen, die Gewalt suchten, um ihrer selbst willen, nahmen zu. Für sie war Respekt ein Fremdwort, eine zu vernachlässigende Größe im Umgang miteinander, eigentlich ein Widerspruch in sich, denn Gewalt schließt Rücksichtnahme auf andere und Respekt vor anderen aus.

Das Dilemma ist, dass die Fernsehbilder am Abend nur einen Ausschnitt der Wirklichkeit zeigen. Die Realität selbst ist vom Zuschauer oder Leser nicht zu überprüfen. Er ist zur selektiven Wahrnehmung gezwungen. In diesen elenden Coronazeiten war Rücksichtnahme eine vorherrschende Eigenschaft der Deutschen. Die Rücksichtslosen dagegen bildeten eine Minderheit, deren auffällige Aktivitäten jedoch über Monate Gegenstand der Berichterstattung, vor allem der Bildmedien waren und deshalb in aufgeblähter, wirklichkeitsentfremdender Dimension dargestellt und wahrgenommen wurden.

Die Realität jedoch lässt den Schluss zu, dass in der Ausnahmesituation von Corona die Rücksichtnahme auf andere die Oberhand behalten hat. Der Philosoph Richard David Precht staunt darüber, dass »weiterhin so viele Menschen in Deutschland gleichwohl Werte wie Anstand und Rücksicht praktizieren. So viele, dass der Regelverstoß gegen soziale Umgangsformen nicht die Regel ist, sondern als Verstoß auffällt. Die Frage ist nur, wie lange das noch so bleibt«. So wie es nicht angemessen ist, von einem allgemeinen Verfall unserer Werte zu sprechen, so fahrlässig wäre es, alarmierende Beispiele als Einzelfälle abzutun, die nicht typisch für die Gesamtsituation sind. Jeder Einzelfall ist allerdings Teil eines Puzzles, das – wenn es zusammengefügt ist – ein Bild in düsteren Farben abgibt.

So entschloss sich die Leitung des Krankenhauses Spremberg im August 2020, die Klinik für Besucher zu schließen. Der *Tagesspiegel* zitiert die Geschäftsführerin des Krankenhauses Kathrin Möbius mit den Worten: »Wir wissen ja am besten, wie wichtig der Kontakt zu lieben Menschen für den Heilungsprozess unserer Patienten ist. Aber so, wie sich viele Besucher hier benommen haben, blieb uns keine Wahl. Wir sind nun mal zuallererst der Sicherheit unserer Patienten und Mitarbeiter verpflichtet.« Sie schildert, wie sich die Besucher – Angehörige und Freunde – nach dem Lockdown zunächst sehr diszipliniert und verantwortungsvoll verhalten hätten.

Doch dies habe sich sehr schnell geändert. Viele hätten trotz Vorschrift keine Masken getragen und sich geweigert, ihre Daten zur Kontaktnachverfolgung im Falle einer Infektion zu hinterlegen. Wieder andere hielten sich nicht an den vorgeschriebenen Abstand und auch nicht an die Regel, dass nur zwei Personen pro Patient zugelassen waren. Die Schilderung wird dann sehr drastisch: »Die kommen mit Kind und Kegel, da sind manchmal acht Personen in einem Krankenzimmer. Wenn die Schwestern dann auf die Regeln hinweisen, bekommen sie auch noch pampige Antworten und werden beschimpft, ignoriert und oft sehr respektlos behandelt.« Das Verhalten vieler Besucher sei auffallend aggressiv. Dies war kein Einzelfall. Ähnliche Verhaltensauffälligkeiten wurden aus Kliniken in ganz Deutschland berichtet.

Der Schluss ist daher naheliegend, dass die Respektlosen, die keine Rücksicht nehmen wollen, immer mehr werden, auch wenn sie noch nicht die Mehrheit sind. Das tut einer Gesellschaft nicht gut. Das erzeugt so allmählich Aggressionen auch bei denen, für die Respekt eine wichtige Sache ist, ein Prinzip, das sie in ihrem Leben stets beachtet haben. Mit dieser Eigenschaft sind sie nicht nur selbst gut durchs Leben gekommen, sondern haben damit dazu beigetragen, unserer Gesellschaft ihre Stabilität zu erhalten. Die Mehrheit der Respektvollen hat damit bis heute verhindert, dass das Haus, in dem wir leben, noch mehr Risse bekommt. Wenn sie, die Mitglieder der respektvollen Noch-Mehrheit, das Gefühl bekommen, sie seien die Dummen, weil die Anhänger der respektlosen Noch-Minderheit auf dem Weg zur Machtübernahme sind und sich ihnen dabei niemand entschlossen in den Weg stellt, dann ist Gefahr im Verzug. In diesem Zusammenhang liegt die Frage nahe, was mit den Verlierern der Pandemie passiert, die bisher mit Anstand und Rücksichtnahme ihr Leben gemeistert haben und jetzt aus der Bahn geworfen sind. Wohin und wie weit hat sie ihr Anstand gebracht?

Längst geht es nicht mehr um Corona, die Krankheit, die hoffentlich bald der Vergangenheit angehört, sondern vor allem um eine Zeit, in der so vieles gleichzeitig in Bewegung ist. Gewohnte Gewissheiten stehen auf dem Spiel. Für die einen bedeutet eine solche Situation Aufbruch, für die anderen Abbruch. Die Verunsicherung wächst. In solchen Zeiten kann es nicht schaden, wenn sich ein Bundeskanzler denkt, es sei wichtig für Deutschland, wenn der Respekt in seiner Regierungszeit so etwas wie eine Renaissance erfahren würde. Ich gebe zu, zu Beginn habe ich das für einen Wahlkampftrick gehalten, den verzweifelten Versuch, dem kühlen »Scholzomat« etwas Emotionales zuzuordnen. Ist ja dann auch irgendwie gelungen, wie das Wahlergebnis zeigt.

Egal, wie es gemeint war: Die neue Regierung hat versucht, sich ein übergeordnetes Leitbild zu geben. Wenn Olaf Scholz Respekt sagt, dann könnte man darunter eine Verhaltensweise verstehen – man könnte sie ein wenig hochtrabend auch Tugend nennen –, die den Zerfall Deutschlands in seine Einzelteile und Einzelinteressen verhindern soll. Ob es so gemeint war, weiß ich nicht. Auf jeden Fall kann Respekt nur funktionieren, wenn er zu einer Volksbewegung wird. Respekt, das bedeutet Anerkennung. Es bedeutet Achtung. Da ist enorm viel verloren gegangen in den zurückliegenden Jahren, da muss viel zurückgeholt werden. Es geht um ein Gefühl, dass es wieder zu entdecken und zu beleben gilt, denn es geht um nicht mehr und nicht weniger als um den gesellschaftlichen Zusammenhalt!

Während seiner ersten Regierungserklärung hat Olaf Scholz 24-mal von Respekt gesprochen. »Mein Leitbild, das Leitbild der neuen Bundesregierung ... ist eine Gesellschaft des Respekts ... Respekt, Anerkennung, Achtung – das bedeutet, dass wir uns bei aller Verschiedenheit gegenseitig als Gleiche unter Gleichen wahrnehmen.« Plumpe Rhetorik klingt anders. Vielleicht ist es ernst gemeint. Es könnte ja sein, dass Respekt mehr wird als ein Wahlkampfslogan, dass sich ein Wort in eine Idee verwandelt, die bei den Menschen ankommt – Respekt!

Wertschätzung der Arbeit

Die Arbeitswelt verändert sich rasant. Corona hat eine Entwicklung beschleunigt, die ohnehin längst erkennbar war und weite Bereiche des Arbeitsalltags revolutionieren wird: das Homeoffice, die neue Arbeitswelt zu Hause, der mobile Arbeitsplatz. Es lässt sich noch nicht abschließend beurteilen, wie sich diese Revolution auswirken wird. Man könnte auch auf den Gedanken kommen, dass das Homeoffice, in das sich der verunsicherte Arbeitnehmer als Schutzraum zurückzieht, um zu verhindern, dass das kleine, hässliche Virus vom einen auf den anderen Mitarbeiter springt, als eine Art Notlösung nicht die überzeugendste und nachhaltigste Art zu arbeiten ist. Spätestens dann, wenn die kleinen Ekel ihr Interesse an uns Menschen wirklich verloren haben werden, wird sich die Frage nach dem Homeoffice neu und nicht nur aus der Perspektive des schlauen Arbeitgebers stellen, der natürlich diese willkommene Gelegenheit und seine Angestellten beim Schopf packt, sie in dasselbe steckt und damit endlich mal wieder Kosten sparen kann.

Vor der Klärung der Sinnhaftigkeit und der Zukunftstauglichkeit des Homeoffice gilt es eine andere Frage zu klären. Reden wir doch einmal über die Arbeit und die Deutschen und über das Verhältnis, das beide im Laufe der Zeit zueinander oder gegeneinander gefunden haben. Dieses Thema verträgt keine Schwarz-weiß-Betrachtung. Vielmehr gibt es eine schier endlose Zahl von Grautönen, die das Verhältnis von Menschen, jungen und alten, zu den Tätigkeiten beschreiben, die sie – als Lust oder als Last empfunden – ausüben, um den Unterhalt für ihr Leben zu bestreiten.

An dieser Stelle sei erwähnt, dass vor Jahrhunderten die Vita Activa gar nicht so erstrebenswert war, das tätige Leben also, das Auskommen, Wohlstand und vielleicht noch ein erfülltes Leben versprach. Das Ziel, das die meisten Menschen damals anstrebten, aber nur wenige erreichen konnten, war die Vita Contemplativa, die es einem erlaubte, das Leben ohne den Zwang des Broterwerbs mit Abstand und Gelassenheit zu betrachten. Dieses vermeintliche Privileg ist heute nur noch wenigen vorbehalten.

Dafür lässt sich inzwischen eine wachsende Zahl von Wissenschaftlern finden, die das Verhältnis zwischen Mensch und Arbeit so weit entzerren wollen, dass die Arbeit ganz aus dem menschlichen Leben verschwindet und sich der so befreite Mensch nur mehr den schönen Dingen des Lebens zuwenden kann. John Maynard Keynes, der berühmte Ökonom, glaubte, dass dieser Zustand der Glückseligkeit schon bis zum Jahr 2030 erreicht sein könne. Der Fortschritt in Wissenschaft und Wirtschaft werde nämlich dazu führen, dass sich menschliche Arbeit mehr oder weniger erübrige. Nur noch ein paar Spezialisten würden gebraucht. Es sieht in Deutschland und in aller Welt allerdings nicht danach aus, als ob sich die Prognose des Briten erfüllen würde.

Oder doch? Manchmal überkommt mich das komische Gefühl, er könnte doch Recht behalten haben. Immerhin hat sich die Welt der Arbeit schon massiv verändert – selbst ohne Homeoffice. Haben Sie es auch schon gemerkt? Montags und freitags kommt man mit dem Auto am besten durch die Stadt – kein Stau, keine Hektik. Der Freitag gehört längst zum Wochenende vieler Deutscher – wie auch für manche der Montag. Die Dreitagewoche wird für immer mehr Deutsche zu einem attraktiven Arbeits- und Lebensmodell.

An dieser Stelle soll nicht diskutiert werden, ob wir mehr arbeiten müssen, um gegenüber der gnadenlosen Konkurrenz in einer globalisierten Welt zu bestehen, oder ob wir noch weniger arbeiten sollten (geht das überhaupt noch?), um die augenscheinlich immer knapper werdende Arbeit auf mehr Schultern verteilen zu können. Wenn ich aber freitags mit meinem Elektroauto (Ja! Aber keine einfache Sache ...) in die Stadt flitze, dann sehe ich auf der Gegenfahrbahn, die zur Autobahn führt, einen Megastau. Dreispurig geht es dort am Wochenende (das von einer wachsenden Zahl unserer Werktätigen bereits am Donnerstagnachmittag eingeläutet wird) Stoßstange an Stoßstange in den Süden. Dabei ist es nicht übertrieben, wenn man feststellt, dass dieser riesige Blechhaufen ganzjährig unterwegs ist – entweder zum Kurzurlaub übers verlängerte Wochenende oder zum wohlverdienten Mehr-Wochen-Jahresurlaub.

Woher nehmen unsere Urlaubsnomaden denn eigentlich das Geld für ihre Freizeitexpeditionen? Rein statistisch betrachtet kann es ja nicht sein, dass auf unseren Fernstraßen nur die von Sorgen geplagten Mitglieder der Erbengeneration unterwegs sind ... Oder geht das alles auf Pump? Was man den Leuten auch nicht verübeln könnte in einem Land, das sich Sekunde um Sekunde tiefer verschuldet und dessen Politiker so tun, als sei das die normalste Sache der Welt.

Wer denkt bei solchen Vorbildern noch an Altersvorsorge oder an Rücklagen für die Gesundheit? Demnächst 200 Euro für eine Tankfüllung? Was kostet die Welt, wir haben's ja! »Nirgendwo strapaziert sich der Mensch mehr als bei der Erholung«, sagt der britische Schriftsteller Laurence Sterne. Demnach sind Freizeit und Urlaub für uns Deutsche nach wie vor die wichtigste Sache der Welt. »In ihrer ruhelosen Urlaubshatz scheint den Deutschen keine Jahreszeit mehr heilig, keine Reise zu anstrengend, kein Stau zu lang. Wobei der große Treck meist noch ins Ausland strebt«, sagt Jonathan Carr, ehemaliger Deutschland-Korrespondent des britischen Magazins *The Economist*.

Der schlimmste Horror muss es für die urlaubsverwöhnten Deutschen gewesen sein, dass sie in den Coronajahren 2020 und 2021 auf so manche heiß ersehnte Urlaubsreise verzichten mussten. Wenn es nur diesen Virus nicht gegeben hätte! Alle anderen Rahmenbedingungen sind doch nirgends so ideal bei uns. Dafür hat man in Deutschland wirklich ganze Arbeit geleistet. Hier sind wir die wahren Weltmeister! In kaum einem anderen Land wird weniger gearbeitet. Nirgendwo gibt es mehr Urlaub. Dazu kommt ein Angebot an Feiertagen, das im internationalen Vergleich ohne Beispiel ist. Im Schnitt ein Dutzend zusätzliche Freizeittage – das sind geradezu ideale Voraussetzungen für deutsche Brückenbauer. Sie kombinieren in ihrer perfekten Planung Urlaubs- und Feiertage so schlau, dass sie mit der kleinstmöglichen Zahl von Urlaubstagen die maximale Freizeitstrecke herausschinden. Wer diese Wissenschaft perfekt beherrscht, macht aus einem Urlaubstag mühelos fünf Tage Nichtstun. Auf diese Weise lassen sich Kurzurlaube am laufenden Band organisieren.

Da stellt sich natürlich die Frage: Wird angesichts dieses überbordenden Freizeitverhaltens Arbeit inzwischen als Last empfunden und Freizeit als Lust? Ist dies das Resultat einer neuen Work-Life-Balance, die einen künstlichen Gegensatz konstruiert zwischen Arbeit und Leben? Ist Arbeit nicht etwas sehr Kostbares? Ich erinnere mich an die Zeiten, als die Arbeitslosigkeit in Deutschland auf Höchststände stieg und dies innerhalb weniger Monate zum mit Abstand größten Problem Deutschlands wurde. Damals war zu beobachten, wie Millionen Menschen den Verlust ihres Jobs auch als Verlust ihrer Würde empfanden. Wer einen festen Arbeitsplatz hat, verliert mit der Zeit vielleicht das Gefühl für den Wert der Arbeit. Hier muss die Wende einsetzen, fordert der Verhaltensbiologe Felix von Kube. Arbeit müsse positiv erlebt, als Wert erkannt und geschätzt werden, müsse Freude bereiten, sagt er. Könnte es dagegen sein, dass sich die Deutschen eher mit ihrem Urlaubsort identifizieren als mit ihrem Arbeitsplatz? Könnte es sein, dass die Lust an der Leistung, an der Höchstleistung zumal, immer mehr verloren gegangen ist?

Bis heute jedenfalls haben wir uns noch nicht von der Arbeit befreit. Die Arbeit, die wir leisten, ist auch trotz aller anderslautenden Vorhersagen noch längst nicht überflüssig geworden, wie Keynes vermutet hat. Es hat schon immer Leute gegeben, die einen Gegensatz zwischen Arbeit und Freizeit sehen und Leben mit Freizeit verbinden. Andere sehen das anders, so der Wirtschaftsjournalist Rainer Hank: »Als ob die Arbeit das Gegenteil vom Leben wäre.

Als ob die privaten Bedürfnisse wichtiger wären als die Erfahrung der Wertschätzung der Arbeit. Arbeit ist Leben. Arbeit – niemand wusste das besser als Hegel und Marx – ist eine Form der Selbstentäußerung, die uns zu uns selbst zu bringen vermag.«

Merke: Ein Land beginnt zu zerfallen, wenn die Arbeit als etwas Negatives, Belastendes, Überflüssiges, Schlechtes, Unwürdiges, Unmenschliches, als etwas, das sein muss, wahrgenommen wird. Wie kann man verhindern, dass ein solches Denken weiter um sich greift? Die Diskussion um das bedingungslose Grundeinkommen geht bereits in diese Richtung. Das Bewusstsein für den Wert bezahlter und als sinnstiftend beziehungsweise sinnvoll empfundener Arbeit darf nicht verloren gehen.

Bildung als Lippenbekenntnis

Herausführen aus der Unmündigkeit

Neben dem Klimaschutz gibt es kaum ein Problem, über das Politiker in Deutschland mehr reden als über die Bildung. Die Parteiprogramme zur Bundestagswahl 2021 spiegeln das wider. Natürlich will sich keine Partei vorwerfen lassen, sie hätte Schule und Bildung zu wenig Aufmerksamkeit geschenkt. Der Koalitionsvertrag der Ampel enthält von der Kita bis zur Universität eine Reihe von Vorhaben, die das Stadium der guten Absichten in den nächsten Jahren erst verlassen müssen. Bildung ist ein großes Lippenbekenntnis deutscher Politik geworden, seit Georg Picht, Altphilologe, Religionswissenschaftler und Lehrer, in den 1960er-Jahren die Nation erschüttert hat, als er die deutsche Bildungskatastrophe ausrief. Seitdem ist manches besser und vieles schlechter geworden. Wer die Bildung eines Landes, die optimale Aufstellung künftiger Generationen für die Übernahme von Verantwortung in Staat, Wirtschaft und Gesellschaft verkommen lässt, nimmt in Kauf, dass das ganze Land darunter leidet.

Möglicherweise beginnt das Dilemma schon damit, dass wir nicht wissen, worüber wir sprechen. Was verstehen wir unter Bildung? Wilhelm von Humboldt, heute gerne als hausbackener Bildungsbürger verspottet, war in Wahrheit ein begnadetes Universalgenie, das ein umfassendes humanistisches Bildungsideal entwarf. Seine Idealvorstellung war ein kosmopolitischer und leidenschaftlicher Blick auf die Welt. Es wird oft vergessen, dass seine Bildungsperspektive mit ganz konkreten, viel beachteten Resultaten verbunden war. So trieb er nach 1800 eine grundlegende Schulreform voran und gründete 1809 die Berliner Universität, die bis zum heutigen Tag seinen Namen trägt. Humboldts reicher Ertrag an Schriften über Bildung und Schule sei allen Bildungspolitikern der Gegenwart wärmstens empfohlen, sind sie doch zur Fehlervermeidung oder Fehlerkorrektur bestens geeignet.

Eine völlig andere, persönliche, gelebte Dimension von Bildung eröffnet uns der Bildungsbürger Rüdiger Safranski in seiner großartigen Biografie »Goethe – Kunstwerk des Lebens«. Der Biograf lässt uns teilhaben an einer Situation im Hause Goethe, die uns erklärt, auf welch spielerische und natürliche Weise der kleine Wolfgang Bildung in sich aufsog. Die Mutter, schreibt Safranski, habe den Kindern Märchen erzählt. An einem schönen Sommertag trug Wolfgang ihren Sessel, den Märchenstuhl, in den Hof. Die Mutter genoss es, sich in die Welt der Kinder hineinzudenken, weil sie sich selbst noch einen Rest Kindlichkeit bewahrt hatte. Ihre »Lust zu fabulieren«, wie Goethe es später einmal nannte, war unerschöpflich. Sie sei selbst in »höchstem Grad begierig« gewesen, die Erzählung jeden Abend fortzuspinnen, während ihr Wolfgang zu Füßen saß und sie mit seinen »großen schwarzen Augen verschlang, mit Zornadern auf der Stirn, wenn etwas nicht nach seinem Sinn geschah«. Der Großmutter erzählte er anderntags, wie die Geschichte eigentlich weitergehen müsste, und die erzählte es wiederum der Mutter, die am selben Abend die

Geschichte nach dem Wunsch des Kleinen weitererzählte. »Der war glücklich und sah mit glühenden Augen der Erfüllung seiner kühn angelegten Pläne entgegen.«

Bernhard Bueb, über 30 Jahre lang Leiter des berühmten Internats Schloss Salem, zeichnet Goethes besondere Bildungsbiografie in sehr jungen Jahren aus einer anderen Perspektive, kommt jedoch zu dem gleichen Ergebnis wie Biograf Safranski. Abgeleitet aus »Dichtung und Wahrheit«, seiner zwischen 1808 und 1831 entstandenen Autobiografie, schreibt Bueb: »Wir erfahren, wie er sich willkommen fühlte in dieser Welt, wie unbekümmerte Neugier ihn trieb und wie ihn alles bildete, was ihm begegnete, Menschen, Ereignisse und Sachen. Die glücklichsten Bedingungen seiner Anlagen und seines Aufwachsens ließen ihn zu einem Menschen heranwachsen, der immer mehr in sich ruhte.« Erziehung in der Familie und Bildung in der Schule – diese Unterscheidung traf für den jungen Goethe nicht zu. Ein Vierteljahrtausend später findet die Erziehung in der Familie nur mehr sporadisch statt, und die Bildung in der Schule wird nur mehr in Fragmenten vermittelt. Dort, wo Bildung noch weitergegeben wird, verengt sie sich auf akademische Exzellenz (Bueb) und unterscheidet sich damit fundamental von einer natürlichen Bildung, wie sie Goethe zuteil wurde.

Ein wahrer Gelehrter unserer Zeit, für mich ein Universalgenie der Gegenwart, ist Professor Hans Maier. Der Politikwissenschaftler war 16 Jahre lang bayerischer Kultusminister. In dieser Zeit focht er manch harten Kampf mit Ministerpräsident Franz Josef Strauß aus. Diese Auseinandersetzung war durchaus zum Wohle Bayerns. Im Bildungsverständnis Maiers werden immer wieder Parallelen zu Humboldt sichtbar. So ist für ihn »das Grundwort von Bildung das Herausführen aus Unmündigkeit und Ahnungslosigkeit«. Für Maier ermöglicht Bildung »die Verhältnisbestimmung zum Ganzen«. Dabei geht es nicht um die Anhäufung von Wissen. Diese Feststellung sei in einer Welt beschleunigter Digitalisierung und Mediatisierung wichtiger denn je. Er appelliert an die Schulen, mehr Internationalität und Interkulturalität einzuüben. Für alle zum Mitschreiben – Lehrer, Eltern, Schüler, Bildungspolitiker: »Schule und Hochschule sollten das Sprechen, Denken, Begreifen und Unterscheiden lehren. Damit stellen sie eine notwendige Korrektur zur heutigen Reizüberflutung durch die Medien dar, die Realität immer nur sekundär vermitteln können.«

Im Jahr 2000 startete die Organisation für wirtschaftliche Zusammenarbeit (OECD) die PISA-Studie. PISA steht für »Programme for International Student Assessment«, auf Deutsch »Programm zur internationalen Schülerbewertung«. Alle drei Jahre müssen 15-jährige Schülerinnen und Schüler Aufgaben lösen, die zeigen, wie gut sie in den Bereichen Lesen, Mathematik und Naturwissenschaften sind. Auch die Situation im Elternhaus und in der Schule wird mittels Fragebögen ermittelt. PISA will also Informationen über Erfolge oder Misserfolge im Lehren und Lernen in unterschiedlichen Bildungssystemen liefern.

Im ersten Jahr stand Deutschland unter PISA-Schock. Von 32 teilnehmenden Nationen landete unser Land auf einem miserablen 21. Rang. Danach hatten sich die Werte etwas verbessert, aber inzwischen weist der Zeiger der Leistung wieder deutlich nach unten. Beim Lesen und Rechnen hapert es bei allen jungen Leuten aus Deutschland. In den Naturwissenschaften fällt das Leistungsniveau ebenfalls deutlich ab. Natürlich, wie in anderen Bereichen, gibt es auch in der Bildung unterschiedliche Betrachtungsweisen. So kann man sich mit einem 20. Platz bei 79 an der Studie teilnehmenden Ländern vielleicht zufriedengeben. Schließlich kann man sich dabei darauf berufen, dass man sich in der mittelmäßigen Durchschnittsgesellschaft anderer Länder befinde. Ähnliche Leistungen wie die Deutschen liefern auch die Schülerinnen und Schüler in Belgien, Dänemark, Norwegen oder Slowenien ab.

Wer sich jedoch längere Zeit mit einem Durchschnittsplatz zufriedengibt, der muss nicht lange warten, bis er mit der roten Laterne durchs Ziel geht. In den Naturwissenschaften sehen die deutschen Schüler besonders alt aus – trotz aller MINT-Anstrengungen (zusammenfassende Bezeichnung von Unterrichts- und Studienfächern beziehungsweise Berufen aus den Bereichen Mathematik, Informatik, Naturwissenschaft und Technik) der vergangenen Jahre. PISA steht für ein spezifisch deutsches Problem: Regierende und Regierte haben sich in der gefährlichen Zone zwischen Durchschnitt und Unterdurchschnitt häuslich eingerichtet und bestärken sich gegenseitig immer wieder in dem wohligen Gefühl, dort ließe sich gut überleben.

Erstaunlich ist ein weiterer Befund der PISA-Studie. Kinder aus prekären, also schwierigen sozialen Verhältnissen haben beim Lesen deutlich größere Schwierigkeiten als Jugendliche, deren Familien vermögender sind. Darüber muss man sich umso mehr wundern, als Deutschland mit einem Sozialetat von 1000 Milliarden Euro beim Thema soziale Gerechtigkeit geradezu auf Weltmeisterniveau liegt. Der Abstand zwischen dem vermögenden und dem ärmsten Viertel der Getesteten ist in Deutschland jedoch viel größer als im Durchschnitt aller OECD-Länder. Dieses Ergebnis zeigt zum einen, dass der Vorzeigesozialstaat, auf den wir uns so viel zugutehalten und der für das linke Spektrum deutscher Politik noch viel stärker aufgebläht gehört, nicht willens und nicht in der Lage ist, diese schreiende Ungerechtigkeit in unserem Bildungssystem zu beseitigen. Es zeigt jedoch auch, dass Bildung nicht nur eine Angelegenheit der Bildungseinrichtungen (staatlich oder privat) ist, sondern in besonderer Weise in der Verantwortung der Eltern liegt. Diese ebenso unbegreifliche wie totgeschwiegene Ungleichheit von jungen Menschen, die in unterschiedlichen Sozialmilieus leben, hat unsere Bildungspolitikerinnen und -politiker offensichtlich nicht interessiert, denn sonst hätte es ja nicht so weit kommen können.

Auch wenn uns PISA die Augen geöffnet haben sollte, geschehen ist so gut wie nichts. Nur knapp 15 Prozent der Schulabgänger, deren Eltern kein Abitur haben, schließen in Deutschland ein Hochschulstudium ab. Dies ist ein katastrophales Ergebnis, auch mit Blick auf den OECD-Durchschnitt. Der blamable Vergleich hat leider noch immer Gültigkeit: Das Kind eines Professors hat eine mehr als dreimal so große Chance wie das Kind eines Facharbeiters, einen Platz auf dem Gymnasium zu bekommen, wohl gemerkt, bei gleichen Fähigkeiten. Dieser Zustand ist nicht nur im Sinne der Chancengleichheit unzulässig, sondern zeugt auch von sträflicher Dummheit.

Es kann doch unseren Schlaumeiern an der Spitze des Staates nicht entgangen sein, dass sich der demografische Rahmen in Deutschland jeden Tag ein Stück weiter verschiebt! Dass jede zweite Person in Deutschland heute älter als 45 Jahre und jede fünfte Person älter als 66 Jahre ist? Angesichts dieser Zahlen müsste es doch nicht nur eine Sache des Herzens, sondern auch des Verstandes sein, diesen Bildungsnotstand sehr schnell zu beseitigen. Deutschland kann es sich einfach nicht mehr leisten, die Talente so vieler junger Menschen brachliegen zu lassen. Es ist nicht zu begreifen und kommt mir zunehmend fahrlässig und kaltschnäuzig vor, wie viele unserer verantwortlichen Politikerinnen und Politiker seit Jahrzehnten mit Menschen und Ressourcen umgehen!

Die frühen Jahre verschlafen

Es sollte sich herumgesprochen haben, dass Bildung nicht erst in der Grundschule beginnt. Sie sollte bereits lange davor stattfinden. Zunächst geht es um die Art und Weise, wie sich Eltern zu Hause ihrem Kind zuwenden – vom ersten Tag seines Lebens an. Die bildende, prägende Zuwendung kann auch außerhalb des Familienverbundes stattfinden, in der Kita, in der Kindertagesstätte, dann, wenn die Eltern tagsüber einem Beruf nachgehen wollen oder müssen. Die Betreuungsquote in den Kindertagesstätten hat in den zurückliegenden Jahren stark zugenommen, war dann aber coronabedingt rückläufig. Eigentlich handelt es sich um eine Selbstverständlichkeit, doch die Wirklichkeit führt uns oft das Gegenteil vor Augen. Die ersten Jahre im Leben eines Kindes sind entscheidend. In dieser Zeitspanne entscheidet sich, wie ein Leben und wie eine Bildungsbiografie verlaufen wird – gelungen oder mit Brüchen. Da die Zahl der Eltern steigt, die sich für eine Kitabetreuung ihrer Kinder entscheiden, ist die Qualität solcher Einrichtungen im wahrsten Sinn des Wortes lebensentscheidend für die kleinen Menschen.

Leider war auch angesichts dieses Problems die Annahme der verantwortlichen Politiker falsch, mit Geld ließe sich wieder einmal das meiste schon lösen. »Wir verschlafen die frühen Jahre«, hat es ein kluger Kollege einmal zutreffend genannt, als er die Kitabetreuung in Deutschland analysierte. Da er schlau war, hatte er besonders solche Kinder im Blick, die zu Hause nicht ausreichend gefördert oder unterstützt werden können. An dieser Stelle erleben wir das nächste Totalversagen der Politik. Hatte niemand die aufrüttelnde Untersuchung der Bertelsmann-Stiftung gelesen, die in ihrem »Länder-Monitoring frühkindliche Bildungssysteme« zu dem Ergebnis kommt, dass der Personalmangel in den Kitas die Betreuungsqualität schwer belastet. Demnach fehlen mehr als 100 000 Vollzeitstellen. Das bedeutet, dass ein Erzieher im Kindergarten durchschnittlich mehr als 13 Jungen und Mädchen betreuen muss.

Das wiederum heißt, dass in den Kitas, in denen für die Kinder stabile Fundamente für ihr späteres Leben gesetzt werden müssten, nur schwache Holzgerüste aufgebaut werden können, die bei der geringsten Belastung zusammenbrechen, und die Kinder unter ihnen. Es herrscht Bildungsnotstand, wenn ein Land in den Vorschuljahren, in denen so Wertvolles für die Kleinen geleistet werden könnte, viel zu wenig investiert. Ein weiteres Ergebnis der Studie der Bertelsmann-Stiftung lässt uns eigentlich nicht mehr schlafen. So ist es schon schwierig genug, für junge Paare oder Alleinerziehende heute einen Kitaplatz zu finden. Sie können sich allerdings glücklich schätzen, sich nicht erst in zehn Jahren auf die Suche machen zu müssen. Bertelsmanns düstere Prognose lautet nämlich: Eine Kindern zumutbare Personalausstattung und zugleich ausreichend Plätze in allen Kindertagesstätten ist in diesem Jahrzehnt nicht mehr zu verwirklichen. Dafür fehlen laut Studie bis zum Jahr 2030 über 230 000 Fachkräfte. Diese Personaldecke sei auch bei größter Anstrengung nicht mehr zu schließen.

Wie beschämend ist es für ein Land mit unseren Möglichkeiten (immer noch), wenn vier von zehn Kitaleitungen verzweifelt zu Protokoll geben, dass sie an einem Tag in der Woche ihre Aufsichtspflichten in der Kindertagesstätte nicht mehr erfüllen können, wie es das Gesetz verlangt, weil ihnen die Erzieherinnen und Erzieher fehlen.

Man streut jungen Paaren bewusst Sand in die Augen, wenn man von politischer Seite immer wieder darauf verweist, dass das Kitaangebot in den vergangenen Jahren immer weiter ausgebaut worden sei. Das ist zwar richtig, doch das Wesentliche wird verschwiegen: Die Qualität der Betreuung hält damit erkennbar nicht Schritt. Ist es ein zynischer, ein gleichgültiger oder ein hilfloser Staat, der es zulässt, dass sich Eltern an 50 (!) verschiedenen Kitas bewerben müssen und dann noch immer keinen Platz gefunden haben? Es ist nicht das System, dass ihnen die Würde nimmt. Es sind die Menschen, die das System erfunden haben oder dulden, die ihnen ihre Würde nehmen. Es gibt Geschichten über Eltern, die zum Katholizismus übergetreten sind, um einen Platz in der Kindertagesstätte zu bekommen. Ob sie dazu in Zukunft auch noch bereit sein werden – ich bin mir da nicht mehr so sicher.

Liebe, offensichtlich überforderte Politikerinnen und Politiker, noch einmal zum Mitschreiben oder zumindest zum Nachdenken: Der Rechtsanspruch auf einen Betreuungsplatz hat das Problem verschärft. Beton, sprich Gebäude, sind ausreichend vorhanden. Doch wie es drinnen aussieht, ist eine Schande. Viel zu wenige Erzieherinnen und Erzieher. Bezahlung zu niedrig. Wollt Ihr der Katastrophe weiter zuschauen und geschehen lassen, dass sie sich weiter durch das Land frisst? Die Situation der Kindertagesstätten steht für ein Problem, das es in vielen anderen Bereichen gibt – auch bei den Lehrern. Es wird viel Geld investiert und die Politiker glauben, damit sei es getan. Ist es aber nicht, weil der Beruf nicht als attraktiv empfunden wird und weil Einsatz und Bezahlung in keinem Verhältnis zueinanderstehen. Es geht also nicht – wie so oft – um einen kräftigen Schluck aus der Pulle, sondern um politische Fantasie, die Anreize für diesen Beruf schafft. Es geht eben auch in den Kitas darum, mit größter Sorgfalt Frauen und Männer ausfindig zu machen, die ihren Beruf aus Berufung und daher mit Leidenschaft ausüben wollen.

Ihr wisst, dass es schlimmer wird, weil mehr Kinder auf die Welt kommen, die betreut werden wollen. Auch die, die nicht auf der Sonnenseite des Lebens geboren werden. Auch sie haben ein Recht auf ihre Chance. Aber ihr nehmt sie Ihnen, weil ihr nichts tut, weil es euch gleichgültig ist – das Schicksal der kommenden Generation.

Mehr als nur Bildungsanstalt

Vor mehr als einem Vierteljahrhundert, da war er noch Ministerpräsident von Niedersachsen, sagte Gerhard Schröder im Gespräch mit Schülerzeitungsredakteuren über Lehrer: »Ihr wisst doch ganz genau, was das für faule Säcke sind.« Dieser Satz des späteren Bundeskanzlers sorgte damals für Schlagzeilen und nicht nur bei den Betroffenen für große Empörung. Inzwischen sieht er das ganz anders. Längst hat er eine Aussage aus den 1990er-Jahren korrigiert. »Ich habe das früher mal ein bisschen überzogen kritisiert, aber ich habe mich eines Besseren belehren lassen müssen. Es gibt ein großes Engagement von vielen über den Schulalltag hinaus«, sagte Schröder in seinem Podcast »Die Agenda«.

Schröder weist darin allerdings auch darauf hin, dass die Lehrer die sozialen Unterschiede der Schüler nicht wettmachen könnten. »Wenn die Eltern am Morgen schlecht aufstehen können und die Kinder dann im Winter auf einmal im Schlafanzug mit einem Parka darüber in die Schule gehen, dann macht das ein Problem, das die Schule nur bedingt aufarbeiten kann.« Wo der Ex-Kanzler recht hat, hat er recht. Die Schulen können nicht die Reparaturbetriebe der Elternhäuser sein – obwohl sie es inzwischen eigentlich sein müssten, weil in den Familien so viel kaputtgeht. Die Lehrer sind ein Teil der Bildungskatastrophe. Nicht weil sie ihre Arbeit – alles in allem – nicht ernst nähmen und zufriedenstellend machten. Nein, sie sind zu wenige! An den Schulen ist es nicht viel anders als in den Kitas. Es gibt zu wenig Personal.

Der Lehrermangel kommt nicht aus heiterem Himmel, sondern hat Gründe. Man fragt sich: War das etwa nicht vorauszusehen und vorauszuplanen? Ist man in den Ministerien nicht einmal mehr in der Lage, unseren Bedarf an Lehrpersonal in den nächsten fünf oder zehn Jahren zu erkennen und dann entsprechende Personalpläne zu entwickeln? Vor meinem geistigen Auge sitzen an den Toren unserer Schul- und Bildungsministerien die drei Affen – nichts hören, nichts sehen, nichts sagen. Die drin sitzen in den Gebäuden, planen irgendwie weiter – in jedem Fall guten Willens und am Bedarf vorbei. Mittelmaß reicht auch ihnen. So lässt man das Bildungssystem verkommen.

Gut, dass es Statistiken gibt, auf die Verlass ist. Im »Deutschen Schulportal« der Robert Bosch Stiftung, der größten deutschsprachigen Onlineplattform zu den Themen Schulentwicklung und Unterrichtsentwicklung, kann man lesen: »Legt man den von der KMK (Kultusministerkonferenz) berechneten Einstellungsbedarf bis 2035 zugrunde und stellt diesem das (...) tatsächliche Lehrkräfteangebot bis 2035 gegenüber, ergibt sich ein Mangel bis 2035 von 127 100 neu ausgebildeten Lehrerinnen und Lehrern. Wenn dann noch der Bedarf für die drei großen politisch gesetzten Reformvorhaben (Ganztag, Inklusion, Unterstützung von Kindern in herausfordernden sozialen Lagen) einbezogen werden, ergibt sich sogar ein Lehrermangel bis 2035 in Höhe von 158 700. Die KMK weist bis 2035 aber nur einen Lehrkräftemangel von 23 800 Lehrkräften aus.«

Diese Planung am Bedarf vorbei hat dazu geführt, dass immer mehr Unterricht ausfällt. Nur noch ein kleiner Prozentsatz wird durch Vertretungslehrer aufgefangen. Aufgefangen ist das falsche Wort, denn vertreten wird in der Regel nicht das ausgefallene Unterrichtsfach, sondern die Vertretung erfolgt nach dem Zufallsprinzip. Eingeteilt werden nämlich die Kollegen oder Kolleginnen, die gerade zur Verfügung stehen. Die Lücke im Stoff bleibt daher trotz Vertretung die Lücke im Stoff, wenigstens in den meisten Fällen.

Trotz schwieriger, teilweise miserabler Rahmenbedingungen an deutschen Schulen hängt es dann immer noch von der Persönlichkeit des Lehrers oder der Lehrerin ab, ob sie für ihre Schüler und Schülerinnen gefragte und gesuchte Bezugspersonen jenseits der reinen Vermittlung des Unterrichtsstoffes werden können oder nicht. Es kommt darauf an, ob sie es wollen oder nicht. Ob sie überfordert sind oder nicht. Ob sie sich als reine Wissensvermittler verstehen oder mehr sein wollen. Ob sie sich im Schulsystem aufgerieben und nach vielen Jahren Lehrerdasein resigniert haben oder nicht. Ob sie sich vom Lehrplan gängeln lassen oder ob sie eigene Schwerpunkte setzen. Ob sie jeden Tag aufs Neue voller Leidenschaft alles geben, wie der Bruder meiner Frau, der für seine Arbeit Dankesbriefe von den Eltern erhält, oder ob sie bei halbwegs gutem Einkommen ihr hohes Ferien- und Freizeitbudget ausleben.

Auch in der Sekundarstufe eins, also direkt anschließend an die Grundschule, fehlen fast 5000 Lehrer. Warum nur hat man das alles zugelassen, warum hat man es so weit kommen lassen? Nur ein Beispiel unter Tausenden: In Berlin werden in den Ferien sogenannte Quereinsteiger geschult, um die Lehrerlücke mehr schlecht als recht wenigstens notdürftig zu schließen. Es wird so ziemlich alles rekrutiert, was Interesse an diesem Job zeigt. Wenn danach Barkeeper, Hausfrauen und Büroangestellte am Lehrerpult stehen, kann man getrost davon ausgehen, dass sie dies nicht aus pädagogischer Leidenschaft tun, sondern weil sie knapp bei Kasse sind. Die Leidtragenden sind ein weiteres Mal unsere Kinder, die sich dieses Lehrpersonal nie ausgesucht hätten.

Das deutsche Schulsystem ist so auf Kante genäht, dass die Pädagogen ihre Aufgaben nur mehr eingeschränkt und mit enormer Anstrengung erfüllen können. Der bereits zitierte Bernhard Bueb, ehemaliger Leiter des Internats Salem am Bodensee und einer der reflektiertesten Pädagogen der Gegenwart, kommt zu der Erkenntnis, dass die Rolle der Lehrer heute besonders belastet sei. »Er soll die Schüler durch Unterricht in ihrem Selbstwertgefühl stärken. Zugleich muss er ihre Leistungen kontrollieren und bewerten. Er ist also ihr Freund und Helfer, aber auch der mächtige Lenker ihres schulischen Schicksals.« Bueb sieht eine kaum lösbare Aufgabe der Pädagogen darin, dass sie jeden Tag die Qualität der Leistungen der Schülerinnen und Schüler in messbare Größen, also in Noten übersetzen müssen. Diese Übersetzungsarbeit sei sehr subjektiv, was nicht verwunderlich sei. Dennoch schüfen die Noten nur eine Scheinobjektivität – »auch eine der Lügen im Schulbetrieb. Schulen müssen sich ändern. Sie müssen sich mit dem Leistungsbegriff unserer Gesellschaft auseinandersetzen«.

An dieser Stelle wird ein weiteres Systemversagen unseres Schulbetriebs konstatiert, das seit Jahrzehnten besteht und gegen das niemand etwas unternimmt. Bei realistischer Betrachtung des Problems muss man zu dem Ergebnis kommen, dass die Liste immer länger wird, die den Zerfall unseres Bildungssystems dokumentiert. Manche Verantwortliche jedenfalls nehmen diese Zustände mit einer resignierenden Gleichgültigkeit hin, die sie längst ihre Ämter hätte kosten müssen. Wenn wir von einem »Schulbetrieb« sprechen, dann trifft es das sehr gut. Schule ist eher ein Betrieb, der »wie eine Fabrikhalle organisiert ist«, hat OECD-Bildungsdirektor Andreas Schleicher einmal gesagt. Er bleibt im Bild, wenn er hinzufügt, Lehrer würden wie »Fließbandarbeiter« behandelt, deren Meinung ganz einfach nicht gefragt sei.

In meinen Gesprächen mit Lehrern, von denen viele auch Leitungsfunktionen in Grundschulen oder Gymnasien bekleiden, habe ich häufig den Eindruck gewonnen, oberstes Ziel von Schule sei es, möglichst ohne Konflikte mit immer selbstbewusster auftretenden, die eigene und die Rolle der Lehrer falsch einschätzenden Eltern über die Runden des Schulalltags zu kommen. Ich frage mich schon, wie immer mehr Mütter und Väter gegenüber den Lehrern und Lehrerinnen mit einer solchen Anspruchshaltung auftreten können, wo sie doch eigentlich wissen müssten, wie sehr sie oft die eigenen Kinder vernachlässigen. Es muss einen Grund haben, wenn Lehrer immer öfter davon berichten, dass sie bei einer wachsenden Zahl von Kindern und Jugendlichen seelische Nöte und Zuwendungsverwahrlosung erleben. Diese stellen sie jedoch nicht nur bei Schülerinnen und Schülern aus schwierigen Milieus fest. Es sind eher die rastlosen Alleswoller, die ihre Kinder auf dem Gewissen haben. Es sind vor allem immer mehr Frauen und Männer aus den sogenannten Aufsteigermilieus, die sich mit Karriere und Kindern permanent selbst überfordern.

‣ Wir alle kennen das Phänomen aus unserem Bekannten- oder Freundeskreis. Der (verständliche) Wunsch vieler Eltern nach immer mehr materiellem Wohlstand und höherer gesellschaftlicher Anerkennung führt gerade in den sogenannten besseren Kreisen der Mittelschicht dazu, dass sie ihre Kinder auf sträfliche Weise missachten. Persönliche Zuwendung, Zeit, Engagement, Aufmerksamkeit und Hinwendung finden in immer mehr Familien nicht mehr oder nicht ausreichend statt. Stattdessen versucht man sich freizukaufen – mit der Kreditkarte, mit Designer-klamotten oder mit dem Cabrio zum Abitur.

Natürlich erkennen und erfühlen die Eltern angesichts solcher Lebensumstände das eigene Versagen. Doch das schlechte Gewissen ist schnell beruhigt, in dem man, ach wie bequem, die eigene Verantwortung wegdelegiert vom Elternhaus hinein in die Schulen, hin zu den Lehrern. Dass die in aller Regel nicht reparieren können, was im Eltern-haus versäumt oder gar zerstört worden ist, das hat sich inzwischen herumgesprochen. Auch Eltern tragen zum Zerfall dieses Landes bei, wenn sie nicht endlich ein paar Grundwahrheiten zur Kenntnis nehmen: Kinder suchen Vorbilder und Kinder fordern die ganze Kraft der Eltern. Jugendliche pfeifen auf die Karriereplanung von Vater oder Mutter, wenn sie erkennen, dass sie dabei auf der Strecke bleiben.

Eine ideale Schule müsste längst darauf reagiert haben, um wenigstens teilweise auszugleichen, was in den Fami-lien mehr und mehr brachliegt. Dies würde im besten Fall bedeuten, dass die Lehrer begleitet werden von Erziehern, Psychologen, Sozialarbeitern. Wir hätten es mit profes-sionellen Kümmererteams zu tun, die das Beste aus einer schon ziemlich verfahrenen Situation für Kinder und Ju-gendliche herausholen und die dafür Sorge tragen würden, dass sich Schule nicht länger darauf beschränkt, nur Bil-dungsanstalt zu sein, die sich auf lehrplankonforme Wis-sensvermittlung reduzieren lassen muss.

Schule wäre damit nicht nur ein Lernort, sondern eine Art zweites Zuhause, wo man sich beim Lernen wohlfühlt in der Gemeinschaft und wo die jungen Leute eine Stabili-tät erhalten, die sie zu Hause meist vermissen.

Solche Einrichtungen, man sollte sie besser Reparatur-betriebe nennen, sind noch immer nicht in notwendigem Umfang zu finden. Natürlich wird uns auch an dieser Stelle

das bekannte Totschlagargument »zu teuer« entgegenge-
schleudert werden. Dem ist mit Verweis auf Olaf Scholz,
der in seiner Zeit als Finanzminister der Regierung Merkel
die Kosten für den Kampf gegen die Pandemie in der nach
oben offenen Größenordnung »Whatever it takes« defi-
nierte, zu antworten. Was für die Bekämpfung einer Seuche gilt, muss noch viel mehr für den wichtigsten Rohstoff
unseres Landes Gültigkeit haben: was immer notwendig
ist für die Bildung! Dann erst beginnt allerdings die größte
Herausforderung für alle, die in der Bildung Verantwortung tragen: der intelligente Einsatz der Mittel.

Die digitale Bildungskatastrophe

Deutschland hat die Digitalisierung lange verschlafen. Diese Feststellung konnte man viele Jahre für fast alle Bereiche treffen. Manches hat sich gebessert, vieles liegt nach
wie vor im Argen. Wir sind weit davon entfernt, in Europa
zur Spitze aufzuschließen, wie es sich für einen ehemaligen Weltmeister in vielen anderen Disziplinen eigentlich
gehören würde. Im Gegenteil: Wir lassen schon wieder
nach. Wie der IMD Digital Competitivness Index zeigt,
ist Deutschland im internationalen Vergleich von Platz 15
im Jahr 2016 auf Platz 18 abgerutscht. Offensichtlich tut
man sich in Good old Germany noch immer schwer, aus
dem analogen Modus herauszukommen und digital zu
denken. Wen kann es da noch wundern, wenn China längst
an Deutschland vorbeigezogen ist. Auch in der digitalen
Welt haben sich die Deutschen zwischen Durchschnitt und
Unterdurchschnitt geruhsam eingerichtet.

Dieser beklagenswerte Zustand spiegelt sich besonders
deutlich im Bereich von Bildung und Schule wider. Es gibt
gute Gründe, aus pädagogischen Erwägungen der digitalen

Professionalisierung unserer jungen Leute nicht die erste Stelle einzuräumen, sondern der Bildung der Persönlichkeit die meiste Aufmerksamkeit zu schenken. Man kommt jedoch an einer Tatsache nicht vorbei: Wenn Digitalkenntnisse nur mangelhaft vermittelt werden, sind die Jobs von morgen in Gefahr.

Immer wieder erreichen mich Berichte aus dem Schulalltag, die die untragbaren Zustände in den Klassenzimmern drastisch beschreiben. Es fehle an Tablets und Laptops bei Schülern wie bei Lehrern. Fehlende WLAN-Verbindungen und langsames Internet bilden weitere Hindernisse für das Lernen. Alles nicht so schlimm, halten uns die Bildungseuphemisten entgegen, wir sind dabei, wir sind ja schon besser geworden. Gebt uns noch etwas Zeit! Nein, die geben wir Ihnen nicht mehr, meine Damen und Herren Bildungspolitiker!

Vor Kurzem erreichte mich der Hilferuf einer Lehrerin aus der Sekundarstufe eins, die fassungslos davon berichtete, dass sie E-Mails noch immer von ihrem privaten Nutzerkonto senden müsse. Sie ist kein Einzelfall, sondern ein Beispiel von vielen. In einer vom Westdeutschen Rundfunk in Auftrag gegebenen Umfrage aus dem Jahr 2019 wurden sowohl Lehrer als auch Schüler zwischen 14 und 20 Jahren in Deutschland gefragt, wie sie die digitale Ausstattung an ihren Schulen bewerten würden. Ihre Einschätzung sollten sie mithilfe von Noten abgeben. Am schlechtesten schnitt die Ausstattung der Schulen mit Tablets ab. Dafür gaben die Schüler die Note 4,6, die Lehrer eine 4,5. Die Qualität der WLAN-Verbindungen wurde mit 4,1 bewertet. Noch am positivsten schätzte man die Versorgung mit Computern ein – Schüler und Lehrer vergaben hier eine 3,2 – immerhin befriedigend.

Diese Umfrage ist eine von vielen, die beweist, dass die technische Ausstattung vieler Schulen weit unterdurchschnittlich ist. Dabei geht es nicht nur um ein technisches Hardwareproblem. Es fehlt auch an Know-how und pädagogischen Konzepten. Die Coronazeit mit Schulschließungen und Homeoffice hat das ganze Ausmaß dieser Bildungskatastrophe zutage treten lassen.

Dabei fehlt es überhaupt nicht an Geld. So hatte das Parlament in Berlin bereits im ersten Quartal 2019 (!) endlich den Digitalpakt verabschiedet. Der kam zwar spät, aber für deutsche Verhältnisse war er nicht ohne. Fünf Milliarden für die technische Aufrüstung an den Schulen ist ein Betrag, der sich sehen lassen kann – eine stattliche Investition. Da Bildung in Deutschland Ländersache ist, wurden diese auch zur Kasse gebeten, mit immerhin zehn Prozent des Gesamtbetrages.

Das wäre etwas gewesen, in jedem anderen Industrieland der Welt, nur nicht in Deutschland, wo die stärkste Macht im Staat die Bürokraten sind. Die Bildungsprobleme sind so drängend, dass man nicht mehr warten kann, bis hinter jeder Frage ein Häkchen gemacht ist. Dieter Donen, der Direktor des Forschungsinstituts für Bildungs- und Sozialökonomie, bringt es auf den Punkt, wenn er fordert, die Verwaltungen sollten »jetzt aktiv werden und einfach machen: die Schulen mit Technik ausstatten, ohne sich um die Bürokratie zu kümmern«.

Gehen wir einmal optimistisch davon aus, dass es tatsächlich gelänge, unsere Schulen mit dem technischen Rüstzeug der digitalen Zukunft auszustatten. Was dann? Wer wird, wer kann diese Technik gewinnbringend für die nächste Generation anwenden? Nur 40 Prozent der zurzeit für das Lehramt Studierenden sehen sich laut Umfragen ausreichend auf die digitalen Herausforderungen ihres späteren Berufs vorbereitet.

Neben erstklassigen, digitalaffinen Lehrern sind bedauerlicherweise noch immer zu viele Pädagogen in unseren Schulen unterwegs, die sich in der neuen Welt nicht zurechtfinden (wollen) und ihr voller Misstrauen gegenüberstehen. Aus einer solchen Haltung heraus halten sie Videokonferenzen mit Schülern für Teufelszeug, weil sie ja von diesen mitgeschnitten werden könnten. Das Bewusstsein ist inzwischen geschärft, doch es fehlen Druck und Tempo bei der Umsetzung, um den beängstigenden digitalen Rückstand an unseren Schulen aufholen zu können.

Unsere Politiker mögen die Bedeutung von Digitalisierung und Bildung (oder umgekehrt) bei ihren Sonntagsreden noch so lautstark verkünden, zwischen ihren Worten und den Taten klaffen noch immer Welten. Digitalisierung an den Schulen ist ein Kernthema für die Zukunft – so hören wir es in jedem Wahlkampf. Wie bei vielen anderen, so sind wir auch bei diesem Thema im Begriff, unsere Gestaltungsenergie angesichts der Beschäftigung mit eher drittrangigen Themen wie der ziemlich absurden Genderdiskussion zu verschleißen.

Wie wird es jetzt weitergehen? Die Fördermittel aus dem Digitalpakt Schule sind ein starker Anfang und vor allem ein Zeichen, dass man in der Politik auf allen Ebenen die Dringlichkeit des Problems erkannt hat. In der praktischen Umsetzung zeigt sich allerdings, dass das Geld nicht reicht, um alle digitalen Bedürfnisse von der Infrastruktur über Klassenzimmerausstattung bis zur Administration erfüllen zu können. Länder und Kommunen sind für die Umsetzung des Digitalpakts verantwortlich. Zum Alltag in der Umsetzung gehören nach wie vor Unklarheit und Überforderung. Deshalb bedarf es klarer Vorstellungen und eindeutiger Vorgaben – von der Antragstellung bis zur – wieder einmal – nachhaltigen Verwendung der Gelder.

Die Lehrer sind in diesen Zeiten nicht zu beneiden. Die meisten vor der Pandemie geplanten Prozesse müssen jetzt neu aufgesetzt werden. Wer hätte denn Anfang 2020 dar-

an gedacht, dass es einmal zwischen Präsenz- und Distanz-
unterricht zu unterscheiden gilt und dass durch ein Virus
verursachtes Homeschooling immerhin einen erfreulichen
Digitalisierungsschub an vielen Schulen ausgelöst hat?

Einstürzende Schulbauten

Der Zustand Deutschlands lässt sich an vielen Schulen,
die in einem erbärmlichen Zustand sind, ablesen. Ver-
schmierte Wände, kaputte Heizungen, Türen und Fenster,
durch die der Wind pfeift – unsere Schulen könnten eher in
einem Entwicklungsland stehen als im größten und wirt-
schaftlich immer noch stärksten Land Europas. Dabei können inzwischen viele Länder der Dritten Welt mit Stolz auf
die baulichen Fortschritte im Schulbereich verweisen.

Über das wahre Ausmaß der Katastrophe hierzulande weiß niemand so ganz genau Bescheid – oder man will
es uns einfach nicht sagen, was angesichts der traurigen
Wirklichkeit durchaus verständlich wäre. Bestandsaufnahme des Schadens – Fehlanzeige. Im Bundesbildungsminis-
terium verweist man gerne auf die Kultusministerkonferenz der Länder. Die sind jedoch auch die falsche Adresse,
um sich ein genaueres Bild über den desolaten Zustand der
Schulen zu machen. Man muss nämlich wissen, dass die
Länder zwar für die Schulen verantwortlich sind, die Gebäude jedoch Eigentum der Gemeinden sind.

So ist es auch hier wie fast überall: Die Zuständigkeiten werden hin- und hergeschoben, das wahre Ausmaß des
Sanierungsbedarfs wird verschleiert. Sahra Wagenknecht,
die Linke, die keinem Streit aus dem Wege geht, hat schon
2019 die damalige Bundesregierung der Großen Koalition
mit harschen Worten dafür kritisiert, dass sie auf ihre An-
frage keine Informationen über die Höhe des bundesweiten

Sanierungsbedarfs unserer Schulen erhalten hatte. Wagenknecht kam damals zu dem Schluss, der Bundesregierung sei der Zustand unserer Schulen wohl ziemlich egal.

Vielleicht beschreiben die 35 Milliarden Euro, von denen das Deutsche Institut für Urbanistik spricht, den Reparaturbedarf an deutschen Schulen annähernd realistisch. Auf irgendeine Größenordnung muss man sich ja verständigen können! Ebenso interessant wie verwirrend ist für den erstaunten Betrachter die Tatsache, dass es keinen gleichmäßigen, sondern je nach Region sehr unterschiedlichen Zustand der Schulgebäude gibt. Klar, dafür kann man Gründe ins Feld führen. So ist der Zustand der Schulen abhängig von der Finanzlage, aber auch von der Philosophie der Gemeindeväter. Viele sparen an der Infrastruktur und lassen die Gebäude regelrecht verfallen – solange, bis nur noch Abriss oder Kernsanierung helfen.

Solche Erklärungen interessieren allerdings Eltern herzlich wenig, deren Kinder zum Unterricht in verwahrloste Schulen gehen müssen. Viele Gebäude sind inzwischen so heruntergekommen, dass sie nicht mehr für einen Erfolg versprechenden Unterricht geeignet sind. Schuldirektoren haben jahrelang auf diesen voranschreitenden Verfall der Gebäude hingewiesen. In den zuständigen Ministerien stießen sie so lange auf taube Ohren, bis aus Schulhäusern Bauruinen geworden waren.

Die Frage mag zynisch klingen, aber sie liegt doch sehr nahe: Wenn eine wachsende Zahl von Kindern die Schultoiletten wegen ekelerregender Verschmutzung nicht mehr benutzen kann, sind dann während der Coronazeit Schulschließung und Homeschooling wenigstens vorübergehend nicht doch die bessere Alternative? Ökonomen der Kreditanstalt für Wiederaufbau kommen zu folgendem Ergebnis: Selbst wenn die Kommunen ihren gesamten Investitionsetat für Schulen und Kitas ausgeben könnten, würde es sieben Jahre dauern, bis die Schulgebäude saniert wären. In welchem Land leben wir inzwischen, wenn Privatpersonen für die Sanierung von Schulen spenden, weil der Staat in Bund, Ländern und Gemeinden seinen Aufgaben nicht mehr nachkommen kann oder will? Es ist nicht mehr lustig, wenn man für die Kampagne »Einstürzende Schulbauten« spenden kann.

Was zeigt uns diese Situation? Sie zeigt, dass uns Bildung gleichgültig ist. Sie zeigt, was wir Kindern und Jugendlichen zumuten, wenn wir sie in baufällige Schulen gehen lassen, in denen das Wasser von der Decke tropft und die Risse in den Wänden der Klassenzimmer immer tiefer werden. Immer mehr Lehrer, Eltern und Schüler haben resigniert. Andere haben noch nicht ganz aufgegeben und stellen Fotos und Videos ihrer heruntergekommenen Schulen ins Netz. Darauf sind dann schon mal PCs zu sehen, die fest in Plastikhüllen verpackt im Klassenzimmer herumstehen. Sie waren eigentlich für Schüler bestimmt. Man konnte sie jedoch nicht aufstellen, weil Regenwasser durch die undichte Decke tropfte. Deutschlands Schulen sind Ausdruck der Geringschätzung und nicht der Wertschätzung der nächsten Generation. Unser Land besitze keine Rohstoffe – außer den Rohstoff Geist – wie oft haben wir diesen so zutreffenden Satz schon aus dem Mund von Politikern gehört? Der Zustand unserer Schulen straft diese Feststellung allerdings Lügen. In verrotteten Klassenzimmern kann der Rohstoff Geist nicht wachsen, im Gegenteil: Dort wird er zerstört und später begraben.

Der katastrophale Zustand vieler Schulhäuser lässt sich nicht mehr kleinreden Es müsste sich eigentlich herumgesprochen haben, dass die bauliche Attraktivität von Schulhäusern darüber entscheidet, ob sich Kinder und Jugendliche in ihrer Schule wohlfühlen und konzentriert arbeiten können. Die technische Sanierung von Schulen stellt heute kein Problem mehr dar, bestätigen Architekten übereinstimmend. 80 Prozent der Schulen in Deutschland sind vor 1977 errichtet worden. Wie viele davon saniert worden sind, ist – man glaubt es kaum – nicht bekannt. Natürlich reicht die Sanierung vorhandener Schulen nicht aus. Neue müssen gebaut werden. Wichtig ist, sagen einem Experten, dass an die Sanierung vorhandener Schulen die gleichen Qualitätsmaßstäbe angelegt werden müssen wie an die Neubauten. Mens sana in schola sana. Ein gesunder Geist in einer gesunden Schule!

Im Gleichmaß erstarrt

Es ist noch nicht lange her, da waren Universitäten noch Orte von Kleinstaaterei und professoraler Unanfechtbarkeit. Über dem Hochschullehrer gab es nur noch den lieben Gott. Tempi passati, diese Zeiten sind Gott sei Dank vorbei. Die Hochschulen haben viele Reformprozesse durchlaufen. Das spüren vor allem die Studenten. Darauf kommt es an. Seit die Hochschulräte, die Aufsichtsräte der Universitäten, zur Hälfte mit externen, nicht dem Universitätsbetrieb angehörenden Mitgliedern besetzt sind, werden die akademischen Ausbildungsorte der Nation aus dem Blickwinkel der Praxis betrachtet. Eine solche Perspektive hat jahrzehntelang gefehlt. Jetzt werden andere Fragen gestellt. Dieser Blick von außen bekommt den Universitäten gut.

Aus eigener Erfahrung weiß ich, dass die Teilnahme an Rankings, also einem nationalen oder internationalen Wettbewerb mit anderen Hochschulen, noch immer eine sehr umstrittene Angelegenheit ist. Wer sich viele Jahrzehnte lang mit nichts und niemandem messen musste, wer es gewohnt war, im konkurrenzfreien Raum zu forschen und zu lehren, dem fällt es alles andere als leicht, sich an anderen messen lassen zu müssen. Ein guter oder sogar sehr guter Platz im Wettbewerb mit anderen ist Anlass zur Freude und bestärkt die Universität oder die Fakultät, ihre Professoren und Studenten darin, die wissenschaftliche Anstrengung, die zu diesem Erfolg geführt hat, mit aller Kraft fortzusetzen. Die Sorge, schlecht abzuschneiden, halte ich für unbegründet. Ist es nicht so, dass ein mittleres oder schlechtes Ergebnis Ansporn zu neuen Höchstleistungen sein kann, um sich weiter zu verbessern?

Nun kann man die Angst der Professoren vor dem internationalen Vergleich schon verstehen, denn deutsche Universitäten spielen da kaum eine Rolle. Die besten der Welt kommen aus den USA oder aus Großbritannien. Man kennt sie, weil das schon seit vielen Jahren so ist: Stanford, Harvard, MIT (Massachusetts Institute of Technology), Oxford, Cambridge. Deutsche Universitäten dagegen haben es bis heute nicht geschafft, ihren Rohstoff Geist in Spitzenplätze zu verwandeln. Die Technische Universität München (TU) schafft es im weltweiten Wettbewerb auf Platz 50. Zusammen mit der Ludwig-Maximilians-Universität München sind es wenigstens zwei Leuchttürme universitärer Bildung, über die Deutschland verfügt. Der Rest ist überwiegend Durchschnitt, mehr nicht.

Warum ist das so?

Unsere Hochschullandschaft könnte viel kräftiger und bunter blühen, läge sie nicht im Dauerschatten einer Hochschulpolitik wider bessere Einsicht, deren gestaltende Köpfe es nicht anders können, weil sie es nicht anders gelernt haben. Mit der riesigen Gießkanne werden die Mittel seit Jahrzehnten über dem Land ausgegossen, auf dass um Himmels willen keine Region benachteiligt werde. Das muss man sich dann so vorstellen im Bildungsdeutschland: Man sprühe die zusätzlichen Mittel der Exzellenzinitiative von Bund und Ländern gleichmäßig und vermeintlich gerecht auf die 57 Exzellenzcluster in Deutschland und lasse sich dabei von dem Bewusstsein leiten, man tue den Studenten und dem Forschungsstandort Deutschland etwas Gutes. Dieser leichte Sprühregen ist längst verdampft, bevor er seine Wirkung entfalten und die Pflanzen der Bildung richtig zum Blühen bringen kann. Auf der anderen Seite des Atlantiks, Harvard: Stiftungsvermögen über 40 Milliarden Dollar. Das macht den Unterschied.

Ich bin mir nicht sicher, ob es sich schon an allen Universitäten herumgesprochen hat: Deutsche Hochschulen konkurrieren nicht mehr mit deutschen Hochschulen, sondern mit Universitäten auf der ganzen Welt. Diese Veränderung verlangt andere Perspektiven, andere Angebote für Studenten, andere Anreize für das Lehrpersonal und deren Familien. Die neue Welt verlangt auch von der akademischen Gemeinde mehr Tempo und weniger Bürokratie.

Daneben vermisse ich – von wenigen Ausnahmen abgesehen – die Vermittlung zweier Kernkompetenzen für die Studierenden. Ich spreche von Ethik und Rhetorik. Diese Disziplinen sind noch immer Mangelware an deutschen Hochschulen, auch wenn sich in den vergangenen Jahren einiges bewegt hat. Die Lehrstühle kann man noch immer zählen. Wie wichtig, ja berufs- und lebensentscheidend für Studenten die Fähigkeit ist, sich überzeugend auszudrücken, ist an anderer Stelle beschrieben. Da war man im alten Rom schon viel weiter. Die Redekunst gehörte damals zu den »septem artes« – zu den sieben wichtigen Studienfächern.

An Deutschlands Universitäten dagegen lässt man die Kunst des wirkungsvollen Redens verkümmern. Da dieser Missstand schon seit Jahrzehnten zu beklagen ist, nimmt es nicht Wunder, dass es Männern und Frauen in Spitzenpositionen oft an sprachlicher und damit auch an Überzeugungskraft mangelt. Die wenigen Universitäten und

Privatschulen, die Rhetorik-Angebote machen, sind nicht mehr als ein Tropfen auf dem heißen Stein.

Eine ähnliche Geringschätzung wie Rhetorik erfährt die Ethik. Mehr Lehrstühle in dieser Disziplin könnten ein Defizit ausgleichen, das Bernhard Bueb so beschreibt: »Firmen, die sich um die besten Absolventen der Universitäten bemühen, finden gut ausgebildete Leute vor; sie klagen aber über das Defizit der Persönlichkeitsentwicklung dieser Elite.« Dieser begnadete Lehrer öffnet uns den Blick auf ein Thema, über das man weder an den Universitäten noch in der Wirtschaft gerne spricht: »Als Lehrer und Erzieher leiden wir heute daran, dass die Führungspersönlichkeiten in Politik, Wirtschaft, Kultur und Wissenschaft oft keine Persönlichkeiten mehr sind, dass es ihnen an Charakter fehlt, also an Widerstand gegen Zeitgeist, Korruption, Verführbarkeit durch reine Profitorientierung. Begabte junge Menschen haben verstanden, dass Arbeit und rationale Lebensführung unerlässlich für den Weg in wohl dotierte Spitzenpositionen sind. Wo und wann lernen sie aber, dass der Weg an die Spitze moralische Aspekte haben könnte, dass Gemeinsinn, Gerechtigkeit, Zivilcourage und Ehrlichkeit eine Rolle spielen sollten?« Eine bessere, überzeugendere Begründung für mehr Ethik an deutschen Hochschulen gibt es nicht.

Forschung und Lehre haben es schon schwer genug. Ganz schlimm wird es, wenn man dem Lehrpersonal seine Freiheit und seine Unabhängigkeit zu nehmen versucht. Oder sie und die Studenten sich dieser Freiheit selbst berauben. Zum Beispiel, indem sie absurde Regeln für Gendersternchen aufstellen. Wehe, man befolgt sie nicht! Dann droht Punktabzug.

An deutschen Universitäten macht sich darüber hinaus ein Klima wachsender Intoleranz gegenüber unerwünschten Meinungen breit. Die Räume der Freiheit werden enger. Ein Land verwahrlost, wenn an seinen Universitäten die Freiheit der Meinungsäußerung von extremistischen Kräften eingeschränkt oder verhindert wird. Interessante Erkenntnisse bringt eine Allensbach-Umfrage, die in ganz Deutschland erhoben wurde. Danach haben 40 Prozent von 1000 befragten Universitätsprofessoren das Gefühl, unter dem Druck eines bestimmten Meinungsklimas an den Hochschulen zu stehen.

Die Vorsitzende des Ringes Christlich-Demokratischer Studenten (RCDS), Franca Bauernfeind, hat ihre eigenen Beobachtungen an der Universität gemacht. Sie habe ein unangenehmes Gefühl, eine Meinung zu vertreten, die dem Zeitgeist widerspricht. Der Gedanke, dass Klimapolitik nicht ohne Wirtschaftspolitik möglich sei, werde bei Kommilitonen nicht gerne gehört. Beim Betreten eines Campus entwickle man sehr schnell ein Gefühl dafür, was man sagen soll und was lieber nicht. Auf die Frage, ob man sich als konservative Frau an einer deutschen Universität noch wohlfühle, antwortet die Studentin: »Das ist eine andere Welt – mit der muss man klarkommen und klarkommen wollen.«

Angesichts einer solchen Entwicklung drängen sich doch ein paar Fragen auf: Wo bleibt die Politik? Wo bleiben die Medien? Wo bleibt die Polizei? Wo bleiben die Hochschulen? Wo bleibt der Aufschrei? Wo der bleibt, weiß ich nicht. Auf jeden Fall ist er weder zu sehen noch zu hören. Vereinzelt wenigstens sind die Stimmen der Klarheit und der Vernunft zu vernehmen. Der Präsident des Deutschen Hochschulverbandes, Bernhard Kempen, ist jedenfalls nicht misszuverstehen, wenn er sagt: »Hochschulleitungen müssen sich aufgrund ihrer grundrechtlichen Schutzpflicht und aus Gründen der beamtenrechtlichen Fürsorgepflicht vor die Hochschulangehörigen stellen, die in ihrer Freiheitsausübung von dritter Seite beeinträchtigt werden. Die Professorin, die eine wissenschaftliche Tagung über die Bedeutung des Kopftuchs ansetzt und damit einen gigantischen Shitstorm lostritt, braucht den sofortigen und effektiven Schutz ihrer Hochschulleitung ebenso wie der Historiker, der über stalinistische Gewalt forscht und deswegen von einer linksradikalen trotzkistischen Splittergruppe als Faschist diffamiert wird.« Warum schreibt der Präsident eine solche Selbstverständlichkeit seinen Universitätsleitungen ins Stammbuch? Die Frage stellen heißt, sie beantwortet zu haben.

Ich kenne Lehrer, Professoren und Universitätspräsidenten, die den Tag voller Elan und Freude beginnen, angetrieben von dem Bewusstsein, das Beste in ihrem Verantwortungsbereich zu erreichen. Sie sind – und das seit Jahren schon – verliebt ins Gelingen. Am Abend eines solchen Tages sind dieselben Personen nicht selten desillusioniert, weil ihnen wieder einmal die Grenzen des Systems drastisch vor Augen geführt worden sind. Sie waren konfrontiert mit einer gefräßigen Bürokratie, die längst überfällige Entscheidungen verzögert oder verhindert hat. Sie erleben ein stetig sinkendes Bildungsniveau vieler Studienanfänger und wissen durchaus, wie es zu dieser fatalen Entwicklung kommt. In einer ziemlich verrückten Notenvergabe werden Abiturienten mit unterdurchschnittlichen Leistungen häufig durchschnittlich oder überdurchschnittlich benotet. Es dauert dann meist nicht lange, bis Lehrende und Studierende erkennen müssen, dass das Studium unter falschen Voraussetzungen, nämlich auf der Basis nicht ausreichender Qualifikation, begonnen wurde.

Unsere Bildungspolitiker in Bund und Ländern wissen natürlich ganz genau, was an den Universitäten trotz mancher Fortschritte noch im Argen liegt. Sie wissen auch, dass sie sich selbst und ihre Wähler belügen, wenn sie behaupten, unser Bildungssystem sei doch ganz ordentlich.

Da ist er wieder, unser deutscher Euphemismus, der alles wider besseres Wissen schönreden will.

Noch schlimmer wäre es, wenn sie wirklich glaubten, alles sei in gutem Zustand an den Hochschulen. Könnte ja sein, dass sie sich in ihrem föderalen Bildungs-Klein-Klein nie so recht dafür interessiert haben, wie man in anderen Ländern erfolgreich Bildung organisiert. Ich halte es für keine Übertreibung zu sagen, dass Deutschland in seine zweite Bildungskatastrophe schlingert. Doch sind diesmal die Folgen schlimmer als damals vor 50 Jahren. Bildungskonkurrenz findet zwar noch in der Region statt, natürlich auch in Deutschland. Vor allem jedoch müssen sich die jungen Leute in einem globalen Wettbewerb behaupten. Es hat sich herumgesprochen, dass die junge Generation des 21. Jahrhunderts so mobil ist wie noch nie. Wer hoch qualifiziert ist, wird nicht mehr (nur) in Deutschland studieren (vielleicht mit Ausnahme der TU und LMU München und einer Handvoll weiterer staatlicher Universitäten), sondern sich weltweit die Universität heraussuchen, an der die besten Professoren lehren. Wer als Deutscher am MIT oder in Stanford studiert, den zieht es nicht mehr um jeden Preis zurück nach Deutschland, der will – wenn sich die Gelegenheit bietet – in den USA bleiben. Erstklassige Studienbedingungen, erstklassige Berufsaussichten, null Bürokratie – das fasziniert die jungen Leute am Ausland und das unterscheidet eben ihre neue Welt von der alten.

So müssen die Professoren an vielen deutschen Universitäten resigniert zur Kenntnis nehmen, dass die Auswanderungswelle, auf der hoch qualifizierte Ärzte oder Ingenieure aus Deutschland weggetragen werden, längst auch die Studierenden erfasst hat. Das hat Folgen. Innovation ist längst nicht mehr die Stärke Deutschlands, wie es früher einmal war. In der Ära Merkel sind wir von Platz 2 auf Platz 15 unter den innovationsstärksten Ländern zurückgefallen. Dies ist umso alarmierender, als die gelernte Wissenschaftlerin Angela Merkel den Bereich Forschung und Innovation mit Unterstützung fast aller im Bundestag vertretenen Parteien bereits seit 2005 mit reichlich Geld ausgestattet hat. Der Zuwachs dieser Ressourcen war sogar höher als in allen anderen Politikfeldern. Und dennoch hat es Deutschland in der Bildung noch immer nicht auf die vorderen Plätze im internationalen Vergleich geschafft.

Was dazu im Koalitionsvertrag der neuen Bundesregierung steht, ist nicht falsch, lässt stellenweise sogar hoffen, aber muss den Praxistest der Umsetzung erst noch bestehen. Leider wird Bildung hierzulande noch immer zu sehr verwaltet und zu wenig gestaltet. Bildung ist – trotz mancher Erfolge – noch immer bis zur Bewegungslosigkeit fest im Griff einer im Gleichmaß erstarrten Ministerialwelt, die den Rohstoff Geist nicht fördert und all jene, die an Schulen und Universitäten mit Vision und Leidenschaft einen Systemwechsel herbeiführen wollen, verzagen lässt.

Sprachlose Gesellschaft

Verfall der Ausdruckskraft

Die Problemzone, über die jetzt zu reden ist, verlangt eine Vorbemerkung: Weder bin ich Sprachformalist, noch wende ich mich gegen eine unsere Sprachwelt durchaus animierende und bereichernde Jugendsprache, noch bin ich ein Gegner der Häufung von Anglizismen, die sich im Leben junger Leute und in der Geschäftswelt immer mehr Raum verschaffen. Dies ist längst die Normalität und macht uns keineswegs unsere Sprache abspenstig, ebenso wenig wie die babylonische Sprachverwirrung vor 3000 Jahren die Ausdrucksfähigkeit der Menschheit bis zum heutigen Tag negativ beeinflusst hätte. Sprachen sind lebendig und verändern sich – zum Guten wie zum Schlechten. Und wir wissen, dass sich eine Weltsprache mit den Muttersprachen bis zu einer gewissen Grenze und in sinnstiftender Weise verbinden kann und muss.

Problematisch wird es dann, wenn eine Sprache nicht mehr leisten kann, wofür sie ihre einzige Daseinsberechtigung hat: die Kommunikation. Nur wenige haben mehr von Sprache verstanden als das Universalgenie Wilhelm von Humboldt, der sich mehr als jeder andere – vielleicht mit Ausnahme von Goethe – mit dem Wesen der Sprache beschäftigt hat. In zeitloser Gültigkeit und Präzision hat er die geschriebene und gesprochene Sprache als ein »Medium des Denkens und der Weltauffassung schlechthin« definiert. Denken und Handeln sind ohne Sprache unmöglich, sagt er. Friedrich von Hardenberg, bekannter unter seinem Künstlernamen Novalis, Schriftsteller der Frühromantik und Philosoph, hat der Bedeutung der Sprache mit folgenden Gedanken bemerkenswerten Ausdruck verliehen: »Jeder Mensch hat seine eigene Sprache. Sprache ist Ausdruck des Geistes.«

Schön wäre es. Wir haben unsere Sprache am Wegesrand liegen lassen, vernachlässigt und verkommen lassen. Es ist uns gleichgültig geworden, was wir sagen und wie wir es sagen. Dieses Bild bestimmt weite Teile der privaten Kommunikation, aber immer stärker auch den öffentlichen Diskurs. Der Niedergang unserer Sprache ist allgegenwärtig: Politiker, Journalisten, Unternehmensberater, Bundespräsidenten, Schüler, Studenten – sie alle haben das Gefühl für die Sprache und die angemessenen Worte verloren, oder schlimmer noch: Sie sind mehrheitlich nicht mehr in der Lage, sich überzeugend und unverkennbar auszudrücken. Die Sprachschwächlinge sind überall. Der Verfall unserer Sprache, der unserer Kommunikationsfähigkeit schon massiv geschadet hat, vollzieht sich auf vielen Ebenen.

Unsere Mitteilungskraft leidet, unsere sprachliche Kraft lässt nach, kluge Gedanken finden nicht mehr den Weg zum Gegenüber. Ein solcher Verfall der Ausdruckskraft großer Teile unserer Gesellschaft ist freilich nicht typisch deutsch, doch fällt sie natürlich besonders auf und ins Gewicht in einem Land, dass in seiner Geschichte auf Sprachgiganten wie Goethe, Schiller oder Schopenhauer verweisen kann. Für Karl Kraus, den österreichischen Dichter, Publizisten, Polemiker und vielleicht größten Sprachmeister des letzten Jahrhunderts, stand fest, dass man in der Sprache erkennen kann, welchen Menschen man vor sich hat. Die Sprache sei es, die all seine Tugenden zeige und all seine Schwächen offenbare. Der Dichter Ernst Moritz Arndt sagt in seinem »Entwurf einer Teutschen Gesellschaft«: »Wer seine Sprache nicht achtet und nicht liebt, kann auch sein Volk nicht achten und lieben.«

Missachtung des Volkes

Wir haben keine Ahnung mehr von Sprache. Das stört uns auch nicht, denn die Sprache ist uns gleichgültig geworden und ob die Worte in guter oder schlechter Qualität daherkommen ebenfalls. Vor wenigen Jahrzehnten noch waren die Parlamente die Hohen Häuser des geschliffenen Wortes. Eine beachtliche Zahl von Volksvertretern beherrschte die freie Rede. Sie war eine Kunst, daher spricht man ja auch von Redekunst. Kunst kommt bekanntlich von Können. Doch Könner sind es längst nicht mehr, die sich im Deutschen Bundestag – oder erst recht in den Länderparlamenten – zu Wort melden. Die meisten verstecken sich hinter einem Schleier von Phrasen, weil ihnen der Mut zur klaren Aussage fehlt.

Da fällt mir ein Satz des Meisters der Sprache, Johann Wolfgang von Goethe, ein, dessen Aktualität atemberaubend ist: »Ich habe mich in meinem Leben vor nichts so sehr als vor leeren Worten gehütet, und eine Phrase, wobei nicht gedacht und empfunden war, schien mir an anderen unerträglich, an mir unmöglich.« Ein selbstkritischer Gedanke wie dieser scheint den Juristen, Lehrern, Angestellten und Selbstständigen in den Parlamenten fernzuliegen.

Dabei sind sie doch die Vertreter des Volkes, das sie gewählt und ins Parlament entsandt hat.

Wir sind zu einer Republik der nichtssagenden Geschwätzigkeit verkommen – am auffälligsten dort, wo Sprache vorbildhaft gebraucht werden sollte, weil sie an diesem Platz für jeden und jede öffentlich einsehbar und auf zahllosen Kanälen der digitalen und analogen Medienwelt abrufbar ist: an den Rednerpulten in den Parlamenten.

Unsere einst beinahe vollkommene Sprache, wie sie die Dichterfürsten in Weimar pflegten, zeigt uns heute – von wenigen Ausnahmen abgesehen – ihr heruntergekommenes Gesicht während jeder Parlamentsdebatte. Wann, bitte sehr, erleben wir im Reichstag von Berlin eine Rednerin, einen Redner, die oder der uns wirklich überzeugt – durch freie Rede, mit leidenschaftlichen Sprachbildern, die Konfrontation suchend und den scharfzüngigen Schlagabtausch mit dem politischen Gegner? Diese Ödnis der Ausdrucks- und Kommunikationsfähigkeit auf öffentlicher Bühne wie dem Parlament ist natürlich besonders tragisch, könnte sie doch Vorbildcharakter für alle politisch interessierten Menschen, vor allem aber für die junge Generation haben.

So erinnere ich mich noch heute lebhaft und bis in die Einzelheiten an die legendäre Bundestagsdebatte zu den Ostverträgen im Jahr 1972, die ich damals live zusammen mit meinem Vater am Fernsehschirm verfolgte. Damals konnte Politik, konnten Politiker auch die junge Generation in ihren Bann ziehen, weil sie sich in einer Sprache auszudrücken vermochten, die mitriss und die verständlich war. Und heute?

Warum eigentlich gibt es keine Regeln, festgesetzt vom Präsidium des Bundestags, die die Qualität einer Rede festlegen? Vielleicht, weil wir dann keine Frauen und Männer mehr finden, die diese Maßstäbe erfüllen könnten – außer Merz, Gysi oder Lindner? Im alten Rom war das Ablesen einer Rede vom Blatt verboten. In der Politik und vor Gericht war die freie Rede Pflicht. Umso mehr wurden Reden als etwas Besonderes empfunden und entsprechend akribisch vorbereitet.

Ich finde, mein langjähriger Kollege Wolfgang Herles bringt es auf den Punkt: »Von Leidenschaft für Genauigkeit, Anschaulichkeit, Vielfalt, Eleganz, Sprachwitz, Frische keine Spur. Ja, wir müssen uns wehmütig an Helmut Schmidt, Franz Josef Strauß, Herbert Wehner, Richard von Weizsäcker und inzwischen auch an Joschka Fischer erinnern.« Ich habe keinen Anlass und keine Lust, es anders auszudrücken: Deutschlands Damen und Herren Parlamentarier misshandeln und missachten unsere Sprache. Sie ist ihnen nichts mehr wert, sie wird nicht mehr gepflegt, und was nicht mehr gepflegt wird, erreicht sehr schnell den Zustand der Vernachlässigung.

Heute müssen wir ertragen, wie unser politisches Personal eine riesige Phrasendreschmaschine ohne Unterlass füttert. Heraus kommen immer mehr Phrasen ohne Sinn. Wie wäre es mit den »tragfähigen Lösungen«? Die Phrase suggeriert uns Lösungen, die tragen. Wen tragen Sie? Jene, die sich die Lösungen ausgedacht haben? Was tragen Sie? Den Kompromiss, den alle mittragen können? Es lohnt sich eigentlich nicht, über eine Interpretation nachzudenken nach dem Motto: Was hat sich der rhetorische Künstler wohl dabei gedacht? Nichts! Er spricht nichtssagend. Man könnte auch sagen, dass er leeres Stroh drischt. Oder dass er belanglos daherredet. Die Phrase ist eben ein Allgemeinplatz, der alles oder nichts bedeuten kann. Die Phrase ist Absicht. Sie sagt nichts und ist offen für fast jede Interpretation.

Erinnern Sie sich noch an die »Agenda 2010«? Der Begriff hat im Rückblick große Popularität erreicht, weil Bundeskanzler Schröder mit radikalen Arbeitsmarktreformen

Deutschland wieder konkurrenzfähig in der Welt gemacht hat. Wir reden jetzt jedoch nicht davon, dass der SPD-Kanzler mit dieser Reform sein politisches Ende in Kauf genommen und besiegelt hat. Es soll auch nicht die Rede davon (wie wohl sehr wahr) sein, dass seine Nachfolgerin Angela Merkel den Erfolg ihrer Kanzlerschaft im Wesentlichen der »Agenda 2010« Schröders zu verdanken hat. Es geht ganz einfach um diesen Begriff. Schafft der wirklich Bürgernähe? Ich finde, nein, er ist ziemlich weit weg von den Menschen.

»Agenda« – das ist ein Merkbuch, ein Terminkalender. »Agenda« klingt kalt und nach Tagesordnung auf der CEO-Etage. Das Wort kommt aus dem Lateinischen und bedeutet: die Dinge, die zu tun sind. Na also! Warum sagt man es den Menschen nicht genau so? Warum diese künstliche Überhöhung? Warum schon wieder ein Schlagwort, das kein Mensch versteht? Als ich Gerhard Schröder einmal danach fragte, wer denn auf die Schnapsidee gekommen sei, diese Reformen mit der Überschrift »Agenda 2010« zu versehen, meinte er augenzwinkernd: Meine Frau! Das war damals Doris Schröder-Köpf. Ich insistierte dann nicht mehr weiter. Doch es ist schon erstaunlich, wer in der Politik entscheidende Dinge bewegt oder veranlasst und im Hintergrund die Fäden zieht.

Die Nichtssagenden lassen die Hohlheiten nur so aus ihren Mündern purzeln. Dem einen Schlagwort folgt das nächste. Innovation ist stets gut. Sie ist immer positiv besetzt. Innovation heißt Erneuerung. Wer findet das nicht gut? Wer Innovation sagt, der steht automatisch vorn, der ist an der Spitze, der kann mit dem Magnetismus, den dieser Begriff immer wieder ausstrahlt, neue Aufmerksamkeit beim Wahlvolk erzielen. Innovation steht ganz oben in der Hitparade unserer politischen Schlagworte. Klingt gut und sagt nichts.

Sprachlose Gesellschaft

Der bekannte Publizist und Goethe-Kenner Karl-Hugo Pruys hat Beispiele sprachlicher Hohlheiten auf recht amüsante Weise seziert. »Diktat der leeren Kassen«, »kritischer Dialog«, »auf einem guten Weg«, »draußen im Lande« oder »die Chemie stimmt«. Das sind nur einige wenige Beispiele der von Politikern gebrauchten Schlagworte, deren Sprache gewordene Gedankenlosigkeit er anprangert. Hören wir auf damit! Es tut so weh und ist nur ein kleiner Vorgeschmack auf die meist von Politikerinnen und Politikern ständig wiederholten Schlagworte. Wer so achtlos daherredet und -schreibt, zeigt sich nicht nur fantasielos, sondern missachtet – nach Ernst Moritz Arndt – sein Volk.

Eine schreckliche Entgleisung der Sprache ist es auch, wenn unsere Volksvertreter ihre Wählerinnen und Wähler beispielsweise auf dem Weg zu Reformen »abholen« und »mitnehmen« wollen. Was wollen Sie uns eigentlich mit diesen beiden Begriffen sagen? In jedem Fall das Falsche. Wen ich abhole und mitnehme, den frage ich nämlich nicht lange. Über die verfüge ich, bringe sie auf meine Linie. Mit ähnlichen Worten könnte man eine Festnahme durch Polizeikräfte beschreiben. Abholen und mitnehmen – mit einem Quäntchen Geschichtsbewusstsein und etwas Sensibilität läuft es einem kalt über den Rücken. Verbinden wir mit diesen Worten nicht auch jenes Kapitel deutscher Vergangenheit, als Gestapo-Offiziere Menschen in Deutschland deportierten – sie abholten und mitnahmen auf Nimmerwiedersehen?

Was lehrt uns dieses Beispiel? Unseren Politikern fehlt es auf beängstigende Weise an Sprachgefühl. Wem Sprachgefühl fehlt, dem mangelt es auch an Einfühlungsvermögen. Damit ist Politik erst einmal zum Scheitern verurteilt. Es schadet einem Land, wenn die erste Reihe seiner Politiker sprachohnmächtig ist – vom Bundespräsidenten bis zur Kanzlerin. Oder neuerdings bis zum Kanzler.

Sprache der Verschleierung

Sie ist nicht nur in den Reihen der Politik zu beobachten, sondern auch in anderen vermeintlichen oder tatsächlichen Elitezirkeln. Allgemeinplätze und verbale Schleiertänze sind auch in Kreisen der Medien und der Wirtschaft weit verbreitet. Und das nicht erst seit gestern. Als der Journalist Hans Habe vor vielen Jahrzehnten an der Münchner Journalistenschule unterrichtete, sah er im Gemeinplatz einen der ärgsten Feinde journalistischen Ausdrucks. Seinen Studenten verdeutlichte er dies in vier exemplarischen Sätzen, herausgegriffen aus den Kommentaren einer einzigen Woche. Sie lauteten:

»Wir müssen Vernunft walten lassen!«

»Es ist hoch an der Zeit, dass auch die andere Seite gehört wird!«

»Nur die Überprüfung aller Argumente wird ein endgültiges Urteil gestatten.«

»Hüten wir uns, vorzeitig den Stab zu brechen.«

Gegen keinen dieser Sätze, so Hans Habe zu den angehenden Journalisten, sei etwas einzuwenden. Nur die Gegenprobe beweise ihre totale Leere. Man sollte doch den Leitartikel sehen, der dafür eintritt, keine Vernunft walten zu lassen; der gesteht, die andere Seite nie anzuhören; der behauptet, sich ohne Überprüfung aller Argumente ein endgültiges Urteil zu bilden; der rät, über diesen oder jenen vorzeitig den Stab zu brechen.

Täglich aber findet man Meinungsartikel, die feststellen, dass nur kommende Ereignisse zeigen werden, was man von den Ereignissen zu halten habe. Um das zu wissen, braucht man keine Zeitung zu lesen. Das Selbstverständliche ist ein überflüssiges Möbelstück der journalistischen Innenarchitektur; das Überflüssige ist der Feind der Flüssigkeit.

Wie in so vielem kommt auch in unserer Sprache Gedankenlosigkeit und Schlampigkeit zum Ausdruck. Heute gehören Worte zum Alltag, die mich zornig machen. »Anmieten« ist so ein Wort. Einfach so dahingesagt, ohne Sinn und Verstand. Wollen Sie auch eine Wohnung anmieten? Ich dachte eigentlich, Sie mieten ein neues Zuhause von jemandem? Zahlen Sie künftig Miete oder Anmiete? Wen oder was hinterfragen Sie eigentlich? Warum nicht einfach fragen? Was, Sie können das nicht nachvollziehen? Sie meinen damit, dass Sie etwas nicht verstanden haben? Genau das nämlich bedeutet obiges Wortmonster. Sie meinen, wir hätten kein Erkenntnis-, sondern ein Umsetzungsproblem? Vielleicht stimmt das ja. Aber was wollen wir denn damit sagen? Was heißt umsetzen? Es geht doch nicht darum, Umsatz zu machen. Es geht viel einfacher: nämlich eine Idee in die Tat umsetzen – oder noch einfacher: machen, tun, entscheiden, zu einem Ende bringen. Jedes dieser Worte ist klarer und eindeutiger als das unsägliche Umsetzen.

Ich finde, wir haben unserer Sprache ziemlich zugesetzt. Besonders beliebt ist die Sprache der Verschleierung, um die Leute im Ungewissen zu lassen. Besonders viel Gewalt tut man unserer Sprache in den Hochburgen der Bürokratie, den Behörden, Ministerien und in Brüssel an. Die Missbildungen unserer Sprache breiten sich wie ein hässlicher Ausschlag von Jahr zu Jahr weiter über unserem Land aus. Wir lassen es geschehen. Luther ist längst begraben. Von ihm stammt der deutsche Hauptsatz: Schaut dem Volk aufs Maul und redet ihm nicht nach dem Mund.

Unsere Sprache ist es doch auch, die Auskunft gibt über unseren Geisteszustand. Mut, Selbstvertrauen und Empathie finden ihren Ausdruck in einer klaren Sprache. Umgekehrt drückt sich Unsicherheit auch in der Art und Weise zu sprechen aus. Wer sich seiner Sache nicht sicher ist, wer glaubt, sich bei jeder Gelegenheit rückversichern zu müssen, und wer nur daran denkt, wie ankommen könnte, was er oder sie zu sagen hat, der sieht sich selbstverständlich gezwungen zu vernebeln, zu verschleiern, zu verwässern, zu verundeutlichen, im Ungewissen zu bleiben und zu lassen. Ein solcher Mensch wird sich, sollte noch ein Platz frei sein, auf einem der zahllosen Allgemeinplätze niederlassen, genau dort also, wo schon all die anderen Sprachschädlinge sitzen. »In der Sprache ist eine Armut eingetreten, die bei unseren Kindern ganz eklatant wird ... Sprache als bloßes Transportmittel büßt ihre schöpferische Qualität ein«, hat das wortmächtige Kulturgenie August Everding einmal gesagt.

Fix und fertig liegen die Phrasen in den Gehirnfächern. Ein kleiner Anlass, ein Kurzschluss der Gedanken – und heraus flitzt der Funke der Dummheit, sagt Kurt Tucholsky. Wer etwas zu sagen hat, der sagt es auch und zwar in klaren Worten, die nichts verbergen wollen. Dort, wo Sprache lange eine Tugend war und daher heute eine besondere Verpflichtung wäre – im Land der Dichter und Denker.

Sprachloser akademischer Nachwuchs

Auch anderswo ist Deutschland zu einem Land der Sprachschwächlinge verkommen. Vor allem Lehrerinnen und Lehrer wissen ein Lied von dieser Entwicklung zu singen. Der Leiter eines großen Münchner Gymnasiums berichtete mir, dass seine Abiturientinnen und Abiturienten in den letzten Jahren immer stärker an diesem Virus der Sprachunfähigkeit litten. Wie unterentwickelt die Ausdruckskraft vieler Studierender inzwischen geworden ist, musste ich immer wieder voller Resignation während meiner Vorträge und Seminare an deutschen Universitäten feststellen.

Woher kommt es eigentlich, dass sie sich nur so mangelhaft mitteilen können, dass sie sich zunehmend schwerer tun, Gedanken in Worte zu verwandeln – in Schrift oder in Sprache? Diese Frage habe ich mir in den vergangenen Jahren immer wieder gestellt. Nach vielen Gesprächen ergibt sich für mich – vereinfacht ausgedrückt – folgendes Bild:

Erstens: Es fehlt an Sprachvorbildern in Schule und Elternhaus. Zweitens: Algorithmen und Zahlenreihen einer in hohem Maße technisch getriebenen (Wirtschafts-)Welt bilden kein Klima, in dem eine ausdrucksstarke Sprache wachsen und gedeihen kann. Drittens: Die Kommunikation in den sozialen Medien, die immer öfter schon im Vorschulalter beginnt, auch weil sie von Eltern entsprechend befördert wird, reduziert Sprache bis zur Unkenntlichkeit und bringt sie in einen Zustand der Selbstauflösung.

Es ist nur zu ahnen, welche Folgen diese Entwicklung für künftige Generationen noch haben wird. Dabei versteht sich der Hinweis fast von selbst, dass in der Coronazeit mit ihren enormen Belastungen für Schülerinnen und Schüler vom Unterrichtsausfall bis zur Mehr-schlecht-als-recht-Variante des Homeschoolings (Verzeihung: des Hausunterrichts) die Sprachprobleme noch zugenommen haben dürften. Es wäre eine verdienstvolle Aufgabe der Wissenschaft, diesen Aspekt zeitnah (!) zu untersuchen.

Ich möchte Ihnen ein Erlebnis schildern, dass mir unser Sprachproblem ganz konkret vor Augen geführt hat und das ich mit dem Begriff Artikulationsunfähigkeit überschreiben möchte. Junge Akademiker wissen enorm viel, sie sind hoch qualifiziert, doch ihre Fähigkeit, mit Überzeugungskraft nach außen zu tragen, was sie erlernt haben, lässt zu wünschen übrig. Während meiner Lehraufträge an deutschen Universitäten habe ich in den vergangenen Jahren immer mehr Studierende getroffen, die sich nur mangelhaft mitteilen konnten. Zu Beginn meiner

Seminare stellte ich den jungen Akademikern (!) stets zwei
ebenso naheliegende wie einfache Fragen: 1. Warum haben
Sie diesen Studiengang gewählt? 2. Welchen Beruf würden
Sie nach Abschluss Ihres Studiums gerne ergreifen? Diese Fragen stellen nun wirklich keinen Stresstest dar. Die
Antworten sollten mündlich und in Anwesenheit von rund
zwei Dutzend Kommilitonen erfolgen. Sie werden mir zu-
stimmen, dass es sich auch nicht um einen intellektuellen
Kraftakt handelte.

Dennoch musste ich erstaunt zur Kenntnis nehmen,
wie acht von zehn Studierenden angesichts dieser eigentlich simplen Aufgabe jämmerlich versagten. Sie waren an-
getreten, um zu einer künftigen Elite des Landes zu gehören. Ich hatte es mit angehenden Patentingenieuren,
Juristen und Medienwissenschaftlern zu tun – kluge, ja
herausragende Köpfe in ihrem jeweiligen Fachbereich.
Doch auf meine so naheliegenden Fragestellungen fehlten
ihnen ganz einfach die Worte!

Ich frage Sie: Welche Chance hat Deutschland im globalen Wettbewerb, dessen akademischer Nachwuchs von
Sprachhemmungen befallen ist, wenn er erklären soll, warum er ein bestimmtes Studienfach gewählt hat? Was ist
passiert? Hat man im Elternhaus nicht miteinander geredet? Debattierzirkel in der Schule – vermutlich auch Fehlanzeige. Rhetorikseminare an den Universitäten sind der
Deutschen Sache noch immer nicht. Da müssen die Studierenden aus Deutschland erst zum Auslandssemester in
die USA, um sprechen zu lernen und sich in Redekunst zu
üben.

Ganz offensichtlich schaffen wir es an vielen Universitäten nicht, ausreichend kommunikationsfreudige und
-willige Studentinnen und Studenten ins Berufsleben zu
entlassen. Diese Verkümmerung der Sprachfähigkeit, diese
voranschreitende Verarmung des Wortschatzes, gerade in

den Kreisen des akademischen Nachwuchses zu beobachten, ist ein schockierender Befund. Schließlich hätten wir ein solches Defizit an dieser Stelle am wenigsten erwartet.

Veränderung der Kommunikation

Ist Ihnen das Bild auch vertraut? Zwei Jungs sitzen während der Geburtstagsparty nebeneinander. Sie sprechen nicht miteinander, sondern kauern stumm mit aufs Smartphone gesenktem Kopf im Stuhl. »Langweilig hier!«, schreibt der eine dem anderen über Messenger. »Ja! Hauen wir ab?«, antwortet der andere. Sie sprechen nicht mehr miteinander, sie sehen sich noch nicht einmal mehr an. Diese Szene, täglich zigfach zu beobachten, steht für die Veränderung der uns vertrauten Kommunikation. Die digitale Kommunikation hat dabei stark an Bedeutung gewonnen, dies trifft vor allem auf Kinder und Jugendliche zu. Sage mir jemand, dies bliebe ohne Folgen für die sprachlichen und wohl auch emotionalen Fähigkeiten der Jugendlichen. Die gedankliche Kraft, die es kostet, einen Satz logisch und verständlich zu entwickeln, verkümmert zu Lasten einer zu erlernenden Differenzierungsfähigkeit, ohne die keine Debatte zu führen ist.

Fast könnte man meinen, dass immer weniger Kinder und Jugendliche das persönliche Gespräch für die beste Art der Kommunikation halten. Soziale Medien scheinen ihnen mehr entgegenzukommen. Psychologen sagen uns, warum das so ist. Wer im realen Gespräch Schwierigkeiten hat oder Ängste empfindet, sich zu artikulieren, für den ist die digitale Kommunikation oft eine Schutzzone, in der man nicht alles preisgeben muss und die einen nicht zur sofortigen verbalen Reaktion zwingt. Andererseits ist sie aber auch längst kein Schutzraum mehr, wenn sich dort

Jugendliche gegenseitig mobben, bis es für die Opfer an die Grenze zum Selbstmord führen kann. Anders als im richtigen Leben bleiben Hass und Beleidigungen im Netz für alle Zeiten eingebrannt. So kann die Sprache in den sozialen Medien zur lebensgefährlichen Waffe werden. Eltern, Lehrer und Politiker haben dieses Thema jahrelang nicht erkannt, und wenn sie es erkannt hatten, haben sie es unterlassen, dagegen etwas zu unternehmen, was die jungen Leute wirklich schützt.

Wünschenswert wäre, dass sich Eltern ein Bild davon machen, welche Angebote ihre Kinder im Internet nutzen. Dazu bedarf oder bedürfte es regelmäßiger und vertrauensstiftender Gespräche. Die Gefahren, die vom Internet ausgehen können, sollten zusammen mit den jungen Leuten immer wieder thematisiert werden. Hilfreich dabei ist eine enge Abstimmung zwischen Eltern und Lehrern. In Informationsveranstaltungen sollten Eltern, denen es noch an Problembewusstsein fehlt, auf die Gefahren hingewiesen werden. Politikern und Medien kommt die Aufgabe zu, dieses Thema dauerhaft in der öffentlichen Debatte zu verankern.

Welche Schlüsse zieht man in diesem Land eigentlich daraus, dass 16- bis 18-Jährige im Durchschnitt 70,4 Stunden pro Woche digital unterwegs sind? So jedenfalls sagt es eine Postbank Digitalstudie für 2021. 2019 waren es noch 58 Stunden. In den Coronajahren 2020 und 2021 waren die jungen Leute auch wegen des Studiums oder der Schule mehr im Netz unterwegs als sonst. Dennoch machte dieser notwendige Teil ihrer Netzaktivitäten nur ein Drittel aus. Das bevorzugte Gerät der jungen Leute ist das Smartphone. Sie nutzen es fast 44 Stunden pro Woche. Die Kurve des Smartphonekonsums zeigt dabei steil nach oben. 2021 nutzten sie es drei Stunden länger als 2020 und acht Stunden länger als 2019, als wir noch in coronafreien Zeiten lebten. Was das bedeutet – hierüber bedarf es wirklich keines Streits der Experten. Wer sich jahrelang in einer sprachlichen Parallelwelt bewegt, dessen Fähigkeit muss schwinden, sich in der ganz normalen Welt des Lebens mitzuteilen.

Verbaler Totschlag

Der italienische Philosoph Robert Maggiori schärft hoffentlich ein wenig unser Bewusstsein, wenn er sagt: »Im 21. Jahrhundert ist etwas Neues passiert: Die sozialen Medien geben jedem die Möglichkeit der Verbreitung von Unterstellungen, Beleidigungen und Verletzungen, die anderen nicht nur schaden, sondern sie komplett zerstören können.« (Der Schriftsteller) Umberto Ecco hat einmal gesagt: »Früher hat man im Café gelästert. Man hing zu dritt oder zu viert um den Tresen und konnte über Juventus Turin lästern, wenn man Fan von Milano war. Heute sind aus den drei oder vier Leuten Milliarden geworden. Alle haben sie Werkzeuge in der Hand, mit denen man andere vernichten kann. Kleine Tropfen von Gift in das Wasser der sozialen Netzwerke abzusondern, ist der Gipfel der Feigheit, aber außerordentlich effektiv. Die wenigen Tropfen vergiften in Windeseile den ganzen Fluss.«

Die Sprache des Hasses im Internet hat eine neue Dimension erreicht. Über das Thema werden viele kluge Reden von Politikern und Experten gehalten, die leider in den meisten Fällen zu wenig Sachkenntnis haben. Wenn man selbst keine Idee, sondern nur hohle Worte zum Thema beiträgt, dann liegt der Schluss schnell nahe, die sozialen Medien und ihre CEOs an der Spitze sollten einfach alle Hasskommentare aus dem Netz löschen. Gut gebrüllt, ihr Löwen und Löwinnen aus der deutschen Provinz, doch bisher seid ihr immer wieder als Bettvorleger gelandet. Ich befürchte, ein Netzwerkdurchsetzungsgesetz, ein typisch deutscher Titel, der schon sprachlich auf Misserfolg programmiert ist, wird Marc Zuckerberg und seine Milliardärskollegen kaltlassen.

Wir sollten zur Kenntnis nehmen, dass in vielen Regionen der Netzwelt der Zerfall unserer Gesellschaft (dabei handelt es sich ja nicht nur um ein deutsches, sondern um ein globales, grenzenloses Phänomen) längst Wirklichkeit ist. Dieser Zerfall fragmentiert unser Leben in Millionen von Einzelöffentlichkeiten, in denen man nicht mehr bereit ist, einen zweiten oder dritten Gedanken zuzulassen. Statt einer offenen Debatte wütet der verbale Totschlag. Seit Jahren diskutieren Politiker und Experten über dieses Thema – ohne greifbares Ergebnis. Es ist überfällig, mehr Mittel und mehr Kompetenz zur Errichtung einer Gegenwehr gegen diese Sprache des Schreckens bereitzustellen. Die Gedankenwelt, die dort zum Ausdruck kommt, macht einen sprachlos, vor allem, wenn sie sich gegen Juden und andere Minderheiten richtet – darauf werde ich im Kapitel »Unterschätzte Freiheit« noch genauer eingehen.

Sprachvirus

Auch während der Coronakrise ist ein Abgleiten unserer Sprache ins Negative zu verzeichnen. Wenn über viele Monate Begriffe wie »Killervirus«, »Durchseuchung« oder »Coronahölle« die öffentliche Diskussion beherrschen, dann hat das Folgen für unsere Gesellschaft. Worte werden zugespitzt und schüren Ängste in der Bevölkerung. Dieses Phänomen war und ist vor allem bei älteren Menschen zu beobachten, die häufig allein gelassen in Altenheimen wohnen. Dieser Sprachverfall in Coronazeiten hat unterschiedliche Quellen. Eine bilden die Medien, die mit der Pandemie das Thema geschenkt bekamen, das ihnen zwei Jahre lang die höchsten Auflagen, die meisten Klickzahlen, Zuschauer und Hörer beschert hat. Die monatelang geltende Ausschließlichkeit des Themas in der täglichen Nachrichtenlandschaft, seine oft über die Faktenlage hinausgehende negative Aufladung sowie ein höchst gespanntes, aufnahmebereites Publikum, für das jedes weitere Thema in der globalen Nachrichtenhierarchie in der Bedeutungslosigkeit verschwand, verbanden sich zu einer Unsicherheit produzierenden und angsteinflößenden Mischung. Corona führte zu einem Informationsrausch, der jede Selbstbeschränkung der Medien vermissen ließ.

Weitere Quellen für Sprachübertreibung waren Politiker und Wissenschaftler. Letztere haben während einer Pressekonferenz des Robert-Koch-Instituts den Begriff »Durchseuchung« einer breiten Öffentlichkeit in Deutschland vorgestellt. Wissenschaftlich korrekt wollten die Experten zwar nur darauf hinweisen, dass sich eine größere Zahl von Menschen mit dem Virus anstecken wird. Sprachlich unsensibel konnten sie sich offensichtlich nicht vorstellen, dass eine Seuche oder gar Durchseuchung für viele Menschen ein Begriff ist, der Ängste auslöst. Inzwischen allerdings ist die öffentliche Diskussion schon so von der Durchseuchung durchseucht, dass die Deutschen inzwischen immun geworden sind.

Auch der Sprachgebrauch der Politiker war nicht geeignet, mit dem Virus angemessen umzugehen. Auch sie konnten immer wieder als Quelle der Übertreibung und unangemessenen Kommunikation ausgemacht werden. Sprachgefühl, das der Lage angemessen gewesen wäre, ließen auch sie vermissen. So sprach Frankreichs Präsident Macron vom »Krieg gegen das Virus«, Angela Merkel von einer »historischen Aufgabe« (nie falsch). Der deutsche Coronaspracheintopf, in den wir »Quarantäne«, »soziale Distanz« und »Ausgangsbeschränkungen« eingerührt haben, schmeckt auch nicht gerade nach Erklärung oder Beruhigung. Eines Tages werden Sprachforscher vielleicht herausfinden, welche Folgen es hatte, als die Deutschen zu Hause bleiben mussten und weniger miteinander sprechen konnten und gleichzeitig in überschießender Einwegkommunikation ihre Informationen fast ausschließlich aus den Medien bezogen.

Ersatzhandlungen

Deutschland erlebt es nicht anders als die übrige Welt. Die Probleme, die zu lösen sind, werden von Tag zu Tag komplexer. Gleichzeitig erweist sich die Lösungskompetenz des politischen Personals als unzureichend. Wer auf die dringenden Megathemen von der Rente bis zum Klima, von der Demografie bis zur Digitalisierung keine oder nur mangelhafte Antworten hat, sucht sich Spielfelder, auf denen er glaubt, mit Ersatzdisziplinen beim Publikum noch punkten zu können.

Genau an dieser Stelle kommt auch wieder die Sprache ins Spiel. Die Rede ist von einer skurrilen Debatte, die von einer Minderheit gesteuert und befeuert wird, seit 30 Jahren vor sich hin glüht und neuerdings heftig Funken schlägt. Der Philosoph und Managementberater Reinhard Sprenger erklärt dieses Phänomen so: »Bekenntnisvirtuos belehren sie (die Minderheiten) die Mehrheit darüber, welchen Partikularinteressen nunmehr allgemeine Geltung zu verschaffen sei und was man sagen oder tun dürfe. Die Fähigkeit dieser lautstarken wie zum Teil winzigen Minderheiten, der Restgesellschaft ihre Denk- und Sprechmuster

Sprachlose Gesellschaft

aufzuzwingen, ist aufmerksamkeitsökonomisch so erfolgreich, dass sie sogar zur gefühlten Mehrheit wird.«

Die Rede ist von einer neuen deutschen Sprachverwirrung. Gendern ist auf einmal in aller Munde. Wikipedia versucht uns zu erklären, was wir uns darunter vorzustellen haben. Danach steht das Gendern für einen geschlechtsbewussten Sprachgebrauch, der die Gleichbehandlung der Geschlechter in der schriftlichen und gesprochenen Sprache zum Ausdruck bringen will. Schon gemerkt? Es geht um das wichtigste Problem, das es in Deutschland zu lösen gilt.

Darüber hinaus haben wir zur Kenntnis zu nehmen, dass es nicht nur um die Gleichberechtigung von Frauen in Wort und Schrift geht, sondern auch um die schätzungsweise 80 000 Menschen in Deutschland, die weder Mann noch Frau sind, sondern divers-geschlechtlich. Seit drei Jahrzehnten beschäftigen wir uns bereits mit diesem Thema. Tausende von Genderbeauftragten und Linguistikexperten (pardon, auch Expertinnen) versuchen die Sprache in großer Beharrlichkeit Schritt für Schritt ihren Vorstellungen zu unterjochen. Ich finde, ziemlich erfolglos bis heute – trotz aller Anstrengungen und bei aller deutschen Gründlichkeit. Wie kann es denn sein, dass im Grundgesetz noch immer von dem Bundeskanzler die Rede ist! Das Grundgesetz hat in dieser Hinsicht doch längst seine Gültigkeit verloren, wenn wir 16 Jahre lang eine Frau an der Spitze des Landes in Amt und Würden sahen.

Oder aber Angela Merkels Tätigkeit hatte nicht den Segen des Grundgesetzes, auch wenn die meisten politischen Beobachter immer wieder zu dem Schluss kamen, Mutti sei der einzige richtige Kerl in den diversen Kabinetten, denen sie vorstand. Keine Frage, unser Grundgesetz gehört auch unter diesem Aspekt gendertechnisch aktualisiert. Ist ja nicht ausgeschlossen, dass bald mal wieder eine Frau an den Gittern des Kanzleramts rüttelt und dann vielleicht sogar Erfolg hat. Und dann?

Das Gleiche gilt natürlich auch für das Amt des Bundespräsidenten, das bisher nur von Männern besetzt war. Auch hier ist doch dringender Handlungsbedarf! Oder vielleicht doch nicht so sehr, wenn man bedenkt, dass sich eine kleine Elitegruppe und ziemlich viele Medien mit einer Frage beschäftigen, die laut Umfragen nur 30 Prozent der Menschen im Land interessiert.

Ich habe einen Verdacht. Mit der Diskussion über das Gendern, also über ein sprachliches Verfahren im geschriebenen und gesprochenen Wort zu mehr Gleichberechtigung, versucht man vom Versagen bei der Lösung der wirklich für die Zukunft entscheidenden Themen abzulenken. Haben wir denn wirklich keine anderen Sorgen? In typisch deutscher Gründlichkeit verbeißen wir uns bei einem Thema, dass von der Mehrheit der Frauen aller Altersstufen, mit denen ich gesprochen habe, als »weniger wichtig« betrachtet wird.

Gleichberechtigung entsteht nach meiner Erfahrung nicht durch sprachliche Vorschriften, sondern im Kopf. Deutschland ist halt auch in dieser Frage die Nation, die alles regeln möchte – auch die Gleichberechtigung. Aber bitte nicht mit Gendersternchen, nicht mit Genderunterstrich, nicht mit Doppelpunkt und nicht mit einem großen I. Und schon gar nicht mit der gesprochenen Pause zwischen Männlein und Weiblein, die den Eindruck erweckt, als litten die weiblichen und männlichen Moderatoren unter heftigem Schluckauf. Dabei sind sie doch nur von dem verständlichen Wunsch beseelt, minderheitskonform politisch korrekt zu sein.

Ich habe verstanden. Das generische Maskulinum, also wenn bei Personen- oder Berufsbezeichnungen nur die männliche Form genannt wird, ist böse und diskriminiert

Frauen. Wir schütten einfach gerne das Kind mit dem Bade aus, besonders wenn es um die Gleichberechtigung geht. Ich dachte, im Grundgesetz steht geschrieben, dass Frau und Mann gleichberechtigt sind. Ich dachte, dass Sprache etwas Lebendiges ist, was sich jeden Tag durch uns verändert und weiterentwickelt. Ich dachte, der Wandel der Sprache schreite von selbst voran und bedürfe nicht der Verordnung durch ein paar wild gewordene Linguisten.

Diese typisch deutsche Diskussion mag gut gemeint sein, sie ist jedoch alles andere als gut, weil sie mehr Probleme schafft als löst. Geradezu verrückt ist die Partizipform auf der verzweifelten Suche nach der Geschlechterneutralität. Hatten wir bisher nicht problemlos vom Fußgänger oder Fußgängerübergang gesprochen? Auf einmal soll das nicht mehr möglich sein? Wenn es schon nicht anders geht, dann nehmen wir eben die Partizipform! Bei unserem Beispiel sind es die zu Fuß Gehenden. Das sind jetzt alle, Frauen und Männer, und auch die, die sich keiner dieser Gruppen zugeordnet fühlen.

Oder werfen wir einen Blick auf unsere Universitäten. Auch da gibt es viele Möglichkeiten. Wir könnten von Studenten und Studentinnen sprechen. Diese Reihenfolge jedoch könnte als Diskriminierung der Studentinnen verstanden oder missverstanden werden. Man könnte das selbstgeschaffene Problem allerdings ganz einfach lösen, indem man die weiblichen Studenten (ist das generische Maskulinum in diesem Zusammenhang überhaupt erlaubt?) zuerst benennt, also Studentinnen und Studenten. Diese Form wähle ich übrigens schon seit Jahrzehnten, in jedem meiner Texte, während jeder meiner Vorlesungen. Ich bin jetzt wirklich sehr verunsichert, ob ich das sprachpolizeilich betrachtet überhaupt noch tun darf. Auf jeden Fall kommt man sehr schnell zu dem Ergebnis: Gendern kann einfach nicht funktionieren. Es herrscht Hilflosigkeit, wohin man blickt. Und es fehlt am rechten Maß. So können an manchen Universitäten Studierende sogar eine schlechtere Note bekommen, wenn sie Gendersternchen und andere Formen der geschlechtergerechten Sprache nicht anwenden.

Während des Bundestagswahlkampfes 2021 war leicht zu erkennen, wie Parteien und Wahlkämpfer einen großen Bogen um das Thema machten – mit Ausnahme von Annalena Baerbock, die sich bis zum heutigen Tag gerne in das Thema vertieft. Die anderen hatten sehr schnell erkannt, dass die Haltung der meisten Deutschen gegenüber Gendern ablehnend ist. Auch lässt es aufhorchen, wenn der SPD-Politiker Wolfgang Thierse, einst Bundestagspräsident, wegen seiner kritischen Anmerkungen zu dieser Frage von Parteichefin Esken heftig angegangen wurde.

Thierse jedenfalls nahm in der Genderdiskussion kein Blatt vor den Mund. Er befürchtet eine Spaltung unserer Sprache, die auch zu einer sozialen Spaltung führen könne. Wir sollten unserer Sprache keine Gewalt antun, nur weil wir gewaltsam ein Thema suchen, dass unsere Unfähigkeit bei der Behandlung und Lösung der wirklich wichtigen Herausforderungen kaschieren soll. Eigentlich wissen wir doch gar nicht so richtig, worüber wir reden. Die Debatte ist aufgeladen mit Hysterie, Halbwissen und einer über jeden Zweifel erhabenen Haltung, die zum Ausdruck bringen soll, man kämpfe für das Gute und die Gerechtigkeit.

Doch das Gute und das Gerechte sind in Wahrheit nichts anderes als der Versuch ideologischer Bevormundung der Menschen. Ideologische Bevormundung steht für mehr Staat, mehr Unfreiheit und mehr Steuerung durch die politische Klasse. Weitgehend unbemerkt von der Öffentlichkeit haben die Grünen inzwischen Diversität neben dem Klimaschutz wieder zu einem Kernthema gemacht.

Geschlechtergerechtigkeit ist ja auch wirklich ein schönes Thema: Keiner muss nach der Finanzierbarkeit fragen, keiner nach der Mehrheitsfähigkeit. Es geht wieder einmal um ein weiches Thema, mit dem sich Stimmung machen lässt. Wer nachrechnet, überprüft und fragt, der ist im Zweifel der Verderber im großen Spiel der guten Absicht. Mit Geschlechtergerechtigkeit werden keine Schulden zurückgezahlt, und mit Gendersternchen wurde noch kein einziger Arbeitsplatz geschaffen. Warum hat niemand den Mut, es klar zu sagen: Diese Genderdebatte ist angesichts der enormen Probleme, die unsere und künftige Generationen zu bewältigen haben, so überflüssig wie ein Kropf. Wer sich nur mehr mit Gendersternchen und Binnen-I beschäftigt, liefert den Beweis, dass er vor den großen Problemen unserer Zeit kapituliert hat. Sie mögen es mir glauben oder nicht: Ich habe kein Problem damit, wenn wir nur mehr die weibliche Form wählen. In der Publizistin ist doch genauso der Publizist enthalten, dies wäre eine wirklich ökonomische Lösung. Ich hoffe nur, meine Geschlechtsgenossen können sich auch mit dieser Idee anfreunden.

VERNACH-LÄSSIGTES LAND

Von drückenden Pflichten
kann uns nur die gewissenhafteste
Ausübung befreien.
Johann Wolfgang von Goethe

Sträflich vernachlässigt

Beunruhigende Begegnungen

Deutschland bewegt sich abwärts, nicht mehr vorwärts. Deutschland baut ab. Deutschland lässt nach. Hier geht es nicht mehr gerecht zu. Das ist kein Befund von notorischen Alarmisten, zu denen auch ich mich nicht zähle. So denkt eine wachsende Zahl von Deutschen in unterschiedlichen Lebenssituationen, in verschiedenen Berufsalltagen. Die Begegnungen mit ihnen haben mich beeindruckt und vor allem beunruhigt.

Mein Taxifahrer empfindet es als unerträglich ungerecht, dass er sich nach 30 Jahren harter Arbeit mit Tausenden von Tag- und Nachtschichten mit 600 Euro Rente im Monat begnügen muss, während Flüchtlingsfamilien, über deren Bleiberecht noch gar nicht endgültig entschieden sei, vom Staat üppig alimentiert würden. Ein Kollege nickt zustimmend und fragt mich, warum darüber in den Medien so wenig berichtet würde.

Die Kollegin eines großen öffentlich-rechtlichen Senders, mit der ich mich zum Lunch verabredet habe, kommt auf einmal ins Grübeln und meint: »Die Welt wird immer komplexer, und daher werden die Themen immer undurchschaubarer. Das ist für uns Journalisten eine ganz neue Herausforderung.« Man müsse, so meint meine Gesprächspartnerin, die Probleme dieser Welt verständlicher erklären und »die Fragen in unserem Programm aufgreifen, die für die Menschen wichtig sind«. Ich finde, sie hat recht. Allerdings trifft ihre Beobachtung auf nahezu alle Medien und Ausspielwege zu.

Der Abgeordnete einer noch großen Volkspartei, Mitte 30, den ich am Flughafen München treffe, gesteht mir, dass er bei der intellektuellen Durchdringung des Themas »Künstliche Intelligenz« einfach überfordert sei – selbst bei überdurchschnittlichem Zeitaufwand und enormer Anstrengung, sich in diese schwierige und sich von Tag zu Tag verändernde Materie einzuarbeiten. Mit großer Offenheit hat er mir damit die Grenzen eines Abgeordneten gezeigt, der in der Regel Generalist (in diesem Fall Jurist) ist und kein IT-Spezialist. Wenn es ihm, dem jungen Nachwuchspolitiker, schon so ergeht, wie aussichtslos mag dann der Kampf um digitale Kompetenz erst bei den älteren Parlamentariern sein?

Während einer Zoomveranstaltung zum Thema »Künstliche Intelligenz« hatten mich die Ausführungen des Chefs eines Start-ups sehr beeindruckt. Das erst drei Jahre alte Unternehmen ist – wie so oft – aus einer Universität heraus gegründet worden und hat nach übereinstimmender Meinung von Experten das Zeug zum internationalen Durchbruch. So weit, so gut. Was dann kommt, ist schlecht, so richtig schlecht. Die Bürokratie, der Deutschen hässlichstes Kind, legt sich quer: bei der Eintragung ins Handelsregister, beim Datenschutz, bei der Rekrutierung von Personal. Die Bürokraten sind Monster, die auch den Start-ups das Leben zur Hölle machen können. Die Folgen liegen auf der Hand. Die Gründer gehen dorthin, wo ihnen der Amtsschimmel nicht den

Erfolg so gnadenlos verbaut wie bei uns: in die Vereinigten Staaten oder nach Asien oder nach London und Zürich. Jeder dieser Standorte erscheint ihnen unvergleichlich viel besser als lazy old Germany.

Ein amerikanischer Freund, einst einer der führenden CEOs aus den USA, mit 18 Jahren aus Bayern in die Vereinigten Staaten ausgewandert, beobachtet die politischen und gesellschaftlichen Entwicklungen in Deutschland mit großer Aufmerksamkeit und wachsender Besorgnis, wie er mir während unserer regelmäßigen Telefonate versichert. Er sieht Deutschland derzeit auf einem Weg der zunehmenden Infantilisierung, auf dem die entscheidenden Themen der Wirtschafts- und Finanzpolitik am Wegesrand liegen blieben. Diese Beschäftigung mit Nebensächlichkeiten, mit Ersatzthemen auf Kosten seriöser Politik, die sich um die Lösung von existenziellen Fragestellungen kümmert, die die Menschen bewegen und beunruhigen, werde – so mein Freund – Deutschland um viele Jahre zurückwerfen.

Der Abendempfang einer großen deutschen Bank, real und coronakonform organisiert, gerät zu einer Soiree der Ratlosigkeit und allgemeinen Verunsicherung. Die Stimmung der dort versammelten Gäste aus der Kategorie »Große Privatkunden« lässt sich nach meiner Erinnerung unter einer großen Überschrift zusammenfassen: Retten wir, was zu retten ist, vor allem uns selbst. Spritzig an diesem Abend war einzig der Champagner, der gar nicht zu dieser Zusammenkunft der Verzagtheit bei Gastgebern und Gästen passen wollte. Aus gutem Grund waren die Vorstandsgehälter an diesem Abend kein Thema. Ebenso wenig schien es bei dieser Gelegenheit angemessen, über soziale Ungleichheit in Deutschland zu diskutieren. Man hat schließlich andere Sorgen, nicht wahr?

Das Land zerfällt

Anstrengung, Ehrgeiz, Gründlichkeit, Perfektion, Präzision made in Germany waren einmal Alleinstellungsmerkmale, Eigenschaften und Verhaltensweisen, die Deutschland an die Spitze der Welt geführt haben. Bundeskanzler Helmut Schmidt hatte Berechenbarkeit und Pflichtgefühl und noch ein paar weitere Tugenden erwähnt, war dafür jedoch Anfang der Achtzigerjahre von seinem Parteifreund Oskar Lafontaine mit dem Hinweis abgekanzelt worden, das seien Sekundärtugenden, mit denen man auch ein KZ betreiben könne. Ob der Saarländer diesen Hinweis – ausgerechnet adressiert an Helmut Schmidt – schon bereut hat? Aber darum geht es nicht.

Wir spüren mehr als wir erkennen, wie unser Wille zur Spitzenleistung allmählich erlahmt. Die Vertreter der Eliten leben es vor. Diesem »Vorbild« folgen die normale Leute in ihren jeweiligen Positionen individueller Verantwortung. Wie weit dieser Prozess vorangeschritten ist, ist schwer zu quantifizieren, aber vermutlich weiter als es sichtbar ist. Langanhaltender Wohlstand bildet den fruchtbaren Boden, auf dem die Nachlässigkeit besonders gut gedeiht.

Ein Beispiel dafür ist, wie die Verantwortlichen in Bund, Ländern und Gemeinden Deutschlands Infrastruktur verkommen lassen. Diese Tendenz zur Verwahrlosung ist seit mehr als einem Jahrzehnt zu beobachten und wird fast immer mit der gleichen fantasielosen Entschuldigung erklärt: kein Geld. Lassen wir einmal diesen Grund gelten, dann ist er sicher nicht der einzige. Viel wichtiger ist die Un-Haltung in immer mehr Ministerien und Behörden, die sich unter der Überschrift »es geht auch so« zusammenfassen lässt. Was meinen wir, wenn wir von Infrastruktur sprechen?

Die Rede ist von den materiellen Einrichtungen, ohne die das Zusammenleben der Menschen nicht funktionieren würde. Dazu gehören das gesamte Straßen- und Schienensystem, die Wasserver- und -entsorgung, das Gesundheitswesen und die Energieversorgung. Dies sind nur einige Beispiele von vielen. Besonders besorgniserregend ist der Zustand unserer Straßen und Brücken, die vor langer Zeit (das ist das Problem) gebaut wurden, um Menschen und Güter sicher, schnell und bequem von A nach B zu transportieren.

Jeder Autofahrer kann sich sein eigenes Bild über den katastrophalen Zustand unserer Verkehrsinfrastruktur machen. Die Autobahnen in Portugal sind durch massiven Zufluss von EU-Geldern inzwischen in einem besseren Zustand als viele Schnellstraßen in Deutschland. Die Qualität unserer Straßen hat in den vergangenen Jahren im Vergleich zu anderen Ländern der Europäischen Union massiv abgenommen. Vor zehn Jahren war das noch ganz anders. Nach einer Umfrage der Weltbank verfügte Deutschland damals noch über das – nach Frankreich – zweitbeste Straßensystem Europas. Heute genügt uns ein vierter Platz. Ohne Medaille und ohne Treppchen haben wir uns selbstzufrieden eingerichtet hinter den Niederlanden, Portugal und Österreich.

Ein besonderes Problem stellen die Brücken dar, die unsere Fernstraßen über Täler und Flüsse führen. Es geht um 40 000 Brücken und 30 Millionen Quadratmeter schwebenden Asphalt, wie der *Spiegel* einmal recherchierte. Ingenieure kommen zu dem Ergebnis, dass bei jeder achten Brücke die Verkehrssicherheit beeinträchtigt und eine Reparatur dringend erforderlich sei. Da man sich lange nicht gekümmert hat, wird die Lösung des Problems immer schwieriger. Durch besondere Anstrengungen der Baubehörden geht die Zahl von baufälligen Brücken zwar zurück, andererseits werden Überführungen, die sich viele Jahre in einem Topzustand befunden hatten, auch nicht jünger.

Und so wachsen der Statistik, die Ausdruck einer düsteren Realität ist, Monat für Monat neue Brücken zu, die altersschwach geworden sind. Das bedeutet, dass Bauwerke schneller verfallen als sie repariert werden können. Viele Brücken wurden in den 1960er- und 1970er-Jahren gebaut. Die Verkehrsplaner damals hatten sich offensichtlich nicht vorstellen können, nicht hochgerechnet und vielleicht auch nicht zuverlässig hochrechnen können, in welcher Dynamik sich die Belastungen durch den Autoverkehr in den darauffolgenden Jahrzehnten entwickeln würden.

Europa wird offener, Europa ist größer geworden. Immer mehr Waren werden in großen, schweren LKWs auf der Straße transportiert. Das Waren- und damit auch das Transportvolumen nimmt täglich zu – vor allem aus und in die Länder Osteuropas. Für diese Belastungen sind die alten Brückenkonstruktionen nicht mehr gemacht. Da haben die neuen Bundesländer ihren westlichen Nachbarn einiges voraus. Nach der Wiedervereinigung wurden die während des DDR-Regimes völlig heruntergekommenen Straßen und Brückenbauten modernisiert und durch neue Konstruktionen ersetzt. Diese Milliardeninvestitionen in Straßen- und Brückenbau führten dazu, dass sich die Autofahrer in einem anderen Land wähnen, wenn sie vom Westen in den Osten Deutschlands fahren – und umgekehrt.

Die Verkehrspolitik Deutschlands ist ein sichtbares Zeichen dafür, wie das Land seine Infrastruktur in den letzten Jahren vernachlässigt hat. Im Vergleich zu anderen Industrieländern investieren deutsche Regierungen weniger in den Straßenbau. Die Kurve zeigt seit zwei Jahrzehnten Jahr für Jahr nach unten. Es nützt auch nicht viel, wenn man mehr Mittel für Brückensanierungen locker macht, wenn auf der anderen Seite die Ingenieure fehlen, die die Sanierungen oder Neubauten planen könnten. Und auch hier gilt: Die Verantwortlichen haben es versäumt, ihrer Pflicht nachzukommen und den Verfall aufzuhalten. Jetzt ist es in vielen Fällen zu spät und in jedem Fall teurer, als es bei rechtzeitiger Sanierung gewesen wäre. Es gilt der schon so oft zitierte Satz: Wer für seine Fehler nicht zur Rechenschaft gezogen wird, sieht auch keine Notwendigkeit, sich anzustrengen, um diese zu vermeiden. Der Steuerzahler ist der Dumme.

Das Versagen

Im Sommer 2021 erlebte Deutschland ein Jahrhunderthochwasser, das viele Orte in Nordrhein-Westfalen und in Rheinland-Pfalz überflutete und Dutzende von Menschenleben kostete. Warnsysteme aus der Steinzeit, Warnsysteme aus der Neuzeit, die nicht funktionierten, menschliches Versagen und Überforderung auf vielen Entscheidungsebenen, Kompetenzstreit und Streit darüber, wer denn die Verantwortung für dieses Unglück ohne Beispiel trüge – all das führte dazu, dass sich Journalisten aus der ganzen Welt verwundert die Augen rieben und ungläubig fragten: und das bei euch? Wie konnte das in Deutschland passieren? Es konnte passieren, es ist passiert, weil die Systeme und die Menschen versagt haben.

Deutschland ist nicht krisenfest und nicht krisentauglich. Verloren gegangen ist die Fähigkeit, außerhalb gewohnter Abläufe die richtigen Entscheidungen zu treffen. Wenn Parteiapparate über Karrieren entscheiden, fragen sie nicht nach Qualifikation, sondern nach Stromlinienform und Regionalproporz. Die Jahrhundertflut hat ein Versagen von Ländern und Kommunen im großen Stil zutage gefördert. Die Gewalt der Wassermassen und die Unfähigkeit der Entscheider haben fast 200 Menschen das Leben gekostet.

Corona und die Flut sind Beispiele für miserables Politmanagement in Deutschland. Diese Krisenanlässe haben den Vertrauensverlust vieler Deutscher in das verantwortliche Personal an der Spitze von Politik und Staat bis hinunter zu Bürgermeistern und Landräten noch beschleunigt. Bemerkenswert für mich ist, dass sich der Entzug des Vertrauens in unterschiedlicher Intensität über alle Parteien legte und dass die Oppositionsparteien im Berliner Parlament – mit Ausnahme der Freien Demokraten – von diesem Kompetenzverlust der Regierenden nicht im Geringsten profitieren konnten.

Hilflos im Zug

Es ist der 20. Juli 2021, ein Dienstag. In Nürnberg bin ich am frühen Nachmittag in den Intercity 503 von Leipzig nach München gestiegen. Die Fahrt verläuft zunächst ohne Komplikationen, bis der Zugführer kurz vor Ingolstadt das Tempo drosselt. Wenige Minuten später bleibt der Zug auf freier Strecke stehen. In der ersten Viertelstunde nichts als eisernes Schweigen. Die Fahrgäste des mäßig besetzten ICE werden schon unruhig, als sich über Lautsprecher der Zugführer mit belegter Stimme meldet. Der Zug habe technische Probleme, so seine Information, und die müssten erst einmal untersucht werden. Dafür bitte man die Fahrgäste um Verständnis.

So weit, so gut, zwar ärgerlich, aber kann ja mal passieren. Ich versuche die Zeit des Stillstands zu nutzen, um ein paar Telefonate zu führen. Doch so einfach ist das nicht. Wie ich an den Reaktionen meiner Gesprächspartner bemerke, können sie mich nur sehr schwer verstehen. Der hochmoderne, 300 Kilometer in der Stunde schnelle, von der Weltfirma Siemens erbaute Superzug steht in der Prärie vor Ingolstadt offensichtlich mitten in einem Funkloch, wovon es ja nach wie vor noch eine beachtliche Zahl in Deutschland geben soll.

Also, telefonieren geht nicht. Gut, dass ich meine Dostojewski-Biografie dabeihabe. Dass die Fehlersuche am ICE länger als fünf Minuten dauern würde, war mir schon klar gewesen, dass die nächste Information aber erst nach 75 Minuten erfolgen würde, hatte ich tatsächlich nicht für möglich gehalten. Kundennähe bei der Deutschen Bahn folgt eben einem eigenen Rhythmus!

Spät kommt sie, aber sie kommt, die zunächst befreiende Information: Man habe während der Untersuchung des Zuges keinen Defekt finden können, und daher werde man weiter in Richtung München fahren. Gesagt, getan. Ganz traute der Lokführer der Fehlersuche ohne Befund dann doch nicht, denn die verbleibenden hundert Kilometer nach München bewegte sich der stählerne Koloss mit stark reduzierter Geschwindigkeit voran. Doch man war wenigstens raus aus dem Funkloch und konnte die fehlgeschlagenen Telefonate in der Lücke bis zum nächsten Funkloch nachholen. Ich hatte das Glück, dass der Hauptbahnhof München meine Endstation war. Aber wie stand es um die vielen Passagiere, die dort einen Anschlusszug erreichen sollten, der vermutlich längst über alle Berge war?

Als hätte er die Gedanken seiner Fahrgäste erraten, meldete sich der Zugführer wenige Minuten später ein weiteres Mal, allerdings mit einer alles andere als frohen Kunde. Nein, es sei unwahrscheinlich, dass die Anschlusszüge wegen der großen Verspätung noch erreicht würden. Die neuen aktuellen Umsteigeverbindungen lägen noch nicht vor. Man bemühe sich jedoch um die aktuellen Daten und werde sie den Zuginsassen – sobald sie vorlägen – sofort mitteilen. Die Anschlussverbindungen kamen nicht mehr bis zur Ankunft in München zur Mitteilung. Die Hoffnung stirbt zuletzt. Die Deutsche Bahn tut sich – genauso wie Deutschland – schon schwer mit dem Regelbetrieb, besonders schwer jedoch mit der besonderen Herausforderung in außergewöhnlicher Situation.

PS: Die Deutsche Bahn will Ende 2022 den ersten ICE auf die Schiene bringen, der den Fahrgästen einen besseren Mobilfunk- und Internetempfang bietet. Dafür werden die Fenster so gestaltet, dass sie durchlässiger für Funkwellen sind. Immerhin, es geht was voran, wenn auch nicht im ICE-Tempo. Hoffen wir, dass die Funkwellen ihren Weg durch die Fenster finden!

Der Skandalbau

»Reißt den BER wieder ab«, titelte die *Süddeutsche Zeitung* im November 2021 und fügte hinzu: »Der neue Berliner Flughafen ist der reine Horror, und dies in absolut jeder Hinsicht.« Die Rede ist vom größten Bauskandal in der Geschichte der Bundesrepublik. Dem Drama von Planung und Bau folgt nach mehr als einem Jahr Betrieb eine Pannenserie, die nicht abreißen will. Mangelnde Hygiene, überquellende Mülltonnen, verschmutzte Toiletten, defekte Rolltreppen und Aufzüge, verseuchtes Trinkwasser, falscher Feueralarm. Dieser Flughafen zeigt exemplarisch, wie dilettantisch Manager, Politiker und Verantwortliche in der Verwaltung gehandelt haben.

Was heißt dilettantisch? Verantwortungslos ist der richtige Ausdruck. Die Kosten sind ins Unermessliche gestiegen, die Fertigstellung hat sich von Jahr zu Jahr verschoben. Aus geschätzten zwei Milliarden zu Beginn der

Bauzeit sind mehr als sechs Milliarden geworden. Die Dimension des Versagens heißt: vier Jahre Bauzeit und neun Jahre Verspätung. Für den geplanten und wohl auch notwendigen weiteren Ausbau des Flughafens bis 2030 für dann weitere 48 Millionen Passagiere kann von einem weiteren Zuschuss von 2,3 Milliarden Euro ausgegangen werden. Diese gewaltige Explosion der Kosten ging an den Behörden und vor allem an den politisch Verantwortlichen in Berlin und Brandenburg vorbei – oder wurde von diesen billigend in Kauf genommen. Letzteres ist wahrscheinlicher. Der Berliner Klaus Wowereit und der Brandenburger Matthias Platzeck waren fest entschlossen, den BER-Skandal, für den sie zumindest maßgeblich mitverantwortlich waren, weil sie ihre Aufsichtspflicht sträflich vernachlässigt hatten, politisch zu überleben. In der Wirtschaft, in der man ja auch gerne die Verantwortung von sich schiebt, würde ein solches Versagen mit Rauswurf oder einer gerichtlichen Verfolgung enden.

Doch die beiden Politiker überstanden den Skandal. Für sie war es keine Frage der Ehre, denn dann hätten sie zurücktreten müssen. Es war eines von vielen Beispielen, wie Politiker eben nicht sein sollen, wie sie Vertrauen verspielen, wie sie überfordert sind und wie sie gegen die Interessen der Menschen verstoßen. Nachlässigkeit und mangelnde Professionalität haben diesen mit so viel Vorschusslorbeeren angekündigten Flughafen zum Gespött der ganzen Welt gemacht. Sein Bau dauerte über ein Jahr länger als die Entschlüsselung des menschlichen Genoms. Diese für die Menschheit epochemachende Erfindung wurde 2003 abgeschlossen – zwei Jahre früher als geplant. Sie kostete 2,7 Milliarden Dollar und blieb damit unter den vorgesehenen Kosten.

Daneben steht das Desaster am Berliner Flughafen. Es konnte nur dazu kommen, weil fahrlässig geplant, nachlässig ausgeführt und schlampig Aufsicht geführt wurde. Der Weltmeister aller Klassen Deutschland brauchte für den Bau des Flughafens in Berlin 14 Jahre und zwei Monate. Es gibt längst eine Reihe von Untersuchungen, die vor der Gefahr warnen, dass bestimmte Bereiche dieses Baus längst nicht mehr auf der Höhe der Zeit sind. Jedenfalls schafften es die USA schneller, ihren Mann zum Mond zu schießen. Im Mai 1961 kündigte Präsident Kennedy das Projekt an und im Juli 1969 hieß es »mission accomplished«. Diese enorm komplexe Aufgabe dauerte acht Jahre und zwei Monate! Bei uns ist der Wille zur Höchstleistung die Ausnahme geworden. In Deutschland empfindet man es inzwischen als angenehm, zum Durchschnitt zu gehören.

Hilflos am Airport

Ich war wirklich sehr gespannt auf den Flughafen Berlin-Brandenburg. Am 28. Oktober 2021, also ein Jahr nach seiner Öffnung, landete ich zum ersten Mal auf diesem sagenumwobenen Flughafen mit einer Lufthansamaschine, aus München kommend. Nachdem ich einigermaßen problemlos bis zu den Gepäckbändern gelangt war, traf ich dort auf ein buntes Chaos von Passagieren aus aller Herren Länder, die eines gemeinsam hatten: Sie warteten alle sehnsüchtig auf ihre Koffer und Taschen. Dafür, dass dieser Zustand bei vielen von ihnen schon länger als eine Stunde dauerte, war ihr insgesamt fröhlicher Gemütszustand doch sehr erstaunlich. Manche spielten neben dem Gepäckband Backgammon, andere Fußball mit ihren Kindern. Ich erlebte das Gegenteil einer kriegerischen Stimmung, obwohl dazu immerhin aller Grund bestanden hätte.

Vielleicht ist dieser Flughafen wirklich aus einer anderen Welt für eine andere Welt, gedacht vor allem für

Touristen, die keinen Termindruck haben wie Geschäfts-
reisende. Könnte ja sein. Denkbar ist aber auch, dass die
Touristen genug haben, zum Beispiel wenn sie aus Mexi-
ko City kommen und 14 Stunden Flug hinter sich haben.
Aber solche Gedanken gingen mir an diesem Tag in dieser
Situation noch nicht durch den Kopf. Ich wartete nämlich auf nichts mehr und nichts weniger als auf meinen (!)
Koffer. Ich hatte tatsächlich einen Termin in der Stadt
und hatte gelesen, dass der Willy-Brandt–Flughafen ungefähr 25 Kilometer vom Zentrum Berlins entfernt ist.

Ich schaute auf die Uhr: Mein Flug von München hierher hatte knapp 50 Minuten gedauert, und auf mein Gepäck wartete ich jetzt bereits seit über 30 Minuten. Worüber ich mich am meisten wunderte waren die Passivität
und der Untertanengeist, mit denen sich die anderen
Passagiere aus meinem Flugzeug in die Situation fügten.
Bei Minute 40 blinkt das »Verspätet«-Signal noch immer
aufgeregt vor sich hin, sodass ich beschloss, endlich für
Aufklärung zu sorgen. Der Flughafenangestellte, dem ich
die Lage schilderte, versuchte mich auf seine besondere
Art zu beruhigen, auf jeden Fall machte er mich sprachlos, als er mir im breitesten Berlinerisch seine Sicht der
Dinge erklärte: »Ach wissen Se, det passiert hier ejentlich
immer. Es hilft nüscht, sich darüber uffzurejen.« Man
sollte diesen Mann künftig als Flughafenpsychologen zur
Beruhigung aufgebrachter Passagiere einsetzen. Nach
55 Minuten konnte ich endlich meinen Koffer auf dem Gepäckband begrüßen. Mein Flug aus München nach Berlin
hatte genauso lang gedauert wie die Wartezeit auf mein
Gepäckstück.

Nun also nichts wie ins Taxi und nach Berlin. Denkste!
Airport Berlin-Brandenburg – die zweite Überraschung.
Vor mir standen geschätzte 200 Menschen in heller Auf-
regung vor einer leeren Fahrspur. Eigentlich sollten hier

Taxis am laufenden Band anrollen, um die Fluggäste und ihr Gepäck aufzunehmen. Fehlanzeige, kein Wagen, so weit das Auge reichte. Auf einmal sprach mich von der anderen Straßenseite ein junger Mann an und fragte, ob ich nach Berlin müsste. Nachdem ich verzweifelt bejahte, forderte er mich auf, ihm zum Parkplatz gegenüber zu folgen. Ich stieg in ein Taxi mit Berliner Kennzeichen. Der Hintergrund dieses Dramas: zu wenig Fahrzeuge auf Brandenburger Seite, ein Streit zwischen Berliner und Brandenburger Taxiinnung und – man ist geneigt, natürlich zu sagen – Versagen der Behörden.

Doch nicht unser Geld!

Bei Wikipedia lernen wir: »Steuerverschwendung ist der ineffektive Einsatz von Mitteln durch eine Regierung oder eine andere staatliche Institution. Typische Arten von Steuerverschwendung sind Ausgaben für nicht benötigte Einrichtungen oder dem Zweck nach zwar gerechtfertigte, dem Volumen nach aber überhöhte Ausgaben.«

Der Verschwendungswahn wird jedes Jahr aufs Neue vom Bund der Steuerzahler in einem Schwarzbuch veröffentlicht und den Sündern unter die Nase gehalten. Gut, dass es dieses Sündenregister gibt. Schlecht, dass es immer erst dann das Licht der Öffentlichkeit erblickt (was ja nicht anders möglich ist), wenn die Sünden schon begangen sind. Schlecht auch, dass trotz des öffentlichen Prangers, an den die Missetäter Jahr für Jahr gestellt werden, keine Besserung in Sicht ist. Die Kosten für diese Steuerverschwendung zahlen wir alle, die Steuerzahler. Es sind viele kleine, mittlere und große Skandale, die jedes Jahr aufs Neue aufgedeckt werden – 100 pro Jahr. Dabei wissen wir, dass dies nur die Spitze eines Eisbergs ist. Die Summe der gesamten, tatsächlichen öffentlichen Verschwendung ist nicht einmal annähernd abzuschätzen. Die Zahl der Fälle, die nie in die Öffentlichkeit kommen, ist unbekannt. Seit fast einem halben Jahrhundert gibt es das Schwarzbuch »Die öffentliche Verschwendung« schon. Manche Fälle sind so skurril, dass man darüber lachen müsste, wenn die Verantwortungs- oder Kopflosigkeit der Verursacher nicht zu Lasten der Steuerzahler ginge.

Eine der gewaltigsten Steuerverschwendungen in den vergangenen Jahren war die gescheiterte Pkw-Maut. Neben Vorbereitungskosten von über 80 Millionen Euro stehen Schadenersatzforderungen der gekündigten Firmen von mehreren 100 Millionen Euro im Raum. Der Bund der Steuerzahler hat auch die Kostenexplosion bei der Sanierung des Hamburger Kongresszentrums als große Verschwendung angeprangert. Dass die Renovierung um 40 Millionen teurer würde als geplant, habe auch damit zu tun, dass die Stadt am falschen Ende, nämlich bei den Gutachten vor Baubeginn gespart habe. So steht es schwarz auf weiß im Schwarzbuch.

Die Menschen haben inzwischen kein Verständnis mehr dafür, dass bei öffentlichen Bauprojekten in Deutschland die Kosten in unschöner Regelmäßigkeit explodieren, wie auch die dramatische Entwicklung beim Bau des Flughafens Berlin-Brandenburg gezeigt hat. Der verantwortungslose Umgang mit dem Geld der Menschen ist nicht der einzige, aber ein wichtiger Grund für die wachsende Politikverdrossenheit im Land. Das Schlimme ist: Die Übeltäter lernen nichts aus ihren Fehlern und verschwenden weiter das Geld, das ihnen nicht gehört.

Es geht auch ein paar Nummern kleiner. Der angerichtete Schaden mag im Einzelfall wesentlich geringer ausfallen, doch die Summe macht's. Die Hirnlosigkeit der Planer lässt einem den Atem stocken. Es gibt nichts, was es nicht gibt: eine Solaranlage, die im Schatten steht, ein Radweg, den man nicht benutzen darf, weil er durch ein Naturschutzgebiet führt, Brücken ohne Auf- und Abfahrt, die ein halbes Jahrhundert lang gewartet, aber nicht genutzt werden. Zu vielen dieser planerischen und baulichen Schandtaten gibt es vom Bund der Steuerzahler inzwischen auch Videos, über die man sich je nach momentaner Stimmungslage entweder totlachen oder totärgern kann. Was noch fehlt: Foto und Name der Täter.

Das Wahldebakel von Berlin

Man hält es nicht für möglich, was möglich ist in Deutschland. Es gab eine gewisse Wahrscheinlichkeit, dass es in Berlin passieren würde. Das Unglück hätte jedoch auch in jeder anderen Stadt Deutschlands geschehen können. Was geschehen ist, hat uns wieder einmal zum Gespött in der ganzen Welt gemacht. Geschätzte statt gezählte Stimmen; fehlende Wahlzettel, weil man unfähig war, realistisch zu planen; mehr Wähler als Wahlberechtigte.

Die lange Liste der Wahlverfehlungen in der Hauptstadt ist Stoff für eine Satire. Der 26. September 2021 war ein schwarzer Tag für Berlin. Pleiten, Pannen und kein Pech, sondern schier grenzenlose Unfähigkeit und Wurstigkeit führten dazu, dass nicht wenige politische Beobachter die Integrität der Wahl gefährdet sahen.

»Wahlzettel fehlten oder waren falsch sortiert. Kuriere, die neue bringen sollten, blieben im Verkehr stecken, weil gleichzeitig der Berlin-Marathon stattfand«, schrieb die *SZ*-Autorin Verena Meyer. Das sei nicht nur ein gewaltiges Ärgernis, über das man sich aufregen kann, sondern eine Gefahr für die Demokratie. Der Gedanke, dass Wahlen in vielen Entwicklungs- und Schwellenländern inzwischen deutlich professioneller durchgeführt werden als in der Hauptstadt eines der reichsten Länder der Welt, hat auch nichts wirklich Tröstliches.

Die Angaben des Berliner Senats und damit des Innensenators Geisel sind blanker Hohn. Ja, das Problem vertauschter – also für andere Bezirke gedruckter Stimmzettel – sei an mehreren Orten aufgetreten, wie eine (hoffentlich sorgfältig durchgeführte) Auswertung ergeben habe. Jetzt kommt's: Die Ursache habe vermutlich (!) – so wird es einer fassungslosen oder schon resignierten Öffentlichkeit von Amts wegen mitgeteilt – in der unzureichenden Verpackung oder (!) Beschriftung der Stimmzettelkartons durch die beauftragte (!) Druckerei gelegen. Was sagt uns das? Wir erleben das übliche Verfahren nach einer Megapanne: Die Schuld wird erst einmal bei den anderen gesucht, in diesem Fall beim Subunternehmer, der Druckerei. Inzwischen wissen wir, dass Stimmzettel in den drei Berliner Bezirken Pankow, Charlottenburg-Wilmersdorf und Friedrichshain-Kreuzberg fehlten. Vermutet (!) werde, dass ein großer Teil der Stimmzettel zunächst für die Briefwahl zurückgehalten worden sei. Die Verteilung der »Reste« auf die Urnenwahllokale sei dann eben misslungen.

»Arm, aber sexy« hieß der legendär freche Slogan des ehemaligen Regierenden Bürgermeisters von Berlin, Klaus Wowereit. Dieser Spruch gehört inzwischen ebenso zum Inventar der Hauptstadt wie der BER – der bereits erwähnte Flughafen Berlin-Brandenburg. In Berlin sind die Menschen schon seit Jahrzehnten daran gewöhnt, vieles zu schlucken, vieles nicht mehr ernst zu nehmen, vieles einfach hinzunehmen. Aber im Fall des Wahldebakels von Berlin zeigt Volkes Stimme nur noch wenig Verständnis. Das jedenfalls ist einem Internetforum zu entnehmen, das die *Süddeutsche Zeitung* nach der missratenen Wahl eingerichtet hatte:

»Im Sinne Wowereits war es durchaus cool, statt auf Ergebnisse des zu späten Stimmenzählens zu warten, mal einfach Schätzungen vorzunehmen.«

»Dafür sind wir nicht zuständig. Diesen Satz höre ich immer öfter. (In der Verwaltung) weiß der eine nicht mehr, was der andere macht. Das System wird für alle undurchdringlich...«

»Berlin kann Vorbild sein. Warum überhaupt wählen, wenn man auch schätzen kann? Das würde viel Geld sparen.«

»Die Berichterstattung ist nicht in Ordnung. Bei einer Stadt wie Berlin sollte man alles loben, was funktioniert und nicht das kritisieren, was nicht funktioniert.«

»Ich kann mir nicht erklären, woher es kommt, dass ich mich ausgerechnet bei diesem Thema an den Liberalen Eckhard Henscheid erinnere. An seine Trilogie des laufenden Schwachsinns.«

»Dabei wäre doch die Lösung einfach gewesen: Einfach den Marathonläufern die fehlenden Wahlzettel mitgeben, damit diese sie dann bei den Wahllokalen abgeben können.«

»40 Jahre in Berlin gelebt und vor zehn Jahren in die Provinz geflohen. In Berlin gibt es jede Menge Ärger mit dem Funktionieren der Verwaltung. In Brandenburg an der Havel gibt es monatelange Wartezeiten für die Verlängerung beziehungsweise Erneuerung der Personaldokumente. Der Grund: immer mehr Regelungen bei gleichzeitiger Personalreduzierung.«

»Die Vorgänge erinnern ein bisschen an die letzte Duma-Wahl in Russland! Da gab es auch in manchen Wahlbezirken mehr Stimmenergebnisse als Wähler beziehungsweise alle wählten zu einhundert Prozent eine Partei: Naja, Berlin war Vorreiter neuer Entwicklungen.«

»Irgendwie passt das zu der peinlichsten Panne beim Bau des BER, wo bekanntlich eine Rolltreppe zu kurz bestellt worden war und man kurzerhand einfach ein paar normale Stufen ergänzte: Symptomatischer kann man nicht beschreiben, wie Berlin unterdessen von außen wahrgenommen wird. Die Sache mit den Wahlpannen passt ins Bild, ebenso wie es ins Bild passt, dass die Berliner mal eben per Abstimmung die Enteignung der großen Wohnungsbaukonzerne verlangen, obgleich damit Milliarden an Entschädigungen fällig werden. Für ein Bundesland, das schon heute bei den Schulden Oberkante Unterlippe hat. Der Eindruck, dass es in Berlin eine alternative Wahrnehmung der Realität gibt, verfestigt sich zusehends. Sicher, Pannen und Probleme können überall auftreten, aber der Umgang damit macht den Unterschied.«

Das ist Volkes Stimme. Dem ist nichts hinzuzufügen. Eigentlich auch nicht, dass sich jetzt auf Betreiben des Senats eine Expertengruppe an die Arbeit macht, die die Ursachen des Wahlskandals aufklären soll. Hat eine solche Maßnahme jemals etwas bewirkt? Hat sie die Verantwortlichen zur Rechenschaft gezogen und dem alten Schlendrian ein Ende bereitet? Das wäre mir neu – und es bräuchte auch nicht ein Buch für dieses.

Land der Bürokraten

Gigantischer Mechanismus

Deutschland galt lange als Vorbild für gute Organisation und Zuverlässigkeit in der Welt. Diese Zeiten sind vorbei. Bürokratie und Behörde sind längst zu Begriffen geworden, bei deren Nennung es den meisten Bürgern den Angstschweiß auf die Stirn oder die Zornesröte ins Gesicht treibt. Funktionierende Verwaltungen in Deutschland muss man suchen. Die meisten von ihnen haben sich im Laufe der Jahrzehnte in Bürokratiemonster verwandelt, die sich Tag für Tag weiter aufblähen und den ganzen Staat und die in ihm lebenden Menschen unter sich begraben. Von nun an verschlangen die Bürokraten Milliarden und sorgten dafür, dass Entscheidungen immer länger dauerten und Deutschland im internationalen Wettbewerb immer weiter zurückfiel.

Die Bürger, die sich mit ihren Alltagsproblemen an ihre Behörde wenden, brauchen gute Nerven. Was sich den Bürokraten in den Weg stellt, wird einfach verschlungen oder ergreift die Flucht. Doch das System hat sich längst selbst infrage gestellt. Die Bürokraten, die es täglich neu gebiert, sitzen in überforderten Behörden, in denen sie gerne Verantwortung delegieren, weil ihre eigene Zuständigkeit in permanentem Widerspruch zu ihrem Arbeitsethos steht.

Ich glaube natürlich an das Gute und könnte mir daher vorstellen, dass dieser ganze Behördenwahnsinn auch eine Generationenfrage ist. Darauf wenigstens lässt das eine oder andere Erlebnis hoffen, das ich im Kreisverwaltungs- oder Gesundheitsamt hatte, dort also, wo der Bürger hautnah auf Behörde trifft. Hier begegnet man also jungen, smarten Menschen(freunden), die effizient arbeiten und denen man ansieht, dass sie Freude an ihrer Tätigkeit empfinden. An solchen Tagen, in solchen Momenten fällt dann tatsächlich helles Licht in eine noch so graue Behörde. Doch Lichtblicke wie diese sind eher die Ausnahme.

Die Bürokratie in Deutschland ist ein gigantischer Mechanismus, der von Zwergen bedient wird. Dieses Bonmot ist zwar ironisch gemeint, aber durchaus real. Der Bürokrat hat Macht, die er ausspielt. Der Politiker kann versprechen, der Bürokrat kann verhindern. Er hat mehr Macht als der Politiker, weil wir ihn nicht wählen und nicht abwählen können. Kann nicht jeder von uns Geschichten erzählen, wie inkompetent, menschenverachtend, schroff, unfreundlich, zynisch, langsam und unlogisch die Bürokratie sein kann?

Es gibt kaum mehr einen Bereich in unserem Land, den die Bürokraten nicht beherrschen. Sie machen sich unentbehrlich, wo immer Menschen zusammenarbeiten: in der Finanzverwaltung, in allen Ministerien, im Gesundheitswesen, in den Bildungseinrichtungen, in den Unternehmen. Überall dort finden wir eigene Bürokraten und eigene Bürokratien am Werk. Sie alle sind Teil eines großen Ganzen, einer Meta-Bürokratie des Staates. Die Bürokratie hätte das Potenzial, unsere Gesellschaft lahmzulegen. Es liegt nämlich im Wesen des Monsters, sich immer weiter auszudehnen. Die Antwort der Bürokraten auf Probleme heißt nicht Lösung, sondern noch mehr Bürokraten. Sie setzen alles daran, als geschlossenes System unverletzlich zu bleiben. Sie schotten sich ab und verhindern damit, dass sie kontrolliert werden können. Sie bilden einen eigenen Organismus und achten peinlich darauf, dass den Menschen im Land unverständlich bleibt, was sie tun und was sie planen. Dies ist Absicht: Unverständlichkeit als ausgeklügeltes Herrschaftssystem. Sie treiben, oft ohne es zu wollen, den Zerfall unseres Staatswesens auf vielen relevanten Ebenen voran und nehmen Politiker und Bürger immer fester in ihren Würgegriff.

Je länger ich über dieses Kriminalstück nachdenke, desto weniger begreife ich, mit welcher Mentalität des Gleichmuts wir diese weitgehend vollzogene Inbesitznahme Deutschlands durch die Armee der Bürokraten klaglos hingenommen haben und hinnehmen. Warum sind immer wieder Versuche gescheitert, die Herrschaft der Verwaltung (nichts anderes heißt ja Bürokratie) so zu beschneiden, dass sie ihren Aufgaben wieder effizient und zügig nachkommen kann? Die Antwort liegt nahe. Die Monsterbürokratie verfügt trotz ihrer gefährlichen Wucherungen über eine Stabilität, die sich in klaren Hierarchien, in Entscheidungen nach Gesetz und Vorschrift und in einem Verwaltungshandeln innerhalb klar festgelegter Kompetenzen organisiert. Es fällt schon lange nicht mehr auf, dass die Vorschrift über den Menschen gestellt wird.

Wir lebten mit der Bürokratie, wir lebten in der Bürokratie. Wir hatten uns in ihr eingerichtet, wir hatten uns an sie gewöhnt. Sie hat uns nicht mehr besonders gestört. Dann kam auf einmal Corona und hat binnen Kurzem das Versagen der Bürokraten und die permanente Überforderung der Behörden aufgedeckt. Wollte man der Pandemie etwas Gutes abgewinnen, was nur etwas für gelernte Zyniker ist, dann ist es die Klarheit, mit der 2020 und 2021 die Fehler der Behörden sichtbar geworden sind.

Coronabürokraten

Was uns Bürokraten, Behörden und Ämter antun können, wissen wir aus schmerzhafter, eigener Erfahrung. Ob wir den Reisepass verlängern oder das neue Auto zulassen wollen – so richtig reibungslos, schnell und (bürger-)freundlich hat es eigentlich nie funktioniert. Darüber ärgert man sich zwar jedes Mal wieder aufs Neue, andererseits empfinden wir Deutschen das ja beinahe als Normalität, die uns im Laufe unzähliger Behördengänge schon zur Gewohnheit geworden ist. Und Gott sei Dank führt uns der Weg ja nicht jeden Tag aufs Amt.

Die Pandemie dagegen hat eine neue Dimension von Behördenversagen offengelegt. In der hochansteckenden Natur des Virus liegt es, dass die Kommunikation zwei Jahre lang via Telefon und Internet erfolgte. Auf diesen neuen Wegen begann das Drama made in Germany mit dem Wettlauf um die Festlegung eines Impftermins. Die bedauernswerten Menschen, die rund um die Uhr Telefondienst taten, wussten, dass sie – wie Sokrates – nichts wussten. Genau das teilten sie dann den noch bedauernswerteren, aufgeregten, genervten, verzweifelten und verständlicherweise ungehaltenen Menschen am anderen Ende der Leitung je nach Tageslaune und Temperament auch so mit: Verzeihung, wir wissen nichts!

Natürlich war damals fast alles das erste Mal und natürlich ist man, wenn man vom Amt kommt, immer klüger. Ich denke jedoch, es wäre auch anders gegangen. Eine klare Ansage der Politiker hätte zu verlässlichen und nicht stündlich wechselnden Informationen von verzweifelten Nicht-Informanten für Nicht-Informierte am Telefon geführt, und damit wäre den Menschen erspart geblieben zu telefonieren, um in der Impflotterie das heiß ersehnte Terminlos zu ziehen.

Gehen unsere Politiker nicht in der Welt spazieren mit dem nimmermüde vorgetragenen Hinweis, in Sachen Sozialstaat mache uns kein Land der Welt etwas vor? Beim Impfakt Nummer 1 zeigte sich Deutschland seinen Menschen allerdings von seiner unsozialen Seite. Wer von den älteren Herrschaften, die ja vorrangig geimpft werden sollten und auch wurden, nicht von seinen Kindern, Enkeln oder Freunden bei der Organisation des Impftermins und seiner Durchführung im Impfzentrum unterstützt wurde, war chancenlos, die Behördenwillkür oder -ohnmacht zu durchbrechen.

Auch wenn es für Corona kein Vorbild gab (worauf sich die verantwortlichen Politiker in Berlin und in den Bundesländern bei jeder Gelegenheit so gerne beriefen), war das erste Halbjahr 2020 von einem Versagen der Politik und der ihr nachgeordneten Behörden gekennzeichnet. Die Währung Vertrauen verlor über Nacht dramatisch an Wert. Gespräche mit Betroffenen lassen den Schluss zu, dass das Versagen der Behörden und mangelnde Unterstützung vielen älteren Menschen den Impfwillen genommen haben könnte. In der öffentlichen Diskussion ging unter, dass man unter den Impfverweigerern nicht nur Verschwörungstheoretiker und halb oder gar nicht Informierte, sondern auch eine nicht geringe Zahl von Zuwendungsvernachlässigten finden konnte.

Eine Besonderheit in der Coronakrise war die unselige Vermengung staatlicher und nachgeordneter Behördenstellen. Beide Bereiche zeigten sich in dieser außergewöhnlichen Krise überfordert. Die Impfstoffbeschaffung erwies sich als Politikerversagen ungeahnten Ausmaßes. Es fehlte der Mut zum großen Wurf, und so bestellten Jens Spahn, der damalige Gesundheitsminister, und Ursula von der Leyen, die EU-Kommissionspräsidentin, zu wenig und zu zögerlich den notwendigen Impfstoff. Dass die deutsche Präsidentin in Brüssel Corona damals noch nicht einmal zur Chefsache machte, sondern an die ziemlich hilflos wirkende zypriotische Gesundheitskommissarin delegierte, spricht für sich und ist ein schlimmes Zeichen von Versagen unserer politischen Eliten in Krisenzeiten.

Man konnte zuweilen den Eindruck gewinnen, die Tatsache, dass Corona eine Gefahr ist, die zu schweren, lebensbedrohlichen Krankheitsverläufen und in vielen Fällen zum Tod führen kann, den deutschen Bürokraten in der ersten Phase der Pandemie entgangen wäre. Anders ist es jedenfalls schwer zu erklären, dass das Impfen in Deutschland so schleppend begann. Der deutsche Untertan sitzt nicht nur zu Hause auf dem Sofa, sondern auch auf dem Bürostuhl in seinem Amt. Dem Untertan ist es fremd, angesichts einer solchen Herausforderung das Korsett seines von Vorschriften bestimmten Bürokratendenkens zu sprengen und stattdessen nach der in solchen Situationen unverzichtbaren Maxime zu handeln: Ich muss wissen, wie weit ich zu weit mitgehen kann!

Daher war das Eigenlob, mit dem man sich in der Regierung Merkel zu Beginn der Pandemie selbst überhäufte, wider besseres Wissen anmaßend. In Wirklichkeit hat Deutschland langsamer geimpft als viele andere Staaten: langsamer als Israel, langsamer als Großbritannien, langsamer als die Vereinigten Staaten. Auch in der Europäischen Union waren wir nicht die schnellsten. Erst als auch die Hausärzte impfen durften, hat sich das Blatt allmählich gewendet.

Die kranken Gesundheitsämter

Man darf gespannt sein, was wir gelernt haben werden, wenn das Virus eines Tages verschwunden sein wird oder uns zumindest nicht mehr so richtig weh tun kann. Gelernt haben werden wir wohl ziemlich viel. Aber auch umgesetzt, um es bei der nächsten Krise zum Wohle der Bürger anzuwenden? Da habe ich meine Zweifel. Vieles wird nicht bekannt werden, weil es eine Interessengemeinschaft der Versager gibt, die alles daransetzt, die eigenen Fehler zu vertuschen.

Man kann es nicht fassen, wenn nach zwei Pandemiejahren, in denen nicht nur Ärzte und Wissenschaftler, sondern auch Politiker schon ausreichend Erfahrung im richtigen oder falschen Umgang mit dem Virus gesammelt haben müssten, viele Gesundheitsämter am Wochenende noch immer keine Coronazahlen melden konnten. Den Menschen ist es egal, warum das so ist. Ob es sich um Personalmangel handelt oder um fehlendes Verständnis der Betroffenen für den Ernst der Lage – man könnte auch von die Menschen vernachlässigender Arroganz sprechen –, das ist in der Wahrnehmung der Bevölkerung nicht von Bedeutung. Vielleicht handelt es sich um eine Mischung aus beiden Ursachen.

Wir haben erlebt, wie monatelang an Sonn- und Feiertagen keine belastbaren Inzidenzwerte nach Berlin gemeldet werden konnten. Dabei bildeten doch genau diese Zahlen die Grundlage aller politischen Entscheidungen, solange wenigstens, bis die Belegung der Intensivbetten in den Kliniken zum wichtigsten Maßstab wurde. Natürlich ist es ungerecht und auch falsch, wenn sich daraufhin der gesamte Bürgerzorn kübelweise über den Mitarbeitern der Gesundheitsämter entlud. Sie arbeiteten viele Monate lang an der Belastungsgrenze, und natürlich haben sie ein Recht auf Urlaub und Freizeit. Es wäre ungerecht, nur das Personal zu kritisieren, wenn das System versagt. Es geht darum, Strukturen zu ändern, Personal aufzustocken und damit das Leistungsangebot zu erbringen, mit dem eine Pandemie dieses Ausmaßes effektiv zu bekämpfen ist. Aber davon sind wir in Deutschland offensichtlich noch Lichtjahre entfernt.

Die Realität ist beschämend. Beim Erfassen der Coronaneuinfektionen sind immer mehr Gesundheitsämter heillos überfordert gewesen. Das führte dann zu einer Verzerrung der Daten und des tatsächlichen Infektionsgeschehens. Die Coronazahlen, die uns zu Wochenbeginn in den Nachrichtensendungen übermittelt wurden, waren Fake News, mehr nicht. Im Traumland Deutschland, um das sie uns angeblich in der ganzen Welt beneiden, stapelten sich die Faxe in den Laboren und in den Gesundheitsämtern. Jedes Blatt ein neuer Fall – ein positiver Test. Dabei wäre doch längst die digitale Übermittlung der Befunde angesagt. Damit ginge alles viel schneller. Geschwindigkeit ist neben der Sorgfalt das höchste Gut bei der Bekämpfung der Seuche.

Doch wie sah die Wirklichkeit im digitalen Deutschland aus? Manche Labors schickten Faxe, manche schickten Mails, und wieder andere machten beides. In einer höchst komplexen Krisenlage konnten die Gesundheitsämter in Deutschland nicht das Notwendige leisten. Ihre wichtigste Aufgabe, die Nachverfolgung von Infizierten und deren Kontakten, um damit Infektionsketten zu unterbrechen, ist gescheitert.

Reformunfähig?

Das ist wirklich ein Kunststück! Das muss man erst einmal schaffen: Ein wesentlicher Posten der Selbststrangulierung des Staates sind die sündhaft teuren Gesetze. Wie ist das möglich? Es sind die maßlosen Versprechungen der Politiker, die in den meisten Fällen die Frage nach der Finanzierbarkeit ihrer auf den nächsten Wahltermin zielenden Vorschläge aus dem Füllhorn ausklammern und damit kein Sterbenswörtchen über die (Verwaltungs-) Kosten verlauten lassen, die anschließend ins Unermessliche steigen.

Ein riesiger Posten ist zum Beispiel das sogenannte Ganztagsförderungsgesetz zur Betreuung von Kindern im Grundschulalter. Das Gesetz ist sinnvoll, soll es doch die Betreuungslücke schließen, die noch in der Kita für viele Familien entsteht, sobald die Kinder eingeschult werden. Allein dieses Gesetz jedoch treibt die jedes Jahr fälligen Dauerkosten für die Gemeinden um vier Milliarden Euro nach oben. Da dieser Wahnsinn Methode hat und viele Unterstützer, deren Existenz davon abhängt, ist eine Fortsetzung dieses Trends sehr wahrscheinlich. Aufblähungsgesetze, deren Sinnhaftigkeit in Zweifel gezogen werden darf, gibt es reichlich: etwa das »Gesetz zur Umsetzung der Richtlinie über die Förderung sauberer und energieeffizienter Straßenfahrzeuge« oder das »IT-Sicherheitsgesetz«. Sie verschlingen weitere Hunderte von Millionen Euro.

Es ist mit der Bürokratie in Deutschland wie mit der neunköpfigen Hydra aus der griechischen Sage, der für jeden abgeschlagenen Kopf zwei neue wuchsen. Ein weiteres Beispiel für den aussichtslos erscheinenden Kampf gegen die Bürokratie ist die On-in-one-out-Regel. Ihr liegt der eigentlich kluge Gedanke zugrunde, dass für jede kostenverursachende neue Regelung für die Wirtschaft eine vorhandene Regelung gestrichen werden muss. Eine schöne Sache in der Theorie, in der Praxis allerdings nicht. Der Bericht des sogenannten Normenkontrollrats umfasst den Zeitraum Sommer 2020 bis Sommer 2021. In dieser Zeit –

sagt uns die Erhebung – ist die Wirtschaft um mehr als 500 Millionen Euro entlastet worden. Gleichzeitig beklagen die Verfasser, dass diese Rechnung nichts anderes als Selbstbetrug sei. So würden nämlich immer mehr Gesetze aus dem nationalen deutschen ins EU-Recht verlagert. Dies sei in der Berechnung jedoch nicht berücksichtigt. Wenn dies geschähe, wenn also richtig gerechnet würde, wären deutsche Unternehmen nicht um eine halbe Milliarde entlastet, sondern um 40 Millionen Euro belastet. Man kann eine solches Ergebnis wieder einmal diplomatisch verbrämen und von einer »Realitätslücke« sprechen, »die geschlossen werden muss«.

Wie wahr! Dem ist nichts hinzuzufügen außer die Frage: Wie oft werden wir diesen Satz noch hören?

Stirbt ein Bediensteter...

Bürokratiemonster treiben ihr Unwesen in vielen Staaten der Welt. Besonders gefräßig sind sie aber, wie wir gesehen haben, in Deutschland. Bürokratie ist typisch deutsch. Sie passt zu uns. Gesetze sind einzuhalten, und die Hüter der Gesetze gehen in ihrem Beruf auf. Dann gibt es andere, die dafür Sorge tragen, dass neue Gesetze dazukommen. Das System ist allumfassend, alles lückenlos regelnd, allgegenwärtig und – der liebe Gott möge verzeihen – allmächtig.

Bevor es um die Regelung des Großen und Ganzen geht, sind die Bürokraten erst einmal selbst an der Reihe. Bevor ihr Leben und Wirken nicht in perfekter Weise geordnet sind, geht gar nichts. Der Publizist Peter Zudeick hat vor einiger Zeit sein kritisches Auge auf diese Regelungswut der Bürokraten gerichtet und ein paar ganz unglaubliche Beispiele gefunden. So kommen die

Verfasser des Kommentars zum Bundesreisekostengesetz zu folgender überraschenden Einsicht: »Stirbt ein Bediensteter während einer Dienstreise, so ist damit die Dienstreise beendet.« Dem ist nicht zu widersprechen. Man muss nur den Mut haben, es auch in dieser Klarheit zu formulieren.

Vor Jahrzehnten schon hat die Bundeswehrverwaltung, ohne mit der Wimper zu zucken, festgestellt: »Der Tod stellt aus versorgungsrechtlicher Sicht die stärkste Form der Dienstunfähigkeit dar.« Man sieht, Bürokratensprache kann auch sehr klar und unmissverständlich sein. Der Kollege wurde noch an anderer Stelle fündig. Wenn es um Leib und Magen geht, dann dürfen die Bürokraten schon gar nicht fehlen. Wie heißt es im deutschen Lebensmittelbuch so schön: »Margarine im Sinne dieser Leitsätze ist Margarine im Sinne des Margarinegesetzes.« In einer Dienstvorschrift der Post drückt sich das Amt in beängstigender Sinnfreiheit so aus: »Der Wertsack ist ein Beutel, der aufgrund seiner besonderen Verwendung im Postbeförderungsdienst nicht Wertbeutel, sondern Wertsack genannt wird, da sein Inhalt aus mehreren Wertbeuteln besteht, die in den Wertsack nicht verbeutelt, sondern versackt werden.«

Das sind extreme Beispiele, doch sie zeigen eine Tendenz zur Verschlackung unserer Bürokratie durch ein im internationalen Maßstab kaum zu übertreffendes Amtsdeutsch. Für Aufsehen sorgte ein Beispiel in Bayern. Dort bekam eine Ladenbesitzerin massive Probleme mit dem Ordnungsamt. Sie hatte viel Geld in eine Markise investiert, die sie vor ihrem Laden anbringen ließ. Kaum zu glauben, aber wahr: Die Kleinunternehmerin wurde vom Ordnungsamt zur Zahlung einer Beschattungsabgabe aufgefordert, weil die Markise in den »abgabepflichtigen Luftraum vor dem Laden« hineinragte.

Das Versprechen

Weniger Bürokratie, mehr Bürgernähe gehört zu den immer wiederkehrenden Versprechungen von Politikern aller Parteien während aller Wahlkämpfe seit Jahrzehnten. Dies ist leicht zu erklären. Umfragen (offensichtlich die einzige Währung, die in der Politik zählt) nennen den Bürokratieabbau als ein gleichbleibend relevantes Thema, das die Menschen in Deutschland vorrangig bewegt und das sie endlich gelöst sehen wollen.

Wir kümmern uns, verkünden die Politiker in Wahlkampfzeiten, um beim Wahlvolk durch bürgernahe Themensetzung zu punkten, jedoch ohne wirklich zu wissen, mit welchen wirksamen Mitteln der Kampf gegen die Bürokraten geführt werden soll. Natürlich ist den politisch Verantwortlichen klar, dass das Monster gestoppt werden muss, wenn Deutschland im wirtschaftlichen Wettbewerb der Nationen nicht noch weiter zurückfallen soll.

Kaum jemand erinnert sich noch daran, dass Helmut Kohl es war, der nach Beginn seiner Kanzlerschaft 1983 die erste Kommission zur Entbürokratisierung einberief. Folge davon war die zentnerweise Produktion von Papieren und Broschüren, ein Entbürokratisierungsbüro mit noch nicht einmal einer Handvoll Stellen am damaligen Regierungssitz in Bonn. Das Ergebnis ging gegen Null. Immerhin jedoch wurde damals zum ersten Mal so etwas wie Bewusstsein für die Bedrohung geschaffen, die von einer wuchernden Bürokratie ausgeht.

Typisch deutsch scheint zu sein, gute Absichten und sinnvolle Initiativen sprachlich so zu entstellen, dass sie auf den normalen Bürger nicht anziehend und überzeugend, sondern abschreckend und unverständlich wirken. Ein gutes Beispiel dafür ist der Nationale Normenkontrollrat. Wie bitte, was ist denn das, fragen Sie? Ich versuche, es ins Deutsche zu übersetzen, sodass Sie es verstehen, denn es geht um unser Thema – die Bürokratie. Das NKR, wie es sich in der Abkürzung nennt, ist ein unabhängiges Beratergremium der Bundesregierung. Es existiert seit 2006 und schaut der Regierung auf die Finger, welche Bürokratiekosten Entwürfe von Gesetzen und Verordnungen verursachen. Seit 2011 nimmt man auch die Folgekosten ins Visier. Das nennt man dann »Erfüllungsaufwand«, was zeigt, dass die Entbürokratisierer ähnlich bürokratisch denken und formulieren wie jene, die sie ins Visier nehmen sollen.

Das »Unternehmen NKR« soll Ministern und Parlamentariern deutlich machen, welche Bürokratiekosten sie mit ihren Entscheidungen auslösen. Was die zehn ehrenamtlichen Mitglieder, die von der jeweiligen Bundesregierung und vom Bundespräsidenten berufen werden, tun, ist eine gute Sache und viel besser als nichts, aber angesichts der bürokratischen Dimension zu wenig. Es geht um Beratung, und es fehlt an Kompetenzen, dem Monster seine Grenzen zu zeigen. Der Normenkontrollrat hat ein Verbindlichkeitsdefizit, lässt es aber an klaren Worten nicht fehlen. So stand nach 15 Jahren Tätigkeit der letzte Jahresbericht 2021 unter der wenig schmeichelhaften Überschrift: »Deutschland ist, denkt und handelt zu kompliziert. Das Land braucht weniger Bürokratie, praxistaugliche Gesetze und eine leistungsfähige Verwaltung.« Was die Kontrolleure für die Zukunft fordern, ist Spiegelbild des desolaten Zustandes in der Gegenwart.

Natürlich ist Bürokratieabbau auch ein Anliegen der Ampelkoalition. Was im rot-grün-gelben Vertrag geschrieben steht, klingt als Absichtserklärung gut und einleuchtend. Abläufe und Regeln vereinfachen – natürlich, was sonst, wer könnte da widersprechen. Ich wette, da hat es keine Minute Streit unter den Koalitionspartnern gegeben. Entbürokratisierung »soll der Wirtschaft, insbesondere den Selbstständigen, Unternehmerinnen und Unternehmern mehr Zeit für ihre eigentlichen Aufgaben schaffen«. Dies könnte auch aus der Feder von Friedrich Merz, Markus Söder oder dem Wirtschaftsflügel der Union stammen.

Das Instrument, das sich die Regierung Scholz hierfür ausgedacht hat, heißt Bürokratieentlastungsgesetz. Klingt sperrig und auch wieder nach Bürokratie – muss es aber nicht sein. Der Plan ist, Wirtschaft, Bürger sowie die Verwaltung vom bisherigen Bürokratieaufwand zu befreien. Im Koalitionsvertrag wird angekündigt, ein systematisches Verfahren zur Überprüfung des bürokratischen Aufwands von Gesetzen und Regelungen zu entwickeln, das dann einem Praxischeck unterzogen werden soll. Man wird sehen, wie sich diese Pläne in die Praxis umsetzen lassen. Gesetze einzubringen, den politischen Willen zu formulieren, ist eine Sache. Den Wandel in den Köpfen der Bürokraten herbeizuführen, ist eine Aufgabe von vielen Jahren und Jahrzehnten.

Digital, wie bitte?

Die Bürokraten rütteln an den Fundamenten unseres Landes. Sie machen es träge, rauben ihm Energie, ziehen Milliarden aus dem Gemeinwesen. Dieser ebenso gefährliche wie schleichende Prozess wird vorangetrieben von den Maßlosen, denen maßhalten fremd ist. Max Weber hat die Sorge über diese Entwicklung einmal eindrucksvoll beschrieben. Es gehe darum, meinte er, dass »die lebende Maschine der Bürokratie« den einzelnen in ein »Gehäuse der Hörigkeit« bringen könne, oder anders ausgedrückt, dass sie ihm jeden Raum zur freien Entfaltung nehme.

Ganz offensichtlich fällt es dem Staat und damit denen, die ihn auf den unterschiedlichen Vollzugsebenen repräsentieren, schwer, maßzuhalten, sich auf das rechte Maß zu beschränken, also auf das Notwendige, und zu erkennen, wo das Notwendige nicht das Zuviel, sondern das Zuwenig ist. Zu wenig ist es, wenn Behörden noch in kommunikativer Steinzeit verharren. Zu wenig ist es, wenn es noch immer ein Ding der Unmöglichkeit ist, Daten zwischen Bund, Ländern und Gemeinden auszutauschen. Die Verantwortlichen, die natürlich nie müde werden zu betonen, dass sie nicht verantwortlich sind, haben es versäumt, rechtzeitig die Weichen in Richtung Zukunft zu stellen.

Es ist kaum zu glauben, aber traurige Wirklichkeit: Unsere Behörden sind in vielen Bereichen noch immer nicht im digitalen Zeitalter angekommen. Deutschland ist das Land der digitalen Dilettanten. Es ist immer wieder das gleiche Bild: fehlende Ausstattung, veraltete Software und Betriebssysteme, überforderte IT. Die Pandemie hat schonungslos zutage gefördert, was im Argen liegt. An anderer Stelle haben wir beschrieben, wie es in den Gesundheitsämtern aussieht. Anders als Politiker haben Digitalisierungsexperten keinen Grund, die verfahrene Situation schönzureden. Ihr Befund ist eindeutig. Die digitale Transformation der meisten deutschen Behörden wurde lange Zeit verschlafen.

Den Bürgern wird damit in vielen Ämtern und Behörden vorenthalten, was in anderen Ländern längst Standard ist und zum modernen Alltag gehört. Die Aufgabenstellung ist doch ziemlich einfach: Es geht darum, für die Menschen die Kontakte zu den Behörden möglichst einfach und zeitsparend zu organisieren. Die digitalen Technologien machen das längst möglich. Es muss jedoch gewollt, umgesetzt und gegen Widerstände durchgesetzt und nicht im Halbschlaf des Beamtenstaates verpennt werden.

Dabei gibt es großartige Beispiele, die zeigen, wie es geht. Es kann doch nicht so anstrengend sein, den Kopf einmal in Richtung Norden zu bewegen – nach Dänemark. Dort können die Leute sieben Tage die Woche und rund um die Uhr aufs virtuelle Amt gehen. Das hat die Dänen im Jahr 2020 unter 193 untersuchten Staaten auf Platz eins für das beste E-Government katapultiert. Die Bundesrepublik dagegen ist auf Platz 25 gefallen. Kein Wunder, wenn man den Alltag in unseren Behörden betrachtet – immer noch Faxgeräte und Papierberge in den Ämtern, ein heilloses digitales Durcheinander zwischen Bund, Ländern und Kommunen.

Es wird besser, wird einem gesagt. Man will das gerne glauben, aber es dauert, es geht so langsam. Wenn man mit den Betroffenen spricht, dann erfährt man, woran es fehlt. Wo sind die Onlinezugänge zu den Dienstleistungen der Behörden? Warum gibt es keine einheitlichen IT-Strukturen? Das digitale Lebens- und Berufsniveau der meisten Deutschen übertrifft bei Weitem das der öffentlichen Verwaltung. Dieser absurde Zustand kostet die Bürger, aber auch die Wirtschaft Zeit, Geld und Energie. Diese Verluste gehen uns, unseren Kindern und Enkeln verloren.

Daher muss jetzt gehandelt werden. Und neben dem Wandel in den Köpfen ist der wichtigste Schritt, dass das Onlinezugangsgesetz ohne Wenn und Aber und termingerecht umgesetzt wird. Im Klartext heißt das: Bis Ende 2022 sind alle Verwaltungsleistungen in digitaler Form anzubieten. Das bedeutet nicht mehr und nicht weniger, als dass die Deutschen ab 1. Januar 2023 online 575 Verwaltungsleistungen erhalten sollen.

Man muss kein Pessimist sein, um zu vermuten, dass dieses Ziel nur schwer zu erreichen sein wird. Man braucht nur Realist zu sein, um sehr schnell zu erkennen, dass mehr oder weniger Bürokratie nicht nur eine Frage des technischen Instrumentariums (analog oder digital) ist, sondern zuerst eine Frage der geistigen Haltung, die dort vorherrscht, wo die Bürokraten das Sagen haben. Ein voll durchdigitalisiertes Amt ist zwar sehr viel näher am Bürger und trifft seine Entscheidungen nach den Gesetzen der virtuellen Welt schnell, viel schneller als auf den Schlachtfeldern des Papierkrieges. Das Amt bleibt aber solange ein Amt, eine Behörde, eine Verwaltungseinheit, ein kleines oder großes Bürokratiemonster, bis das Denken und Fühlen all seiner Mitarbeiter voller Liebe und Leidenschaft ganz nahe bei den Menschen ist, die Ratschlag und Unterstützung in vielen Lebenslagen erwarten.

Vielleicht oder sogar wahrscheinlich handelt es sich dabei noch immer um Wunschdenken. Jedenfalls dann, wenn man Max Webers Herrschaftssoziologie zugrunde legt, die davon ausgeht, dass die Bürokratie ein so mächtiges und wirkungsvolles Mittel zur Kontrolle der Menschen sei, dass der einmal in Gang gesetzte Bürokratisierungsprozess unumkehrbar sei. Weber spricht vom »stahlharten Gehäuse der Bürokratie«. Der israelische Satiriker Ephraim Kishon spitzt das Problem auf die ihm eigene Weise zu: »Von allen Plagen, mit denen Gott der Herr unser Wirtschaftsleben heimsucht, ist die Bürokratie die weitaus schlimmste. Die Bürokratie ist nicht etwa ein Versagen der Regierung. Das glauben nur die Optimisten. Die Bürokratie ist die Regierung selbst.«

Trostlose Servicewüste

Land glücklicher Kunden?

»It's the customer, stupid!«, würde Bill Clinton heute ausrufen: Es geht um den Kunden, du Dummkopf! Wie recht er hätte. Es muss endlich wieder um die Kunden gehen, weil sich viele von ihnen alleingelassen fühlen. Auch Sie könnten doch bestimmt, ohne lange nachzudenken, sofort eine ganze Reihe von Beispielen nennen, die Deutschland als eine ziemlich trostlose Servicewüste erscheinen lassen, in der der Kunde längst nicht mehr König, sondern im wahrsten Sinn des Wortes Bettler ist. Es ist Zeit für einen solchen Befund, denn die ganz große Koalition der Weichzeichner und Schönredner aus Unternehmen, Politikern und Medienleuten versucht uns gerade einzureden, das mit der Servicewüste sei doch längst Vergangenheit, und Deutschland hätte sich zu einem Land glücklicher Kunden gewandelt.

Um diese Feststellung als dreiste Unwahrheit zu entlarven, reicht es ja, wenn wir unseren Blick auf die ganz normale Verbraucherwelt richten, in der wir als Endkunden unsere besonderen Erfahrungen machen (müssen). Erleben wir da nicht die unglaublichsten Dinge, die uns oft an den Rand der Verzweiflung bringen?

In der Warteschleife 1

Die Servicewüste Deutschland hat eine neue, unerträgliche, abartige, bürgerunfreundliche, inhumane Dimension erreicht. Mir fällt kein anderes Bild ein: Der direkte Kontakt zwischen den Kunden und ihren Wünschen auf der einen Seite und den Unternehmen oder Behörden, von denen man etwas will, auf der anderen Seite ist gekappt. Was interessierst du mich, dummer Kunde, wende dich an meine Maschine! Wenn du Glück hast und vor allem unendlich viel Zeit und Geduld, gutgläubiger Kunde, dann könnte es sein, dass du irgendwann ganz am Ende der Warteschleife auf einen richtigen Menschen stößt, der dir dann, meistens schlecht gelaunt, binnen weniger Sekunden das nachhaltige Gefühl vermittelt, dass er im Augenblick alles andere lieber täte, als mit dir zu telefonieren, um deine von ihm als ebenso dämlich wie überflüssig empfundenen Fragen zu beantworten.

Sie haben es gemerkt: Wir befinden uns in der merkwürdigen und verstörenden Welt der Sprachcomputer, der größten Zumutung des 21. Jahrhunderts, die die Kundschaft in ihrer großen Mehrheit nicht zufrieden stellt, sondern resignieren lässt und vertreibt. Man fragt sich doch: Gibt es nicht zu allem und jedem sogenannte Kundenbefragungen? Was ergeben die denn beim Thema Sprachmaschinen? Vermutlich sind die Ergebnisse so katastrophal, dass sie unter Verschluss gehalten werden. Die Programmierer, die diese Monster auf die Menschheit losgelassen haben – natürlich nicht ohne Zustimmung ihrer Geschäftsleitung –, schaffen es ja nicht einmal, sie so auszustatten, dass sie deutsche Wörter oder ziemlich simple deutsche Hauptsätze überhaupt verstehen. Wie oft antwortet uns das sprachliche Unwesen in stoischer Ruhe: »Ich habe sie leider nicht verstanden.« Danach folgt das

Besetztzeichen. Der Philosoph und Unternehmensberater Reinhard Sprenger bringt das Problem auf den Punkt, wenn er sagt: »Es ist mir ein Rätsel, wie man auf die Idee kommen kann, dass Menschen, die ein Problem haben, dies gerne mit einer Maschine klären.«

Von der Behörde bis zum Touristikunternehmen, von der Versicherung bis zur Bank werden Bürgerinnen und Bürger auf rücksichtslose Weise »vercallcentert«. Es ist doch längst unmöglich geworden, seinen Bankberater noch auf direktem Weg per Durchwahl telefonisch zu erreichen. Wer eine Frage oder ein dringendes Problem hat, braucht erst einmal unendlich viel Geduld, bis er vielleicht am nächsten Tag einen Termin bekommt. Der menschliche Kontakt zum Dienstleister ist längst verloren gegangen. Die Kundenbindung, auf die es dem Unternehmen doch so sehr ankommen müsste, hat sich längst aufgelöst. Der Weg über das Callcenter kostet den Anrufer unendlich viel Zeit und endet oft im Nirwana.

Wir Kunden können von Glück reden, dass die meisten Warteschleifen inzwischen keine Telefongebühren mehr kosten, sonst wären wir schon arm. Dafür sind die Schleifen jetzt umso länger. Die Varianten der Kundenmissachtung sind beinahe unendlich. Je größer das Unternehmen, so mein Eindruck, desto mehr wird der Kundschaft zugemutet. Zwischendurch habe ich mir immer mal wieder Notizen gemacht. Auch mit Blick auf dieses Buch habe ich in einer Art masochistischem Akt darauf gewartet, bis ich zu einem Menschen meines Vertrauens durchgedrungen bin. Den Spitzenplatz hält ein bekannter Energieversorger mit einer Wartezeit von 165 Minuten. Das Warten allein war schon schlimm genug, doch die Qualen wurden während meines Selbstversuchs immer größer. Die Begleitmusik während der Wartezeit kann nur einen einzigen Grund haben: Das Maß ihrer Unerträglichkeit führt schon nach den ersten Takten unweigerlich dazu, dass der Kunde das Telefonat wutentbrannt beenden will.

Wer etwas mehr Geduld mitbringt, darf sich auf die nächste Schleife freuen. Dort teilt ihm dann eine freundliche Stimme im Sprachcomputer mit, er brauche eigentlich gar nicht mehr zu warten, bis sich am Ende der Warteschleife ein richtiger Mensch seiner erbarmt. Die verehrte Kundschaft habe nämlich die Möglichkeit, ihr Anliegen per Internet an das Unternehmen zu richten. Dies war also der zweite Versuch, den Kunden aus der Warteschleife zu werfen. Wäre ja gelacht, wenn man nicht noch eine letzte Hürde für die ganz Beharrlichen im Kundenvertreibungsprogramm eingebaut hätte. Wer kennt ihn nicht, diesen ebenso hirnlosen wie menschenverachtenden Standardsatz: »Wegen des besonders hohen Kundenaufkommens sind unsere Leitungen zurzeit leider alle besetzt. Bitte versuchen Sie es später noch einmal.« Spätestens an dieser Stelle verabschiedet sich der gutmütigste Kunde und macht sich auf die Suche nach den wenigen Unternehmen, in denen der Kunde König ist.

Es kommt nicht von ungefähr, dass das Internet voll ist mit Selbsterfahrungsberichten aus der Warteschleife. Onlineforen, in denen beredt Klage geführt wird über die Servicewüste Deutschland, schießen wie Pilze aus dem Boden. Ich frage mich, ob man in den Vorstandsetagen deutscher Dienstleister nicht zur Kenntnis nimmt, wie groß der Zorn der Kunden inzwischen geworden ist. Aus Kostengründen, dies haben die Menschen längst begriffen, wurde die Kundenfreundlichkeit einfach wegrationalisiert. Bürokraten sind wir – auch im Servicebereich. An eine Hotline rund um die Uhr wie im amerikanischen Unternehmen, 24/7, ist in Deutschland nicht im Traum zu denken. In Good old Germany lebt man auch hier den Dienst nach Vorschrift. Die Hotline bei uns ist erreichbar, wie es sich gehört, von acht bis 18 Uhr (wer pünktlich morgens um acht anruft, trifft um diese Zeit nicht immer auf einen Gesprächspartner). Das Wochenende ist bei den meisten Dienstleistern heilig, und deshalb ist die Warteschleife geschlossen.

Wie wäre es denn, den Sprachdienst länger als bis 18 Uhr offen zu halten – es muss ja nicht rund um die Uhr sein wie in den USA – aber vielleicht bis 22 Uhr? Ich kenne Kunden – ich selbst gehöre auch dazu –, die tagsüber wenig oder keine Zeit haben und froh sind, wenn sie am späteren Abend noch ihr Anliegen loswerden können. Auch könnte eine Hotline am späten Abend den Weg für die Kundschaft freimachen, da die Leitungen nicht mehr so überlastet sind wie tagsüber. Wem sage ich das eigentlich? Werden Unternehmens- und Behördenlenker nicht eigentlich dafür bezahlt, dass ihnen täglich zehn beste Ideen für ihre Kunden einfallen müssten?

Nun erlebt man ja hin und wieder Glücksmomente. Nach stundenlanger Odyssee habe ich endlich am Ende der Hotline einen kompetenten, freundlichen und hilfsbereiten Ansprechpartner gefunden. Entspannt besprechen wir gemeinsam mein Anliegen und kommen zu einer praktikablen Lösung, Doch es bedarf noch einiger Informationen, die ich nachreichen muss oder die mir vom Unternehmen (eine Versicherung) noch zugesandt werden müssen.

Womit wir beim nächsten, entscheidenden Problem angekommen sind. Gerne hätte ich den Fall mit meinem so sachkundigen Gesprächspartner zu Ende gebracht. Dies ist in diesem Land – von wenigen Ausnahmen einmal abgesehen – bedauerlicherweise nicht möglich. Es ist reiner Zufall, wer beim nächsten Mal mein Gesprächspartner sein wird. Ich habe als Kunde keine Chance, den von mir bevorzugten Partner am anderen Ende der Leitung für mich zu reservieren – Durchwahl ausgeschlossen, direkter Zugang nicht möglich.

Die Erklärung ist simpel: Das System setzt zuerst auf Kostenersparnis, erst danach auf einen glücklichen Kunden. Kosten drückt man durch Callcenter irgendwo in Deutschland, in Hamburg, Leipzig oder München, teilweise sogar im Ausland, in der Türkei oder in Indien. Dort wird der Fall bearbeitet, dorthin kann sich der Kunde wenden, von dort wird er – wenn er Glück hat – zurückgerufen. Jedes Mal geht es zurück auf Anfang. Der Kunde muss sein Anliegen noch einmal von vorne erklären, so lange bis der Servicemitarbeiter am anderen Ende die Notizen des Kollegen, der den Fall vor ihm bearbeitet hat, im E-Mail-Account gefunden hat und auf dem aktuellen Stand ist.

Ich finde, dies ist eine Enthumanisierung des Kundendienstes. Sie bedarf dringend einer Korrektur, ist sie doch ein Anschlag auf die Menschenwürde gerade älterer Frauen und Männer, die sich in dieser Welt nicht mehr zurechtfinden und sich nicht mehr ernst genommen fühlen. Gerade im Bankgeschäft kommt es auf die vielen treuen Kleinkunden an – und nicht nur auf die Milliardengewinne, die durch das Investmentbanking erzielt werden. Um sie vor allem muss sich ein Bankhaus kümmern, sie müssen sich ernst genommen fühlen, und nicht nur die wenigen Reichen, die sich auf keiner Hotline abwimmeln lassen und zu denen der Vermögensberater zu jeder Tages- und Nachtzeit nach Hause kommt, weil hohe Provisionen winken.

Ich finde es skandalös, wie sehr hierzulande die Bedürfnisse der Kunden missachtet und ihre Wünsche mit Füßen getreten werden. »Ich bin ein Kunde, holt mich hier raus« – hieß vor einigen Jahren ein *Spiegel*-Bestseller.

Kunde König – wo?

Das Wort hat es in Wikipedia geschafft! Dort steht es schwarz auf weiß: Servicewüste ist ein Schlagwort aus dem Bereich Management, das von Hermann Simon im *Spiegel* 1995 geprägt wurde... Es wird verwendet, um beispielsweise ein Land, eine Region oder einen Bereich zu beschreiben, wo generell der Dienstleistungssektor oder speziell die Aufmerksamkeit gegenüber Kunden oder Klienten schwach, schlecht oder gar nicht entwickelt ist. Der Begriff ist entsprechend negativ behaftet. Weiter heißt es in Wikipedia, Servicewüste würde sehr gerne für Deutschland verwendet. Hintergrund sei, dass viele Unternehmen nach dem Kauf eines Produktes keinerlei weitere Services anbieten oder keine Kundenwünsche berücksichtigen. Dazu könnten Reparaturen und Wartungen im Allgemeinen gezählt werden. Diese würden auch nur gegen die Entrichtung weiterer Gebühren vorgenommen – soweit Wikipedia.

Dabei betonen Politiker und Unternehmer doch bei jeder Gelegenheit, Deutschland sei auf dem Weg in die Dienstleistungsgesellschaft. Das Wort steht für einen gesellschaftlichen Strukturwandel, der sich seit einem halben Jahrhundert in den westlichen Industriestaaten beobachten lässt. Auch Deutschland ist auf dem Weg zum Dienstleisterland, tut sich mit dieser Veränderung jedoch sehr viel schwerer als andere Länder. Viele Umfragen belegen, dass die Deutschen nach wie vor unzufrieden mit der Servicequalität der Unternehmen sind.

Die Kritikpunkte der Kunden weisen stets in die gleiche Richtung: schlechter Service, mangelnde Kompetenz, fehlende Freundlichkeit. Interessant ist, dass jüngere Kunden (man könnte auch sagen Verbraucher) bis 30 sehr viel unzufriedener sind als die ältere Kundschaft. Über die Gründe lässt sich nur spekulieren, weil es noch keine belastbaren Untersuchungen zu diesem Thema gibt. Vielleicht nutzen junge Leute Dienstleistungen häufiger als ältere Menschen, vielleicht haben sie auch höhere Ansprüche.

Auch für die Servicewüste Deutschland gilt, dass sich die Verantwortlichen die Lage schönreden. Und es ergibt einfach ein irreführendes Bild, wenn man die paar Beispiele guter Kundenbetreuung ins Licht der Öffentlichkeit rückt und damit den Eindruck erweckt, die Servicewüste sei das Hirngespinst einiger durchgeknallter Berufspessimisten. Schön wäre es! Die Kunden sprechen eine andere, ziemlich gnadenlose Sprache. Sie bemängeln vor allem Unfreundlichkeit und eine wachsende Gleichgültigkeit bei ihren Ansprechpartnern im Servicebereich. Ich weiß nicht, ob der Kunde in Deutschland jemals König war – heute jedenfalls ist er es garantiert nicht mehr.

Vor einiger Zeit habe ich mich nach anfangs heftigem Widerstand dazu überreden lassen, ohne bestimmte Kaufabsicht einem großen Münchner Kaufhaus einen Besuch abzustatten. Wie einem sehr aufwendig gestalteten und anspruchsvollen Internetangebot vorher zu entnehmen war, war die Ausstellungsfläche im Kaufhaus um eine ganze Etage mit hochwertigen Lampen- und Geschirrkreationen erweitert worden. Und tatsächlich, der Augenschein vor Ort übertraf all unsere Erwartungen bei Weitem: edles Geschirr der exquisitesten Marken, ausgefallene Lampen-Formationen und hochwertige Dekorationsgegenstände versetzten die Betrachter in Entzücken und wohlgefälliges Erstaunen. Diese unerwartete Pracht erstreckte sich über viele hundert Quadratmeter.

Angesichts dieser Dimension und der unerwarteten Vielfalt des Angebotes gesellte sich bei den Besuchern zur Freude ein von Minute zu Minute wachsendes Gefühl von Überforderung und Orientierungslosigkeit. Je länger man sich durch die Fülle der Angebote bewegte, desto mehr überkam einen ein Gefühl der Vereinsamung und der Verunsicherung. Befand man sich nicht in einem Kaufhaus, in dem man etwas kaufen und daher auch beraten werden konnte? Oder aber, so der nächste Gedanke, bewegt man sich auf einer reinen Ausstellungsfläche, ähnlich einer Messehalle? Es war eigentlich nicht zu fassen. Kein Kundenberater weit und breit, der uns über die verschiedenen Produkte, die aktuelle Preissituation inklusive Rabattmöglichkeiten sowie Verfügbarkeit und Hersteller hätte informieren können. Was wir während dieses Rundgangs erlebten, spottet jeder Beschreibung. Die neu eröffnete Renommierabteilung eines Kaufhauses mit großem Namen und langer Tradition präsentierte sich als Servicewüste ohne Personal.

Verzeihung – fast ohne Personal. Nach langer und intensiver Suchaktion, die uns in fast jeden Winkel dieser Prachtetage führte, entdeckten wir dann doch noch eine Mitarbeiterin, kaum sichtbar, versteckt hinter einem riesigen Schreibtisch und einer ebensolchen Lampe. Unsere Erwartungen, die Dame würde vielleicht auf uns zukommen und nach unseren Wünschen fragen, wurden enttäuscht. Neue Kundschaft zu gewinnen, wurde offensichtlich nicht als oberste Priorität betrachtet. Im Gegenteil: Deutlich sichtbar vermied sie jeden Blickkontakt und erweckte damit unmissverständlich den Eindruck, sie wolle auf keinen Fall gestört werden. Daraus lässt sich nur der Schluss ziehen, dass diese Mitarbeiterin genauso fehl am Platze war wie der Geschäftsführer des Kaufhauses auch. Bei dieser Gelegenheit kam mir wieder der Buchtitel in den Sinn: »Ich bin ein Kunde, holt mich hier raus!«

Hierher passt auch die resignierende Bemerkung eines Rückkehrers aus Amerika in einem der vielen Onlineforen: »Traurig musste ich feststellen, dass es noch immer kaum

Oasen in der Servicewüste Deutschland gibt.« Dieser Satz bestätigt meine Beobachtung, dass Kundenferne in unserem Land ein weitverbreitetes und weiter um sich greifendes Phänomen ist – und Kundennähe die Ausnahme. Wer diesen Missstand kritisiert, leidet nicht unter selektiver Wahrnehmungsfähigkeit, sondern bringt nur zum Ausdruck, dass die Gesundbeter der Nation ein falsches Bild zeichnen.

Das soll jedoch nicht heißen, dass es nicht auch überzeugende Gegenbeispiele ausgesuchter Kundenfreundlichkeit gibt. In solchen Fällen lasse ich mir den Namen des Mitarbeiters geben, um diesen dann mit einem ausdrücklichen Lob an die Geschäftsleitung weiterzugeben. Leider sind es noch immer viel zu wenige, die man weiterempfehlen kann.

Gastfreundschaft

Die Servicewüste Deutschland erstreckt sich in besonderer Weise auf Hotels und Restaurants. Die Lage dort ist besonders prekär. Der Dienst am Kunden, also am Gast, ist ein Fremdwort geworden. Dabei geht es in diesem Bereich um etwas, das die Bezeichnung groß und edel verdient – um Gastfreundschaft. Sie ist so selten geworden, dass wir gar nicht mehr so richtig wissen, was das ist. Wenn wir uns kundig machen, dann lesen wir: Gastfreundschaft ist die freundliche Gesinnung, die einem Besucher von seinem Gastfreund bei einer Beherbergung und Bewirtung entgegengebracht wird. Es geht also um eine freundschaftliche Beziehung zwischen Gastgeber und Gast.

Davon kann in einer wachsenden Zahl von Gast- und Beherbergungsstätten nicht mehr die Rede sein. Es muss ja nicht gleich Freundschaft sein, Respekt würde schon genügen – und daran mangelt es. Wer in einem Hotel übernachtet oder in einem Restaurant speist, bezahlt dafür meist teures Geld, zumal mit der Schließung und Wiedereröffnung vieler Häuser während der Coronazeit die Preise spürbar erhöht wurden. Dies ist auch an sich gar nicht zu kritisieren, weil in vielen Fällen Gastronomen und Hoteliers ihr Überleben nur über den Preis der Produkte sichern konnten.

Die Situation im Hotel- und Gastronomiebereich gilt seit vielen Jahren als prekär. Der Personalmangel ist ein Dauerproblem der Branche. Die Lage hat sich durch die Pandemie weiter zugespitzt. Viele Betriebe sind nur mehr mit Mühe aufrechtzuerhalten, andere müssen schließen. Der Personalengpass zwingt Pächter oder Besitzer, immer öfter Zwangspausen einzulegen. Köche und Kellner sind in der Zeit, in der ihre Arbeitgeber sich zur Schließung entschlossen hatten, in ihre Heimat zurückgekehrt, viele nach Italien oder nach Kroatien. Dort haben sie ihr Leben neu organisiert und sind geblieben. Die so entstandene Personallücke ist auf Dauer nicht zu schließen, sagen mir die Chefs bekannter Restaurants mit hervorragenden Ruf. Wie soll es dann erst den anderen gehen? Neue Mitarbeiter für den Servicebereich sind nicht mehr zu gewinnen. Preis und Gegenleistung passen nicht mehr zusammen.

Es ist ein Teufelskreis: Unqualifiziertes Personal, hohe Preise, unzufriedene Kunden, die ihre Erlebnisse anschließend in wütenden Interneteinträgen zum Ausdruck bringen. Vieles mag der Ausnahmesituation durch Corona geschuldet sein, jedoch nicht alles. Man fragt sich kopfschüttelnd, welches Management an der Spitze selbst großer Hotelketten stehen muss, wenn der Gast nach mehreren Jahren feststellen muss, dass keiner der Schäden, auf die er während seines letzten Besuches vor mehreren Jahren aufmerksam gemacht hatte, in der Zwischenzeit behoben wurde. Dafür gibt es keine Entschuldigung, jedoch eine Erklärung: Es ist eine Frage der Haltung, besser gesagt der Un-Haltung. Auch hier zeigt sich mangelnde Sorgfalt ohne Verantwortungsgefühl gegenüber dem Kunden.

Der Mensch ist es

Was zeigen uns diese Beispiele? Auf den Menschen kommt es an! 70 Prozent der Kaufentscheidungen hängen laut einer McKinsey-Studie davon ab, ob sich der Kunde gut behandelt fühlt oder nicht. In Zukunft wird es mehr denn je darauf ankommen, welche Rolle der Mensch in den Arbeitsprozessen der digitalisierten Welt einnehmen wird. Dabei sollten sich die Fortschrittspessimisten keiner falschen Hoffnung hingeben: Alles was automatisierbar ist, wird auch automatisiert werden. Maschinen werden Prozesse weiter optimieren, was sie ja längst tun. Eine Kombination aus künstlicher Intelligenz, Cloud Computing und 5G-Mobilfunk wird den Menschen anspruchsvolle Einkaufserlebnisse ermöglichen. Produkte und Dienstleistungen werden sich – daran besteht kein Zweifel – immer weiter ins Netz verlagern. Eine noch nie dagewesene und unvorstellbare Flut von Daten wird eine immer genauere Ortung der Kundenwünsche ermöglichen.

Doch ein noch so ausgeklügeltes digitales Angebot ersetzt niemals den persönlichen Augenschein vor Ort. Man kann es auf den einfachen Nenner bringen: Im Internet holt sich der Kunde Appetit, gegessen wird im persönlichen Kontakt mit dem Verkäufer oder Berater vor Ort (wenn denn einer zu finden ist). Die Optimierung von Prozessen durch Zukunftsmaschinen kann immer nur zusammen mit den Menschen geschehen. Erfolg ist nur programmiert, wenn der Mensch das entscheidende und vor allem das letzte Wort hat. Es darf nie so weit kommen, dass in der täglichen Welt nur mehr eine »kalte Loyalität« zwischen Kunden und Service existiert.

Es mehren sich bereits jetzt die Stimmen aus der Wirtschaft, die vor digitaler Euphorie in der Welt der Dienstleistungen warnen. Es sei höchst problematisch, wenn Kunden nur mehr nach der Logik der Algorithmen bedient werden. Mitsuru Kawai, langjähriger Vizepräsident von Toyota, sagt: »Nur Menschen können Prozesse verbessern. Darum sollten sie immer im Mittelpunkt stehen.« Die Publizistin Mirjam Meckel glaubt: »Maschinen schaffen Ordnung, für die bisher Menschen zuständig waren. Drehen wir das Ganze doch einmal um und fragen: Können wir den Maschinen, die unseren Lebensalltag regeln sollen, nicht mehr humane Intelligenz einpflanzen?« Jerry Kaplan, Professor an der Stanford University, setzt ebenfalls auf die Dimension Mensch: »In Zukunft werden vor allem Fähigkeiten wichtig und wertvoll sein, die menschliche Interaktion beinhalten: die Fähigkeit, Menschen zu überzeugen, einen Zugang zu ihnen zu finden oder ganz einfach so nett zu sein, dass man uns mag.«

Genau das ist für mich der Schlüsselsatz in der Diskussion um die Servicewüste Deutschland. Dienst am Kunden, den Bedürfnissen der Menschen zu dienen bedeutet, einen Zugang zu ihnen zu finden, eine Verbindung zu den Menschen herzustellen und Nähe zu schaffen. Diese Fähigkeit ist jedoch verkümmert – wenn sie denn überhaupt jemals voll entwickelt war. Sich in den Dienst einer Sache zu stellen, wird nicht selten als Zumutung empfunden. Der Begriff Dienstleistung wird noch immer geringgeschätzt. Über Dienstleister rümpft man die Nase, wenn sie nicht die Dimension eines Giganten wie SAP haben.

In der Warteschleife 2

Im Nachhinein wundere ich mich schon über meine Geduld und Leidensfähigkeit. Die Geschichte, die ich zu erzählen habe, habe ich nicht erfunden, obwohl man es glauben könnte. Mein Erlebnis in der Servicewüste Deutschland ist nicht gut ausgedacht, sondern bizarre Realität. Ich schildere es deshalb so ausführlich, weil es die verschiedenen Stadien des Versagens von Unternehmen im Umgang mit dem Kunden zeigt.

In meinem Fall handelt es sich nicht um ein kleines Unternehmen, sondern um einen ebenso großen wie bekannten Möbelkonzern – oder sagen wir Möbelhaus. Es ist eben etwas völlig anderes, ob man Serviceversagen tausendfach den Schilderungen enttäuschter Kunden in zahlreichen Internetforen entnehmen kann oder ob man diesen offensichtlich ganz normal gewordenen Wahnsinn selbst erlebt hat. Doch der Reihe nach.

Es ging um eine ziemlich banale Angelegenheit: Die Sitzfläche eines Küchenhockers war gebrochen und konnte nicht mehr benutzt werden. Was ist das Nächstliegende? Man bemüht sich dort um Ersatz, wo man den Gegenstand erworben hat – im Möbelhaus. Also schrieb ich weihnachtlich gestimmt und auf eine schnelle Lösung hoffend am 15. Dezember 2020 eine Mail, in der ich mein Anliegen vortrug und höflich darum bat, die Sitzfläche auszutauschen. Noch am selben Tag (ich war erfreut über die schnelle Reaktion) erhielt ich von einem Kundendienstmitarbeiter die Antwort, ich möge doch Fotos vom Schaden machen und ihm diese zusenden. Ich tat also, wie von mir verlangt, und verschickte die Schadensfotos per E-Mail. Einen Tag vor Heiligabend war ich kurzfristig allerdings nicht mehr in Weihnachtsstimmung, als ich von einer weiteren Kundendienstmitarbeiterin eine Mail folgenden Wortlauts erhielt:

»Diese Bilder wurden uns bereits bei der ersten Beanstandung zugeschickt, gab es erneut eine Beanstandung? Dann bitte ich um aktuelles Bildmaterial.« Inzwischen schrieben wir bereits das Jahr 2021 und der Riss im Hocker war so lang und so tief geworden, dass ein großes Stück der Sitzfläche abgebrochen war. Dies teilte ich dem Kundendienst des Möbelhauses pflichtgemäß mit – am 28. Januar 2021. Einen Tag später schaltet sich eine andere Mitarbeiterin ein. Sie fängt zu meiner besonderen Freude noch einmal ganz von vorne an, und das heißt: Sie möchte alles noch einmal zugeschickt bekommen, was ihre Kollegen schon längst in Händen haben, Kaufvertragsnummer, Bilder vom Schaden und überhaupt: »Sagen Sie uns, um was es geht.«

Jetzt bin ich doch einigermaßen sprachlos. Liegt das alles nicht schon längst vor? Aber offensichtlich weiß der eine nichts vom anderen. Um die Informationslücke der Dame zu schließen, sende ich am selben Tag noch einmal Auftragsnummer und -datum. Die Antwort kommt prompt wenige Minuten später, verbunden mit dem Eingeständnis, dass man leider die Bilder vom Küchenhocker nicht mehr finde, ich möge sie doch bitte noch einmal senden. Zu diesem Zeitpunkt trug ich noch immer Verständnis und Langmut in mir und brachte ohne Murren ein weiteres Mal die Fotos auf den Weg. Ich hatte mich zu früh gefreut.

Am späten Nachmittag erreichte mich eine weitere Mail (originaler Wortlaut): »Danke für die Bilder. Leider finde ich die Kaufvertragsnummer nicht mehr. Die Bilder habe ich abgespeichert, bitte noch mal senden, dann kann ich es mir anschauen und eine Lösung finden. Vielleicht die Nummer im Betreff einfügen.« Eine Lösung finden – das stimmt einen ja erst einmal optimistisch. Doch statt einer Lösung erlebte ich erst einmal die absolute Funkstille des Kundendienstes. Am 9. und 12. Februar, 1. März und 1. April 2021 reklamierte ich den Vorgang und schrieb per Mail: »Sollte ich bis 7. April keine Antwort haben, werde ich ihre Geschäftsleitung über diesen miserablen Service unterrichten.«

Darauf folgte eine automatische Antwort. Mit einem Text, der eigentlich zur Entlassung des gesamten Vorstands hätte führen müssen: »Bitte antworten Sie nicht auf diese E-Mail, da über diese E-Mail-Adresse keine Kundenanfragen beantwortet werden können. Nutzen Sie bitte unser Kontaktformular unter ...« Am 30. April schrieb ich eine weitere Mail, man möge jetzt endlich eine neue Sitzfläche bestellen. Drei Tage später die Antwort, man könne die gewünschte Sitzfläche bestellen. Preis 81,90 Euro.

Mein Gott, was soll das? Ich zweifle doch nicht daran, dass man in einem Möbelhaus dieser Größenordnung einen so läppischen Auftrag ausführen kann! Warum schreibt man mir das alles, als handele es sich um einen ungeheuren Vorgang. Daher antworte ich noch am selben Tag ausreichend ungehalten, man möge jetzt endlich die Bestellung vornehmen. Am 7. Mai ist das Teil dann auch wirklich bestellt worden, verbunden mit dem Hinweis, 50 Prozent Anzahlung zu leisten. Mir ist inzwischen alles recht, Hauptsache, ich kann endlich wieder auf meinem Küchenhocker sitzen.

Doch so weit sind wir noch lange nicht. Am 8. Juni beginnen die Damen und Herren im großen Möbelhaus mit dem Programm zur gezielten Vertreibung ihrer Kundschaft. Wie aus heiterem Himmel erreicht uns auf einmal die Mail eines weiteren Kundendienstmitarbeiters mit dem Hinweis, unser Reklamationsauftrag sei storniert worden, weil die geforderte Anzahlung nicht geleistet worden sei. Die Stornierung sei selbstverständlich kostenfrei, erfahren wir in der Mail, und dann der Satz, der dem Fass endgültig den Boden ausschlägt: »Der Auftrag ist hiermit storniert. Sollten Sie dennoch die Bestellung aufgeben wollen, bitte ich sie, ins Verkaufshaus zu kommen.«

Mir stockt der Atem. Bei steigendem Blutdruck antworte ich, dass die Anzahlung längst erfolgt sei und lege den Überweisungsbeleg bei. Ich spreche jetzt (warum erst jetzt?) von höchster Unprofessionalität und wurstiger Kundenferne, die wir nun seit mehr als einem halben Jahr im Umgang mit dem Möbelhaus erleben mussten. Am Ende der Nachricht bestehe ich auf einem verbindlichen Liefertermin.

Wenige Stunden später trifft die Entschuldigung einer weiteren Mitarbeiterin aus der Kundendienstabteilung ein. Diese überschnitt sich mit einer weiteren Mahnung, obwohl die Anzahlung längst geleistet war und man sich für die erste Mahnung bereits entschuldigt hatte. Am 15. Juni 2021 kommt endlich Ordnung in die Angelegenheit, doch auf eine durchaus gewöhnungsbedürftige Weise: »Ihr Geld wurde letzte Woche dem Auftrag zugeordnet. Ihre Ware wurde letzte Woche bestellt und nach Rücksprache mit unserem Lieferanten wird diese circa Mitte Juli bei uns eintreffen. Wir haben bereits nachgehakt, eine schnellere Lieferung ist leider nicht möglich.«

Nun mag das ja so sein und es mag Gründe für die Verzögerung geben, doch dann sollte man diese seinen Kunden mitteilen. Kommunikation und Transparenz sind das Fundament im Umgang mit der Kundschaft. Ende Juni dann die nächste Überraschung: Die Sitzfläche stehe im Möbelhaus zur Abholung bereit. Na sowas! Soll ich die Montage vielleicht selbst übernehmen? Ich bitte also um Vereinbarung eines Liefer- und Montagetermins, wie ich das im zurückliegenden halben Jahr bereits mehrmals getan hatte. In der ersten Augusthälfte mache ich weitere drei Mal auf mein Anliegen aufmerksam.

Am 17. August 2021 fühlt sich die Kundenabwehrabteilung des Möbelhauses bemüßigt, wieder Kontakt mit mir aufzunehmen, um mitzuteilen, dass Lieferung und Montage möglich seien – zu einem Aufpreis von 98 Euro. Inzwischen lagen meine Nerven schon so blank, dass ich mich um diese Kosten nicht auch noch streiten wollte. Man werde sich jedenfalls rechtzeitig wegen der Lieferung und der Montage melden, so das Versprechen. Für den 2. September wurde dann tatsächlich ein Termin vereinbart.

Es hätte ja wirklich funktionieren können. Es hätte! Gegen 8.30 Uhr morgens meldet sich ein Mitarbeiter des Hauses. Es tue ihm sehr leid, aber der Monteur habe beim Auspacken der Ware festgestellt, dass sich ein völlig anderer Gegenstand in der Verpackung befand – nur nicht meine heiß ersehnte Sitzfläche für den Hocker. Ich müsse mit vier Wochen Wartezeit rechnen, bis die richtige, für uns bestimmte Ware angeliefert sei. Nach meiner abermaligen (die wievielte eigentlich?) Beschwerde erhielt ich eine Entschuldigungsmail, deren Wortlaut ich Ihnen, liebe Leser, nicht vorenthalten will:

»Für die Unannehmlichkeiten möchte ich mich entschuldigen! Leider kann ich Ihnen auch nicht sagen, was hier genau vorgefallen ist – dies läuft alles über unser Außenlager. Ich habe bereits den Kundendienstleiter diesbezüglich informiert. Sollte ich eine Rückmeldung erhalten, werde ich Sie direkt kontaktieren – oder es meldet sich ein Kundendienstmitarbeiter bei Ihnen«.

Das war's. Kein Mensch hat sich je bei mir gemeldet. Ist auch kein Wunder, schließlich geht es in diesem Möbelhaus nicht darum, Kunden zu gewinnen, sondern zu vertreiben. Am 20. September 2021 fiel der Vorhang in diesem Drama. Die Montage des Sitzes war eine Sache von fünf Minuten, eine Kleinigkeit. Von der ersten Reklamation bis zur Montage hatte es neun Monate gedauert. Mehr als 50 E-Mails

wurden geschrieben, eine unbekannte Zahl von Arbeits-
stunden ohne Sinn und Verstand eingesetzt. Der Kunde
wurde so nachhaltig verärgert, dass er diesem Möbelhaus
für immer den Rücken gekehrt hat. Was lernen wir aus diesem – zugegebenermaßen – drastischen Beispiel?

In der Servicewüste Deutschland gibt es kein Zeichen
der Hoffnung am Horizont. Und Kompetenz, Transparenz,
Empathie, Leidenschaft und Freude, für andere da zu sein
und Dienste zu leisten, sind in der deutschen Wüste ver-
trocknet.

BEDROHTE DEMOKRATIE

Demokratie muss sich bewähren
in Zeiten der Herausforderung
und der Bedrängnis, sie erfordert
Mut und Stehvermögen.

Helmut Kohl

Das Dilemma
der Politik

Was kommt an?

Die gestalterische Kraft der Politik hat mit Blick auf die zurückliegenden 50 Jahre in Deutschland stetig abgenommen. Ihr Maßstab hat sich auf gefährliche, das Land und seine Bürger vernachlässigende Weise verändert: Wichtig ist nur noch, was ankommt, längst nicht mehr, worauf es ankommt. Oberstes Arbeitsprinzip im Politikbetrieb – und dieser Befund ist unabhängig von der Parteifarbe – ist es, Zeit zu gewinnen, bis zur nächsten Wahl oder bis zur Pensionsgrenze.

Die große Mehrheit unserer Politikerinnen und Politiker hat verlernt oder nie gelernt, mit Fantasie zu gestalten. Stattdessen wird verwaltet und verteilt – und wir Bürger werden dabei für dumm verkauft. Linke Tasche, rechte Tasche – das Prinzip ist so alt wie die Bundesrepublik, aber so schamlos wie heute wurde es noch nie angewandt. Es gibt nur noch wenige Politiker, die mit der notwendigen Deutlichkeit darauf hinweisen, dass die hemmungslose Sozialpolitik der vergangenen Jahre so schnell wie möglich beendet werden muss. Zu ihnen gehören die CDU-Politiker Friedrich Merz und Carsten Linnemann. Man kann nur hoffen, dass sich ihre Stimmen auch in der Opposition genügend Gehör verschaffen können, um den Kurs der fortschreitenden Verstaatlichung fast aller Bundesregierungen – mit Ausnahme Ludwig Erhards und Gerhard Schröders – zu stoppen oder zumindest nachhaltig zu korrigieren. Man wird sehen, ob es der FDP gelingt, in der Ampelkoalition während der nächsten vier Jahre mäßigend auf die Partner SPD und Grüne einzuwirken.

Die Mitglieder unserer politischen Klasse sind zu feige, es auszusprechen, obwohl sie die Fakten natürlich kennen. Gerade weil sie sie kennen, schweigen sie und lügen weiter, wider besseres Wissen. Die alarmierende Wahrheit nämlich heißt: Knapp ein Drittel geben die öffentlichen Haushalte für Soziales aus, nur rund fünf Prozent gehen in die Bildung. Eine solche Politik ist verantwortungslos und beschleunigt Deutschlands Abstieg in die Zukunftsunfähigkeit. Wer den Geschenkkorb immer wieder mit vermeintlich sozialen Wohltaten füllt, plündert die Staatskasse auf Kosten der Allgemeinheit und sorgt dafür, dass das Geld für Innovationen, Digitalisierung und Bildung fehlt. Diese Ungleichung gehört dringend korrigiert. Wie schwer, ja beinahe unmöglich das ist, wissen wir doch alle. Soziale Versprechen sichern die besten Chancen am Wahltag! Deshalb auch drängen sich auf diesem Politikfeld die politisch Handelnden aller Parteien am dichtesten – und tun so, als gäbe es noch immer etwas zu verteilen: ganz vorne die Linken und die SPD, gefolgt von den Grünen und der Union.

Das Geld, die Mittel und ihre Verteilung sind das eine. Doch zuvor braucht es eine Idee, und die fehlt. Die letzte große Idee, an die ich mich erinnere, war Gerhard Schröders Agenda 2010. Sie hat dem Land einen Schub gegeben und den Kanzler das Amt gekostet. Das nenne ich mutiges politisches Handeln, das sich von Notwendigkeiten leiten lässt und nicht vom nächsten Wahltermin. Schröders Beispiel ist noch heute die Ausnahme im politischen Betrieb.

Für die Linken in der SPD war Schröders Politik Verrat an den sozialdemokratischen Wurzeln. Daher waren sie froh, als er die Wahl verlor und sie ihn endlich los waren. Auch Angela Merkel konnte sich glücklich schätzen, profitierte sie doch eine ganze Reihe von Jahren von der Politik ihres Vorgängers, zu der sie niemals den Mut gehabt hätte. Inzwischen ist Schröders Agenda 2010 von den Genossen mit Muttis Hilfe so weit abgeschliffen worden, dass von ihr so gut wie nichts mehr sichtbar ist.

Während sich also Deutschland in einem blamablen Konsensakt zwischen den Regierungsparteien und der Opposition von der einzigen Reform der letzten Jahre verabschiedet hatte, die diesen Namen verdient, konnte sich der Ex-Kanzler jahrelang vor Einladungen in die ganze Welt nicht retten, wo Staatschefs, Parteibosse und Wirtschaftsführer von ihm wissen wollen, wie ein solcher Plan bei ihnen funktionieren könne.

Dieses Beispiel zeigt ein weiteres Dilemma deutscher Politik. Merkel war nie wirklich an Wirtschaft und den Frauen und Männern an ihrer Spitze interessiert. Dies mag mit ihrer Biografie zu tun haben oder mit einer Überlegung, dass sich auf dieser Seite keine Wahlen gewinnen lassen. Natürlich war sie klug genug, alles in allem keine Kontraposition zu den Vertretern der Wirtschaft oder den Chefs der Unternehmen einzunehmen. Aber von einer Haltung pro Wirtschaft konnte bei ihr auch niemals die Rede sein. Hierin unterschied sie sich im Übrigen kaum von Helmut Kohl, der zwar einige enge Freundschaften zu ihm vielleicht wesensverwandten Wirtschaftsgrößen wie dem Filmmogul Leo Kirch und dem Bauunternehmer Josef Schörghuber unterhielt, aber ansonsten auch herzlich wenig an Fragen der Wirtschaft interessiert war. Dafür war er Historiker, was auch nicht zum Schaden unseres Landes war.

\ Ist es nicht denkbar, dass zwei zusammen über drei Jahrzehnte während Kanzlerschaften, geprägt von einer gewissen Gleichgültigkeit gegenüber wirtschaftlichen Fragen, mit eine Ursache für die heute desolate Lage Deutschlands sind? Geht es nicht darum, sich in schwierigen Zeiten von den Vertretern der Politik verstanden zu fühlen – und muss das nicht auch für die Wirtschaft gelten?

Geld unter die Leute zu werfen, ist keine politische Strategie, sondern bedenkenlose Ersatzhandlung mangels Ideen, Kraft, Leidenschaft, Mut und Durchsetzungskraft. Eigenschaften, die dort keinen Platz haben, wo allenfalls Mittelmäßigkeit herrscht.

Man ist kein Alarmist, wenn man feststellt: Auch die politischen Köpfe der Ampelkoalition werden – von wenigen Ausnahmen abgesehen – angesichts der riesigen Herausforderungen, vor denen Deutschland steht, an ihre Grenzen stoßen. Belén Garijo, die CEO von Merck, hat einmal auf die Wirtschaft bezogen gesagt: »Auch bei Sonnenschein muss ich mich auf Regen vorbereiten. Wir dürfen auf keinen Fall selbstgefällig werden.« Auf die politischen Entscheider in Deutschland übertragen heißt das, sie waren nicht willens und nicht in der Lage, sich auf den Regen vorzubereiten, weil sie von zu vielen Sonnentagen in der Vergangenheit träge geworden waren. Der Wahlkampf des Jahres 2021 war der schlimmste, den ich in Erinnerung habe: mutlos, ideenlos, leidenschaftslos, kopflos und mit Ausnahme des Themas Klima, auf das sich alle in einem Anfall von Verzweiflung stürzten, auch inhaltslos. Es ist schon erstaunlich, dass und warum dieser ziemlich erbärmliche Wahlkampf in den deutschen Medien so abgebildet wurde, als sei dies das normalste der Welt gewesen.

Wer will heute noch Politiker werden? In meinem Bekanntenkreis kenne ich niemanden, der in ein Parlament
möchte. Das ist auch verständlich. Das Image dieses Berufes wird immer schlechter. Viele Themen sind längst zu
komplex, als dass der einzelne Abgeordnete sie noch durch-
schauen und damit zu einer seriösen Problemlösung beitragen könnte. Wer seine Tätigkeit ernst nimmt, hat einen
kräftezehrenden und zeitaufwendigen Job. Wer pointierte
Positionen vertritt, läuft Gefahr, sofort einen Shitstorm
in den sozialen Netzwerken zu ernten. Je länger man sich
in der Politik aufhält, desto schwieriger wird der Wiedereinstieg in den ursprünglich erlernten Beruf – wenn man
denn einen erlernt hat. Diese ungute Situation wird dem
deutschen Politikbetrieb bald schwer zu schaffen machen.
Die Schwächen des Systems sind offenkundig und haben
ein Ausmaß erreicht, dass immer weniger Nachwuchs zu
finden sein wird. Wer könnte das nicht verstehen – wenn
sich nicht bald etwas ändert?

Merkels Fehler

Der Nachfolger weist brüsk von sich, dass Deutschland in
der Pandemie zu einem gespaltenen Land geworden sei.
Damit verneint Olaf Scholz auch entschieden, dass seine
Vorgängerin für die Spaltung des Landes verantwortlich
ist. Diese Haltung des heutigen Kanzlers liegt auch sehr
nahe. Schließlich war Olaf Scholz Merkels Stellvertreter
und hätte oder hat damit seinen Teil Verantwortung der
deutschen Spaltung gehabt. Doch darum geht es hier nicht.
Gespalten sind die Deutschen in anderer Hinsicht,
wenn sie nämlich auf die sechzehn Regierungsjahre von
Angela Merkel zurückblicken. Von den einen wurde eine
regelrechte Jubelarie auf sie und ihre Amtszeit gesungen,

von den anderen wurde sie geradezu gehasst. Die einen waren voll des Lobes für ihre Flüchtlingspolitik, die anderen sahen darin ihren größten Fehler. Solche Einschätzungen sind emotional und selten an der Sache orientiert. Deshalb ist ihr Aussagewert begrenzt. Merkels Ruf war jedenfalls im Ausland auffallend besser als zu Hause. Neben solchen Einschätzungen finden sich in der Ära Merkel einige unumstößliche Fakten, aus denen sich manches für den Politikbetrieb lernen lässt.

So ist die Amtszeit der Kanzlerin ein anschauliches Beispiel dafür, dass eine Regierungszeit von 16 Jahren einfach viel zu lang ist. Ihre letzte Wahlperiode von 2017 bis 2021 war bereits zu Beginn von spürbaren und sichtbaren Ermüdungserscheinungen begleitet. Damit einherging die offensichtliche psychische und physische Anstrengung einer Kanzlerin, die immer mehr den Eindruck erweckte, froh zu sein, dass das Ende ihrer so elend langen Regierungsstrecke in Sichtweite kam.

Das Ergebnis dieser Erfahrung kann nur sein, die Regierungszeit des Bundeskanzlers möglichst schnell auf acht Jahre zu begrenzen. Bereits nach der ebenfalls 16-jährigen Amtszeit Helmut Kohls war diese Frage diskutiert worden. Deutschland befände sich mit einer Begrenzung der Amtszeit in guter Gesellschaft mit anderen Demokratien in der Welt, nicht zuletzt mit den USA, deren Präsidenten nur acht Jahre im Amt bleiben dürfen. Der Politikwissenschaftler Wolfgang Merkel macht sich für eine Neuregelung der Regierungszeiten deutscher Kanzler mit der schönen Bemerkung stark, man brauche »keine demokratischen Ersatzkönige im Kanzleramt«.

Merkels Regierungszeit offenbarte eine weitere Schwäche, die in der Methode ihres Regierens lag. Es geht um nicht mehr und nicht weniger als um die richtige, angemessene Nutzung der Instrumente, die die Demokratie bereithält. Die Kanzlerin hat es sich zur Gewohnheit gemacht, in schwierigen Zeiten ein wesentliches Element unserer freiheitlichen Grundordnung, das Parlament, immer weniger zu beachten. Merkel pflegte den präsidialen Regierungsstil, der keinen Raum mehr ließ für die Beteiligung der Vertreter des Volkes. Diese Machtkonzentration der Bundeskanzlerin an den Abgeordneten vorbei war vor allem bei zwei höchst komplexen Entscheidungsfeldern auffällig: während der Finanzkrise und der Pandemie. Beide Male wurde sehr schnell klar: Durchregieren und Vorbeiregieren am Parlament sind zum Schaden des Landes – auch wenn es gute Gründe gegeben haben mag, angesichts des hohen Entscheidungsdrucks diese Regierungsmethode zu wählen.

Mit dieser Unart muss schleunigst Schluss sein. Manches spricht dafür, dass man das in der Ampelkoalition begriffen hat. Der Kanzler jedenfalls sollte verwirklichen, was auch er in der Großen Koalition an der Seite der Bundeskanzlerin unterlassen hatte, nämlich eine stärkere Einbeziehung der Abgeordneten in wichtige Entscheidungen. Künftig sollte vor jeder Entscheidung der Streit der Parlamentarier im Deutschen Bundestag stehen. Die Impfpflicht ist das erste Beispiel von Relevanz, das dem Parlament ein neues, über Jahre nicht mehr gekanntes Gewicht verliehen hat.

Eine weitere Lehre, die man aus 16 Jahren Merkel ziehen kann, ist eher parteipolitischer Art und zeigt dem erstaunten Beobachter, wie die Kanzlerin die CDU und die Union insgesamt zu einem Spielball das Machterhalts um jeden Preis gemacht hat. Man darf es wohl so sagen: Die Christdemokraten standen unter und mit Merkel für alles und gleichzeitig für nichts. Welche Position die CDU gerade einnahm, war eine Entscheidung, die von Tag zu Tag mit höchster Flexibilität und oberster Priorität neu justiert wurde. Die Meisterin der Macht perfektionierte ihre Partei zum Kanzlerwahlverein, zum Verschiebebahnhof, auf dem es einmal nach links ging, ein anderes Mal nach rechts und dann wieder in die Mitte nach dem Motto: »Wie es euch gefällt.« Mit Shakespeare hat Merkel Wahlen gewonnen – wohl wahr. Zu viel Shakespeare führte dann ins Unglück, weil die Menschen nicht mehr wussten, wofür die Union stand.

Es wird spannend sein zu beobachten, ob es Friedrich Merz und den Neuen in der CDU gelingen wird, nach den Jahren der Beliebigkeit in der neuen Wahlperiode eine Partei zu regenerieren, die für etwas steht, die ein Profil entwickelt und wieder in den Zustand einer Volkspartei versetzt werden kann, die diesen Namen in Quantität und Qualität auch wirklich verdient. Diese Fehlentwicklung hat nicht nur die CDU, sondern im Laufe der Jahre praktisch alle Parteien befallen. Sie hat sich zu einer regelrechten Parteienkrankheit entwickelt. Der Befund besagt, dass sich die Parteipolitiker immer weiter von ihren Programmen und Überzeugungen entfernen und mit ständig wechselnden Angeboten einem Publikumsgeschmack zu folgen bereit sind, der ständig etwas Neues ausprobieren will. Wähler können dann nur mehr ahnen, was in den Regalen der einzelnen Parteien gerade zu finden ist. Wenn aber die Angebote kein Profil haben und stattdessen im Ungefähren bleiben, lässt auch die Bindungskraft der Partei nach. Die CDU hat ihren Tiefpunkt erreicht und es liegt jetzt an Merz und seinem Team, den Niedergang der Partei aufzuhalten.

Immer mehr Abgeordnete

Es ist doch nach jeder Wahl das gleiche Bild. Im Berliner Parlament wird geschraubt, gehämmert und umgestuhlt, weil es wieder mehr Abgeordnete sind als vier Jahre vorher. Das System der permanenten Ausdehnung parlamentarischer Präsenz funktioniert seit Jahrzehnten als geschlossenes System, dessen Teilnehmer jeden Ansatz von Selbstkritik vermissen lassen, um ihr eigenes Sitzfleisch zu retten.

Immer wieder wurden Anläufe genommen, diesen absurden Zustand eines aus allen Nähten platzenden Parlaments zu beenden. Immer wieder waren diese Versuche zum Scheitern verurteilt. Zwei Bundestagspräsidenten haben vergeblich versucht, diesen Missstand zu beenden und eine Reform des Wahlrechts hinzubekommen, die verhindert, dass das Parlament nicht nach jeder Wahl noch größer wird.

Bei der Wahl 2017 kamen 78 Abgeordnete dazu. Dadurch wuchs der Deutsche Bundestag in Berlin auf 709 Volksvertreter. Nun muss man erst einmal verstehen, wie es zu diesem Dilemma kommt. Dazu bedarf es einer Minute Staatskunde. Deutschland ist in 299 fast gleich große Wahlkreise aufgeteilt. Aus ihnen werden die direkt gewählten Abgeordneten in den Bundestag entsandt. Dies geschieht mit den Erststimmen. Wichtiger für die Stärke der Parteien im Bundestag sind freilich die Zweitstimmen. Dafür stellen die Parteien in allen Bundesländern Kandidatenlisten auf. Über diese Ergebnisse der Zweitstimmen werden noch einmal 299 Mandate besetzt, also insgesamt 598 Abgeordnete. Nun fragen Sie zu Recht: Warum sitzen dann deutlich mehr als die vorgesehenen 598 Abgeordneten im Bundestag? An dieser Stelle kommt der ebenso unschöne wie erklärungsbedürftige Begriff des Überhangmandats ins Spiel. Der Überhang entsteht, wenn eine Partei in einem Bundesland mehr Direktmandate gewinnt, als ihr nach den Zweitstimmen zustehen.

Dies gab es auch schon bei der ersten Bundestagswahl 1949. Die Zahl der Abgeordneten ist jedoch seit der Wiedervereinigung immer weiter gestiegen. Und jetzt ist zu erklären, wie es kommt, dass der neue deutsche Bundestag mit 736 Sitzen abermals mit einer Rekordzahl von Abgeordneten gesegnet ist. Schuld daran ist in diesem Fall die CSU. Sie fuhr elf Überhangmandate ein, drei davon werden nach einem Wahlrechtsreförmchen nicht mehr angerechnet, bleiben also acht. Das klingt nicht nach viel, hat aber beachtliche Wirkung. Da Überhangmandate das Bild der Sitze im Parlament verzerren – in diesem Fall zu Gunsten der CSU – greifen Ausgleichsmechanismen, die für Gerechtigkeit unter den Parteien sorgen sollen. Oft können Überhangmandate einer Partei in einem Bundesland mit Listenmandaten derselben Partei in anderen Ländern verrechnet werden. Das ist im Fall der CSU jedoch nicht möglich, da die Partei ja nur in Bayern antritt. Also musste bei der Wahl 2021 so lange bei den anderen Parteien »aufgestockt« werden, bis das Verhältnis zu den Christsozialen wieder passte.

Der Vorgang ist in der Tat ziemlich kompliziert, aber wer es genau wissen will, der schlage nach im Bundeswahlgesetz. Eine sehr verständliche Erklärung bietet die Bundeszentrale für politische Bildung in einem Video, das auf Youtube abrufbar ist.

Bei der letzten Bundestagswahl erlebten wir also ein verrücktes Rechenexempel. Acht Überhangmandate der CSU hatten eine riesige Wirkung, eine weitere Aufblähung des neuen Parlaments. Kaum zu glauben, aber wahr: Zum Ausgleich erhielten die anderen Parteien zusammen 127 zusätzliche Sitze: die CDU 30, die SPD 36, die AfD 14, die FDP 16, die Linke 7 und die Grünen 24. Somit setzt sich das neue Parlament in Berlin aus 598 »normalen« Abgeordneten, aus elf Überhangmandaten der CSU und 127 Ausgleichsmandaten zusammen. Dieser ganze Wahnsinn ergibt die stattliche Summe und den bisherigen

Spitzenwert von 736 Abgeordneten. So weit der Blick auf eine Regel, die abgeschafft gehört.

Zu Recht fragt sich der staunende Bürger, warum die Volksvertretung in seinem Land so mächtig ist und ob uns nicht etwas mehr Bescheidenheit besser zu Gesicht stünde. Warum, so wundern wir uns, haben wir nach China das zweitgrößte Parlament der Welt? Nach China, vor Indonesien, vor allen europäischen Ländern, vor Indien und vor Russland. Leute, die ohne eigene (Abgeordneten-) Interessen mit einem reden und die Entwicklung unseres Parlaments während der vergangenen Jahrzehnte genau beobachtet haben, halten die Größe unserer Volksvertretung für nicht mehr länger akzeptabel. Sie sagen, der Bundestag mit über 700 Abgeordneten sei als handlungsfähige demokratische Institution längst beschädigt. Ab einer gewissen Größe – und die ist längst überschritten – leiden Schlagkraft, Arbeitsfähigkeit und damit Effizienz eines Parlaments. Was sind die Abgeordneten in einem solchen Riesenapparat noch zu leisten in der Lage? Wer bekommt noch die Möglichkeit zum Rederecht? Wer geht in die Ausschussarbeit? Viele unsere Volksvertreter verschwinden ganz einfach in der Versenkung – einmal Hinterbänkler, immer Hinterbänkler. So jedenfalls stellt man sich engagierte Arbeit im Parlament nicht vor, oder?

Der scheidende Bundestagspräsident Wolfgang Schäuble hat die Abgeordneten bei der ersten Sitzung des neuen Bundestags eindringlich ermahnt, sie sollten schnellstens eine Reform des Wahlrechts in Angriff nehmen.

Wir leisten uns einen XXL-Bundestag. Das stößt bei den Bürgern auf Unverständnis und ruft den Bundesrechnungshof auf den Plan, schließlich ist er der Hüter deutscher Steuergelder. Die Mathematiker des Rechnungshofs kommen jedenfalls zu dem atemberaubenden Ergebnis, dass schon im Jahr 2019 das Parlament mit seinen Insassen die Staatskasse nahezu eine Milliarde Euro gekostet habe. Andere Berechnungen richten sich auf die Kosten, die der einzelne Abgeordnete verursacht. Ebenfalls auf der Berechnungsgrundlage des Jahres 2019 kommt man dabei auf eine Summe von sage und schreibe 750 000 Euro pro Parlamentarier.

Schäuble macht aus seiner Enttäuschung keinen Hehl, in der vergangenen Wahlperiode 2017 bis 2021 mit einer grundlegenden Reform des Wahlrechts gescheitert zu sein. Jetzt verträgt eine solche Reform keinen Aufschub mehr. Doch die Widerstände sind nach wie vor enorm, wie könnte es anders sein, und sie kommen aus der Mitte des Bundestags – woher sonst.

Die Ampelparteien haben im Koalitionsvertrag festgelegt, das Wahlrecht »innerhalb des ersten Jahres« der Legislaturperiode zu überarbeiten, um »nachhaltig« das weitere Anwachsen des Bundestages zu verhindern. Ich bezweifle, dass der extrem ehrgeizige Zeitplan einzuhalten ist, den sich die Regierungsparteien auferlegt haben, weil ich bezweifle, dass sie ein so enorm wichtiges Projekt im Alleingang durchpeitschen wollen und können. Das Wahlrecht ist das Aushängeschild der Demokratie und sollte nach Möglichkeit nicht – oder so wenig wie möglich – politisch instrumentalisiert werden. Dass Parteitaktik in den vergangenen Jahren immer wieder ein Hinderungsgrund für eine Reform war, die diesen Namen auch wirklich verdient – diesen Vorwurf müssen sich alle Parteien, vor allem jedoch die Unionsparteien gefallen lassen.

Es ist ja auch keine einfache Sache. Auf der einen Seite wird es Zeit, dass sich eine Regierung endlich entschlossen dieser längst überfälligen Reform annimmt. Je mehr Zeit die Koalition verstreichen lässt, desto wahrscheinlicher wird es, dass die Reform nicht mehr rechtzeitig in dieser Wahlperiode greift und damit das nächste Parlament noch weiter aus allen Nähten platzt. Andererseits handelt es sich um eine Operation am offenen Herzen unserer Demokratie, denn ohne eine Verringerung der Zahl von Wahlkreisen und Überhangmandaten wird der Eingriff nicht gelingen.

Natürlich haben die Abgeordneten recht, die darauf hinweisen, dass weniger Wahlkreise gleichzeitig größere Wahlkreise bedeuten, in denen der Kontakt des Parlamentariers zum Wahlvolk nicht mehr so leichtfällt. Es wird spannend mitzuerleben, wie konsensstark und an der Sache orientiert die Parteien bei dieser Reform sein werden. Die Reformer müssen zwei Aspekte im Auge behalten: Die Verringerung der Überhangmandate provoziert vor allem parteitaktische Erwägungen. Die Reduzierung und gleichzeitige Vergrößerung der Wahlkreise bewegt sich in einer zutiefst demokratischen Dimension, die jeden Streit wert ist.

Seit Mai 2022 liegt nun ein Vorschlag auf dem Tisch. Man könnte auch sagen, ein Stein wurde ins Wasser geworfen, der ziemliche Wellen schlägt und das Problem mit einer Reihe neuer Überlegungen zu lösen versucht. Geworfen haben den Stein die drei Vertreter der Regierungskoalition in der neuen Wahlrechtskommission. Der Plan hat zunächst den unbestreitbaren Vorteil, dass er nicht wie andere Vorschläge weniger Wahlkreise vorsieht, sondern ihre Zahl unverändert lässt. Auch dass Überhang- und Ausgleichsmandate, die Verursacher unseres aufgeblähten Parlaments, wegfallen sollen, hört sich zunächst gut an. Stattdessen soll ausschließlich die Zweitstimme über die Dimension des Parlaments in Berlin entscheiden. Wer also ein Direktmandat gewinnt, es jedoch nicht mit einem starken Zweitstimmenergebnis seiner Partei stabilisieren kann, hätte künftig das Nachsehen und käme nicht mehr in den Bundestag. Genau das ist die Schwäche dieses Plans:

Die starke, überzeugende Persönlichkeit, das politische Talent, das die Wählerinnen und Wähler in vielen direkten Begegnungen überzeugt hat, würde bestraft.

Keine Frage, dass genau hier unseren Ampelvordenkern auch heftige Zweifel kamen. Daher haben sie eine Ersatzlösung ins Spiel gebracht und sie auch so genannt: Mit der »Ersatzstimme«, mit einem dritten Kreuz könnte das Wahlvolk zum Ausdruck bringen, wen es am »zweitliebsten« nach Berlin entsenden würde. Erststimmen, Ersatzstimmen, Parteistimmen – das verspricht noch viel komplizierter zu werden, als es heute schon ist.

Es ist längst überfällig, das Parlament zu verkleinern. Viele Versuche sind am Egoismus der Parteien gescheitert. Überhang- und Ausgleichsmandate abzuschaffen, wäre ein überzeugender Schritt, die Wahlkreise nicht zu verringern, ein demokratischer Akt. Nicht zu Ende gedacht hat man für mich das Ersatz-, sprich Drittstimmenverfahren, mit dem dies alles erreicht werden soll. Darüber gründlich und nicht nur in der Koalition, sondern gemeinsam mit allen parlamentarischen Kräften noch einmal nachzudenken, um eine bessere Lösung zu finden, ist den Schweiß der Edlen wert, denke ich. Wichtig erscheint mir auch, rechtzeitig Vorwürfe entkräften zu können, die Reformanstrengungen seien nicht ganz frei von wahltaktischen Überlegungen.

Vom Hörsaal in den Bundestag

Vielleicht schadet es wirklich nicht, wenn im neuen Bundestag die stärkste Berufsgruppe unter den 736 Abgeordneten 109 Rechtsanwälte sind, darunter auch der Kanzler und der CDU-Vorsitzende. Juristen sind nun mal schon seit vielen Legislaturperioden jene Generalisten und Allrounder, die es am häufigsten in die Politik zieht. Man kann auch etwas Gutes daran finden. Für die Gesetzesarbeit in den Ausschüssen ist ihre berufliche Herkunft alles andere als schädlich, im Gegenteil. Ihre normalerweise selbstständige Berufsexistenz lässt sie nicht um jeden Preis an ihrem Parlamentssessel kleben. Für sie gibt es in vielen Fällen auch noch ein Berufsleben nach der Existenz als Parlamentarier.

Die Zahl von Bankkaufleuten, Unternehmensberatern und Unternehmern hat im neuen Bundestag abgenommen. Ebenso findet man weniger Landwirte und im Berliner Parlament. Es gibt jetzt acht statt bisher sechs Steuerberater und dreizehn statt bisher elf Ärzte. Revolutionäre Verschiebungen im Berufsprofil sind das nicht.

Auch der Altersmix im Parlament muss stimmen. Das ist zwar noch längst nicht der Fall, aber der 20. Deutsche Bundestag ist schon deutlich jünger geworden. Die Zahl der unter 30-Jährigen hat sich von dreizehn auf 50 Abgeordnete vervierfacht. Dieser Zuwachs ist sehr stark von den Grünen getrieben. Was stellen wir also fest? Der Generationenwechsel im Parlament hat begonnen, mehr noch nicht. Doch lassen wir uns auch hier nicht blenden! In der Volksvertretung landen immer noch viel zu oft junge Politiker, die schon in der Schule jeden Schritt ihrer Karriere akribisch planten und unter sorgfältiger Umgehung jedes Alltagsberufs und jeder Ausbildung im Berufsleben den direkten Weg ins Politikerleben suchten.

Dies ist eines der größten Probleme deutscher Politik. Es gibt kein überprüfbares Bewerbungs- und Qualifikationsverfahren wie in anderen Berufen. Politiker ist keine Aufgabe, die man übernimmt, nachdem man in anderen Tätigkeiten Verantwortung übernommen hat und erfolgreich gewesen ist, um dann als Diener der Demokratie seine Kraft dem Gemeinwesen zu widmen. Dieser Weg ist in Deutschland die Ausnahme. Die Regel ist noch immer das

Leben als Berufspolitiker, der alles daransetzt, dass er wiedergewählt wird, weil er von seinem »Beruf« leben muss.

Diesen Zusammenhang sollte man kennen, um zu verstehen, warum die meisten Abgeordneten auf eine eigene Meinung häufig verzichten. Man könnte eine lange Liste von Lebensläufen unter der Überschrift »ohne Bezug zur realen Arbeitswelt« erstellen. Können die erfüllen, was man von Politkern heute mehr denn je erwarten muss? Kompetenz und Entscheidungssicherheit, wenn es um die Existenzen von Millionen Menschen geht – um Mindestlohn, um Sozialversicherung, um Rente mit 70, um die Pflege. Natürlich lässt sich vieles anlesen, natürlich kann man sich in vieles hineinarbeiten. Ich weiß aber auch, besser ist die in der Praxis eines Berufes erworbene Erfahrung.

Es gibt viele Beispiele für typische Politikerkarrieren. Eines davon ist das Leben der SPD-Politikerin Andrea Maria Nahles. Nachdem sie sich eine stattliche Zahl von Semestern dem Studium der neueren und älteren Germanistik und der Politikwissenschaften gewidmet hatte, wurde sie 1998 zum ersten Mal in den Bundestag gewählt. Nahles, die einmal als Berufswunsch »Hausfrau oder Bundeskanzlerin« nannte, kann beeindruckende politische Stationen vorweisen. Sie war Juso-Bundesvorsitzende, SPD-Generalsekretärin, Ministerin, Partei- und Fraktionschefin. Mehr geht eigentlich nicht in einer politischen Karriere, aber auch nicht weniger an praktischer Berufserfahrung.

Heute ist sie in der Praxis angekommen – ab Sommer 2022 als Vorstandvorsitzende der Bundesagentur für Arbeit, nachdem sie seit 2020 Präsidentin der Bundesanstalt für Post und Telekommunikation gewesen war. Es gibt Hunderte solche Karrieren. In ihrer Summe bilden sie ein Dilemma unserer Politik. Sie sind auch der Grund für die Überforderung des politischen Personals in Krisenzeiten.

Da sie nie unter marktwirtschaftlichen Bedingungen gearbeitet haben, haben Politiker auch nie die Kategorie Kundenzufriedenheit erlebt und als Resultat ihrer Anstrengungen schätzen gelernt. Ihr Abgeordnetengehalt beziehen sie eben nicht von zufriedenen Kunden, sondern von uns allen, den Steuerzahlern. Man könnte diesen miserablen Zustand nicht zutreffender beschreiben als Andreas Tögel in seinem Buch: »Schluss mit Demokratie und Pöbelherrschaft«: »Die Mehrheit der Parlamentsabgeordneten hat die produktive Seite der Welt niemals kennengelernt. Sie haben nämlich niemals außerhalb geschützter Werkstätten mit ehrlicher Arbeit ihr Geld verdient.«

Da Parlamente von der Qualität ihrer Abgeordneten leben, müssen Qualitätsstandards schon sehr frühzeitig gesetzt werden. Alle Parteien rekrutieren seit Jahrzehnten und bis zum heutigen Tag ihr politisches Personal nach der gleichen Methode: vom Ortsverband über den Kreisverband zum Bezirksverband und von da auf einen Abgeordnetensitz in der Gemeinde, im Landtag oder im Bundestag. Wer kommt dorthin? Wen schicken die Parteibosse in solche Mandate? Vielleicht sind es die besten in der Welt der Parteien, wo es vor allem auf Durchsetzungsfähigkeit und geschickte Organisation von Seilschaften ankommt, deren Mitglieder sich gegenseitig von Amt zu Amt hieven.

Es ist nach wie vor ein bestimmter Typus Mensch, der sich in der Welt der Parteien und der Politik wohlfühlt und den es dorthin zieht. Viele von ihnen wissen bereits in der Oberstufe des Gymnasiums, dass sie einmal Politiker werden wollen. Der Pubertät noch nicht entwachsen, eilen sie mit dicken Aktenkoffern und prall gefüllten Terminkalendern von einem politischen Termin zum nächsten. Es sind oft nicht die Besten des Landes, die dort zu finden sind. Die Rekrutierung des Personals in den Parteien wird genau von jenen Frauen und Männern vorgenommen, die nach dem alten, bekannten System ihren Aufstieg geplant und ihre Posten erreicht haben.

Es reicht heute einfach nicht mehr, nur Politik gelernt zu haben. Es reicht nicht, das eigene Foto in den Medien zu platzieren und in der Ortsverbandssitzung mit vielerlei Tricks und Mauscheleien einen persönlichen Abstimmungserfolg zu erzielen. Das alles ist politisches Handwerk, aber folgt ganz anderen Prinzipien als dies in nicht politischen Berufen der Fall ist.

Nun finden wir es alle sehr wünschenswert und erfrischend, wenn sich die Parlamente deutlich verjüngen, da die Themen der Zukunft vom Klima bis zur Rente ja von denen maßgeblich mitgestaltet werden sollen, die sie als Altersgruppe auch betreffen. So weit, so gut. Nun stellen wir uns einmal vor, ein junger Mann oder eine junge Frau werden mit Ende 20 (längst keine Ausnahme mehr) in den Bundestag gewählt. Sie haben ihr Studium abgeschlossen, jedoch keinerlei Berufserfahrung. Es ist nicht unwahrscheinlich, dass der Abgeordnete nach einer oder zwei Legislaturperioden nicht mehr ins Parlament gewählt wird. Nicht jeder hat das Glück der ewigen Wiederwahl wie Wolfgang Schäuble, der mit 79 zum 14. Mal in den Deutschen Bundestag gewählt wurde.

Wer jedoch mit Mitte oder Ende 30 nicht mehr wiedergewählt wird, für den ist zwar die politische Karriere beendet, doch zur Däumchen drehenden Vita contemplativa ist es noch etwas zu früh. Da man keinen Beruf erlernt hat, braucht man Leute, die sich für eine Anschlussverwendung einsetzen. Die tun das jedoch nur, wenn das junge Talent vorher nicht negativ aufgefallen war. Sollte dieser Gedanke an die Zukunft bei den Betroffenen etwa nie eine Rolle gespielt haben? Die Rekrutierungsstrecke vom Hörsaal in den Plenarsaal fördert in aller Regel ein politisches Personal, dem es an Kompetenz fehlt sowie an der Eignung als Führungskraft – man könnte auch sagen an Persönlichkeit.

Sachverstand, wo bist du?

Es wird nicht so schnell gehen, fürchte ich, bis sich in den Parteien die Erkenntnis durchgesetzt hat, dass man politische Ämter qualitativ besser besetzen muss als bisher. Von der Erkenntnis bis zur Umsetzung ist es dann noch immer ein verdammt langer Weg. Eine andere Erkenntnis konnte die Politik während der Pandemie gewinnen. Ohne den Sachverstand der Wissenschaftler wären die politischen Verantwortlichen auf allen Entscheidungsebenen vom Bund über die Länder bis zu den Gemeinden handlungsunfähig gewesen. Zum ersten Mal hatte ich den Eindruck, waren sie froh, nicht eine eigene Kompetenz vortäuschen zu müssen, sondern sich auf die Kompetenz anderer verlassen zu dürfen.

Ein extremer Sonderfall ist Karl Lauterbach, in dessen Person sich Arzt, Wissenschaftler und Politiker auf eine besonders nutzbringende Weise miteinander verbinden. Als Gesundheitsminister der Ampelkoalition musste er bereits auf der ersten Wegstrecke erfahren, wie sich Interessenskonflikte in einer Personalunion aus Wissenschaftler und Gesundheitsminister anfühlen. Lauterbach jedenfalls ist eines der ganz wenigen Beispiele in der deutschen Politik, wie bei der Besetzung eines Ressorts dem Sachverstand der Vorzug vor dem Regionalproporz und der Frauenquote gegeben wurde. Er bildet die große Ausnahme und wird sie wohl auch noch lange bleiben.

Was interessiert uns Kompetenz, wenn wir es bisher meist ohne geschafft haben? Was interessieren uns die hervorragenden Erfahrungen, die man in anderen Ländern, vor allem in den USA, mit dem Austausch von erstklassig qualifizierten Männern und Frauen zwischen Wirtschaft und Politik gemacht hat? Ist es nicht völlig verrückt, dass sich Friedrich Merz in den verschiedenen Stadien seiner Kandidatur um den CDU-Vorsitz immer wieder regelrecht dafür entschuldigen musste, dass er in den Jahren vorher mit großem Erfolg in der Wirtschaft tätig war? Wie weit liegt Deutschland, liegen seine Politiker, seine Medien und ein beträchtlicher Teil seiner Bevölkerung angesichts einer solchen Betrachtung hinter anderen Nationen zurück?

Wo der Neid das Land regiert, ist es auch keine leichte Sache, sich für Menschen mit Sachverstand, zum Beispiel als Mitglied einer Regierung, zu begeistern, gerade wenn sie in der Wirtschaft erfolgreich und als Millionär kontaminiert sind. Deutschland schafft das nicht mit dem Sachverstand von außen! Bereits 1998 hatte Bundeskanzler Schröder den Versuch unternommen, den Internetunternehmer Jost Stollmann als Wirtschaftsminister in sein Kabinett zu holen. Stollmann war schon während des vorherigen Wahlkampfs von Schröder der Öffentlichkeit als Schattenminister präsentiert worden.

Es wurde eine Reihe von Gründen genannt, warum der unkonventionelle Unternehmer dann doch nicht Minister geworden ist. Der wahrscheinlichste heißt: Stollmann wurde vom real existierenden Machiavellismus des Oskar Lafontaine zerrieben, bevor er sein Amt überhaupt antreten konnte. Stollmann warb damals immer wieder für Tempo, Bewegung, neues Denken und die Internetrevolution. Lafontaine wurde seinerzeit im Kabinett Schröder Finanzminister und hat von Beginn an versucht, den Zuschnitt des Wirtschaftsministeriums zu beschneiden und zugunsten seines Ressorts zu verändern. Stollmanns Erfahrung im Technologiebereich, sein unbedingter Wille, Ziele, die er sich vorgenommen hatte, auch zu erreichen, hätten der Regierung Schröder damals sicher gutgetan. Doch der Sachverstand von außen scheint der Deutschen Sache nicht zu sein, bis heute nicht.

Trotz vieler Versuche, sie aufzubrechen und durchlässig zu machen, stehen die Systeme nach wie vor nebeneinander und für sich. Politik und Wirtschaft haben es in Deutschland nicht miteinander. Die Insassen der Systeme leben schon zu lange nebeneinanderher. Natürlich wird es ein Spitzenmanager, der es gewohnt ist, schnell zu entscheiden und sachorientiert statt parteitaktisch zu diskutieren, in der Regel kaum länger als eine Wahlperiode in einer Regierung oder im Parlament aushalten. Dennoch ist die Chance gegeben, dass er in dieser Zeit mit seiner Erfahrung, mit seinem anderen Blick, mit seiner unternehmerischen Durchsetzungsfähigkeit Dinge bewegen kann, die vorher nicht lösbar erschienen.

Es fällt zwar schwer, sich das vorzustellen, aber versuchen wir es trotzdem einmal: Tun wir einfach so, als wären Parteien oder Parlamente Unternehmen, die in einer Krise steckten und zum Handeln gezwungen wären, um einen Ausweg aus der verfahrenen Lage zu finden. Als Unternehmen einer Deutschland AG würde man nach einer tabulosen Bestandsaufnahme eine externe Beratung konsultieren, um einen Ausweg zu finden. Eines der Resultate könnte ein Wechsel an der Spitze sein. Das neue Management würde unverzüglich die notwendigen Schritte zur Sanierung des Unternehmens einleiten. Da eine Regierung oder ein Parlament bekanntlich kein Unternehmen sind und die Wähler keine Aufsichtsräte, wir es also mit völlig unterschiedlichen Strukturen zu tun haben, wird sich also bis auf Weiteres wenig bis nichts ändern, um den Politikbetrieb zeitgemäß zu organisieren oder sagen wir auf Vordermann zu bringen.

Wenn es nicht sofort (!) gelingt, die Sachverstands-
lücke in der Politik, vor allem in den Regierungen, aber
auch in den Parteien durch die Gewinnung von Exzellenz-
personal aus Wirtschaft und Wissenschaft zu schließen,
wird sich der Abstieg Deutschlands weiter beschleunigen.
Es muss doch möglich sein, diese geistige Unterstützung
im (!) System und nicht von außen zu organisieren. Dazu
bedarf es einiger unverzichtbarer Voraussetzungen. Erstens: Am Anfang muss die Erkenntnis der Politiker in
der ersten Reihe stehen, dass sie in immer mehr großen
Fragen aufgrund deren Komplexität überfordert sind. Ihr
Ruf muss laut und deutlich vernehmbar sein: Wir schaffen
das nicht mehr allein! Zweitens: Der Bereitschaft aus der
Politik, Sachverstand in ihren Reihen zu integrieren, muss
eine Offenheit in Unternehmen und in der Forschung ent-
sprechen, sich mit ihrem Wissen aktiv in die Politik einzubringen – am Kabinettstisch, in den Parteivorständen,
in den Parlamenten. Drittens: Schließlich müssen die
Neueinsteiger aus der Wirtschaft das Gefühl bekommen,
dass sie keine Außenseiter im Politikbetrieb bleiben, sondern willkommene Spitzenkräfte in einem Politikteam
Deutschland. Der Wiedereinstieg von Friedrich Merz in
die Politik war von einer erbärmlichen Neiddiskussion
in Teilen der Politik und in vielen Medien begleitet. Dies
dürfte für manche Unternehmer ein abschreckendes Beispiel gewesen sein, sich in der Politik zu engagieren.

Was heißt erklären?

Das Stück, das gespielt wird, heißt Dilemma. »Wir verstehen die Welt nicht mehr«, rufen die Bürger, »erklärt uns,
was geschieht.« »Wir verstehen doch auch nicht mehr, was
passiert! Hochwasser, Corona, Afghanistan, Flüchtlinge –

die Welt ist ein Hexenkessel. Und alles gleichzeitig und in rasender Geschwindigkeit«, antworten die Politiker ihrem Volk, das sie in Ämter und Würden gewählt hat. »Ja, aber wofür haben wir euch gewählt?« sagen die Menschen im Chor, »wenn ihr uns nicht mehr sagen könnt, was da gerade passiert und was auf uns zukommt.« »Wie sollen wir euch sagen, was auf euch zukommt, wenn selbst die Wissenschaftler das Ende der Pandemie nicht vorhersagen können?«, antworten die Politiker in einem Anflug von Verzweiflung. »Wozu brauchen wir euch dann noch?« ruft das Volk empört. Aus dem Hintergrund ertönt der Chor der Chefredakteure mit einem Klagelied voller Selbstbezichtigung: »Auch wir müssen mehr erklären. Es ist viel nachzuholen, was wir in der Vergangenheit versäumt haben. Aber es wird für uns immer schwieriger zu erkennen, was wirklich die Fakten sind.«

Was lehrt uns diese fiktive Wechselrede zwischen Volk, Politikern und Medien? So oder ähnlich wird jeden Tag hunderttausendfach geredet oder gedacht in Deutschland. Die Menschen werden immer ungeduldiger, weil sie nicht mehr verstehen, was passiert – in nationaler, europäischer und globaler Dimension. Gleichzeitig wächst ihr Misstrauen, weil sie zu Recht argwöhnen, dass sie von den Politikern immer wieder aufs Neue hinter die Fichte geführt werden. So geschehen besonders oft in der Pandemie! Da diese noch lange nicht zu Ende sein dürfte, wird das Volk den Verdacht nicht los, weiterhin mit misstrauensbildenden Worten und Maßnahmen der Politiker rechnen zu müssen.

Worum geht es denn? Es geht wieder einmal um Kommunikation. Einen Sachverhalt also, eine Entwicklung, eine Entscheidung zu erklären, ist das wohl wichtigste Element der Kommunikation, sicherlich aber auch am schwierigsten umzusetzen. Worum geht es? Vermutlich hat sich unser politisches Spitzenpersonal diese Frage noch nie wirklich gestellt, sonst hätte es wohl weniger Schwierigkeiten, für mehr Zustimmung in ihrer Politik zu sorgen. Politik erklären heißt nichts anderes als Prozesse und Entscheidungen zu begründen, sie zu verdeutlichen, zu rechtfertigen, was man getan hat, darzustellen, warum man so und nicht anders gehandelt hat. Oder aber ganz einfach eine gute Geschichte zu erzählen, die die Menschen überzeugt. Wir sehen, Erfolg oder Misserfolg des Versuchs, Politik zu erklären, hängt wieder einmal entscheidend von der Sprache ab, von der Wortwahl und Bildhaftigkeit der zu erzählenden Geschichte. Eine solche Anstrengung ist allerdings von Beginn an zum Scheitern verurteilt, wenn sie weitgehend sinnbefreit bei Politikern und Journalisten seit Jahren unter der Worthülse »Narrativ« firmiert.

Erklärung ist nur möglich, wenn der Erklärende weiß, wovon er spricht. Wenn er vom Problem überfordert ist, wie in unserem fiktiven Dialog beschrieben, kann er auch nicht mit Überzeugungskraft vor die Öffentlichkeit treten. Noch schwieriger wird die Vermittlung politischer Entscheidungen und Inhalte, wenn diese nur wenige Tage Bestand haben, um danach wieder geändert zu werden. Wenn Politik ständig mäandert und keine klare Linie kennt, sondern sich nur von Taktik leiten lässt, ist glaubwürdige Kommunikation zum Scheitern verurteilt.

Erklärung kann nur dann glaubwürdig sein, wenn die ihr zugrunde liegende Politik Gültigkeit über den Tag hinaus hat. Erklärung wird die Menschen nur überzeugen, wenn sie auf einem Fundament von Werten steht. Die entscheidenden Pfeiler sind Ehrlichkeit und Mut. Eine ehrliche Erklärung ist immer dann unverzichtbar, wenn sich politisches Handeln als fehlerhaft oder inkonsequent erwiesen hat. Politiker werden sich in solchen Situationen ihre Glaubwürdigkeit gegenüber dem Zorn der Bürger nur dann bewahren, wenn sie offen kommunizieren. Genauso braucht es Mut, unpopuläre Entscheidungen nicht nur zu treffen, sondern auch entsprechend klar und unmissverständlich gegenüber den Menschen und damit gegenüber den Wählern zu rechtfertigen.

Die Einsichtsfähigkeit (= Intelligenz) des überwiegenden Teils der Spitzenpolitiker ist noch längst nicht so weit entwickelt, um zu erkennen, dass Ehrlichkeit und Mut bei der Mehrheit der Menschen Vertrauen (wieder-)herstellt. Sollte das nicht der Fall sein, womit ja auch zu rechnen ist, dann sollten wir bei den Regierenden die Freiheit des Herzens und die Freiheit des Geistes erwarten können, dass sie die Konsequenzen ziehen wie einst Gerhard Schröder, als er 2005 die Vertrauensfrage stellte und damit eine Neuwahl ermöglichte, die er dann knapp verlor.

So müsste es sein, so müsste es werden in Deutschland. Doch die Wahrheit ist eben auch: Erklären ist etwas anderes als regieren. Erklären strengt an. Erklären kostet Zeit. Erklären ist unbequem. Erklären erzeugt Widerspruch. Erklärung ist eine verdammt schwierige Angelegenheit. Weil das so ist, erweist sich unsere politische Klasse als weitgehend unfähig und unwillig, ihre Politik zu erklären. Ein Grund für den miserablen Zustand des Landes ist die Unfähigkeit seiner Politiker, ihre Politik überzeugend unter die Menschen zu bringen. Suchen wir doch einmal in der Wortbedeutung nach dem gegenteiligen Begriff von »erklären«. Was finden wir da? Leugnen, verheimlichen, negieren, verwirren. Das ist die Erklärung! Daher erreichen die Politiker die Menschen nicht mehr. Deutschland befindet sich im Erklärungsnotstand!

Die Angst vor dem Shitstorm

Wenn es noch eines Beweises bedurft hätte, dass Wahlkämpfe überflüssig geworden sind, dann war es der Kampf der Zwerge, das Kämpflein um den Einzug in den 20. Deutschen Bundestag. Ich bin – weiß Gott – nicht mit dem Naturell eines Pessimisten belastet, doch der letzte Bundestagswahlkampf hat in mir doch die bange Frage aufkommen lassen, ob unser politisches Personal und unser politisches System, an das wir uns seit Jahrzehnten gewöhnt haben, noch überlebensfähig ist. Noch nie habe ich einen Wahlkampf in Deutschland erlebt, bei dem die Akteure den Eindruck erweckten, sie seien froh, wenn es vorbei ist.

Wir erlebten den wohl langweiligsten Wahlkampf in der Geschichte der Bundesrepublik. Wir erlebten drei Kanzlerkandidaten, denen Charisma nicht in die Wiege gelegt wurde und von denen zwei noch in unserem Bewusstsein sind, weil sie als Kanzler und Außenministerin wesentliche Bestandteile der Ampelkoalition geworden sind, während der dritte Kandidat heimlich, still und leise auf die Hinterbank des Bundestages rutschte. Themen gab es ausreichend, um einer in die Jahre gekommenen und bequem gewordenen Republik nach der Wahl einen Modernisierungsschub zu verleihen. Klima, Digitalisierung, Entbürokratisierung, Renten – um nur einige Beispiele zu nennen. Wenn man gewollt hätte, wären das alles zwingende Anlässe zum kantigen Streit um den richtigen Weg für die Lösung dieser Probleme gewesen.

Wenn man gewollt hätte! Hat man aber nicht. Jede Äußerung wurde von den Beratern dreimal rundgeschliffen – weg mit den Ecken und Kanten aus Angst vor einem möglichen Shitstorm, vor dem Aufstand im Netz, der dann binnen Stunden den heiß ersehnten Wahlsieg kosten konnte. Es ist meine feste Überzeugung, dass die fortschreitende Eunuchisierung deutscher Wahlkämpfe bis zu ihrem Höhepunkt im Bundestagswahlkampf 2021 sehr viel mit der wütenden Unerbittlichkeit in den (a)sozialen Netzwerken zu tun hat. Dabei kann unsere Demokratie ohne den Streit der Parteien nicht leben. Doch aus Angst vor dem Shitstorm haben unsere Politiker ihre Streitäxte schon vor langer Zeit begraben.

So hat das Jahr 2021 gar keinen Wahlkampf erlebt – und keine Wahlkämpfer. Kampf hat bekanntlich etwas mit Entschlossenheit und dem Willen zum Sieg zu tun. Von alledem war im Wahlkampf 2021 nichts zu spüren und nichts zu sehen. Wenn es noch eines Beweises bedurfte hätte, dass Deutschland seine drängenden Probleme mit diesem Personal nicht lösen kann, dann war es dieser Nichtwahlkampf, den die *Neue Zürcher Zeitung* als ein »ödes Rennen um das Kanzleramt« bezeichnete und hinzufügte: »Wer den Wahlkampf in Deutschland verfolgt, möchte am liebsten in Tiefschlaf verfallen. Das hat mit den Kandidaten zu tun, aber auch mit den Themen. Wo es interessant werden könnte, wird geschwiegen.«

Weil das so war, weil die Politiker jeder harten Auseinandersetzung aus dem Weg gehen, war jede Wahlsendung eigentlich sinnlos vergeudete Zeit. Olaf Scholz hat seinen Wahlkampf in konsequent unauffälliger Bewegungslosigkeit bestritten. Das Mikadoprinzip »wer sich zuerst bewegt, hat schon verloren« und die Schwäche seiner Gegner Laschet und Baerbock verhalfen ihm zum Sieg. Mehr als die anderen achtete sein Wahlkampfteam darauf, was er sagte und vor allem, was er nicht sagte. Hier war das Team Vorsicht am Werk. Anders als während der Kanzlerkandidatur Peer Steinbrücks kam es 2021 zu keinerlei polarisierenden Äußerungen des Kandidaten (was natürlich auch an den unterschiedlichen Persönlichkeiten von Scholz und Steinbrück liegt).

Wer in der Politik Karriere machen will und dort sein
Auskommen finden muss, der möchte keine Steilvorlagen
für die Medien und den politischen Gegner liefern. Politiker wissen längst: Im Zeitalter von Twitter und Facebook
kann eine unbedachte Äußerung binnen Minuten zu einer
für den Politiker höchst gefährlichen Empörungswelle führen. Wir erinnern uns noch gut. Armin Laschet hat während eines Besuchs im Flutgebiet gelacht. Untragbar sei
dieser Kanzlerkandidat, hieß es sofort in allen Medien des
Landes. Der dazu gehörende Hashtag hieß #LaschetVer-
hindern. Mitten im Wahlkampf waren die Folgen für den
betroffenen Kandidaten katastrophal. Möglich, dass dieser
Fehler und seine mediale Vervielfältigung Armin Laschet
die Kanzlerschaft gekostet haben. Der Shitstorm war er-
wartbar, wenngleich nicht in so hysterischer Wucht wie
dann geschehen.

Irritierend für mich ist die permanente Sorge einer
wachsenden Zahl von Politikern, in eine solche Welle der
Empörung zu geraten. Für diese (Un-)Haltung habe ich
wenig Verständnis. Sie zeugt von mangelndem Mut und
unterentwickelter Risikobereitschaft bei vielen unserer Politiker. Nicht zu verstehen ist eine Art vorauseilender Ge-
horsam, der sie dazu bringt, ihre Meinung nicht mehr so
pointiert zu äußern wie in den Zeiten bevor es Shitstorms
gab.

Angst ist ein schlechter Ratgeber. Es ist ein wahrlich
beklagenswerter Zustand, wenn Politiker (Regierungsmitglieder, Parteivorstände oder Abgeordnete) angesichts der
vagen Möglichkeit (!), dass sich in den sozialen Netzwerken etwas gegen sie zusammenbrauen könnte, verstum-
men oder ihre Worte so verformen, dass sie meinungsent-
leert keine Angriffsfläche mehr bieten. Nicht die kritische
Diskussion in den sozialen Netzwerken ist das Problem,
sondern das proaktive, angstgesteuerte Handeln der Poli-

tiker. Sie überschätzen den Einfluss einer kritischen Netz-
gemeinde.

Bei einer Redaktionssitzung im Bayerischen Rundfunk
berichtete mir die Chefin der Aktualität in großer Aufregung, anlässlich eines Reporterbeitrags aus Berlin vom
Vorabend habe es einen gewaltigen Shitstorm im Netz gegeben, und man müsse daran denken, im Programm darauf
zu reagieren. Auf meine Frage, wie viele Teilnehmer dieser
Welle der Empörung man denn gezählt habe, stellte sich
heraus, dass etwa 80 davon im Netz ihrem Unmut über die
TV-Reportage Ausdruck verliehen hatten. Ich entschied
angesichts dieser zu vernachlässigenden Größenordnung,
gar nicht zu reagieren. Der Sturm hatte sich längst gelegt,
es war nicht mal mehr ein laues Lüftchen zu spüren.

All den aufgeregten Regierungsmitgliedern, Parteichefs,
Abgeordneten, Pressesprechern und Spindoktoren sei mehr
Gelassenheit empfohlen. Von Bedrohung kann meist keine
Rede sein. Die Angriffe aus dem Netz sind oft harmlos und
leicht auszuhalten. Merke: Eine Konfrontation mit Gegnern im Netz kann auch der eigenen Profilierung und der
Verbreitung eigener politischer Thesen dienen. Man muss
sich nur trauen, zuspitzen, eine Debatte führen und nicht
jede Aussage bis zur Unkenntlichkeit verallgemeinern. Es
wäre schade, wenn der politische Diskurs (oder das, was
von ihm noch übrig ist) zu einer Kommunikation von Feig-
lingen würde. Die betroffenen Politiker sollten einmal lesen, was Christian Scherg, Experte für Onlinereputations-
management, zu diesem Phänomen zu sagen hat. Nach
seiner Erfahrung neigen Menschen dazu, die Twitterblase
oder eine Teilöffentlichkeit im Internet als relevant zu betrachten und alles andere auszublenden. »Das ist ein riesiges
Problem: Die Politik reagiert auf einen Tweet. Die Medien
reagieren auf einen Tweet. So trägt sich die Empörungsspi-
rale. Dann wird aus einem Gerücht plötzlich Wahrheit, weil

es so viele gesagt oder darüber geschrieben haben. Das ist ein großes Problem von Social Media.«

In vielen Gesprächen mit Politikern habe ich dieses Thema diskutiert. Keiner, der schon einmal einen Shitstorm aus dem Netz aushalten musste, hat um sein Leben fürchten müssen. In neun von zehn Fällen wurde vielmehr die Sorge artikuliert, dass unbedachte Worte, eine klare Meinung (von der man zutiefst überzeugt war) der weiteren Karriere schaden könnten. Also hat man lieber geschwiegen oder die Worte so zurechtgeschliffen, dass sie für niemanden – gleich ob in der analogen oder digitalen Medienwelt – eine Angriffsfläche boten.

Merke: Nicht der Shitstorm ist das Problem, sondern die Angst des Politikers vor dem Shitstorm, der kommen könnte (!), wenn man nicht permanent äußerste Vorsicht walten lässt. Wer sich so um des eigenen beruflichen Fortkommens willen selbst die Hände bindet, wird sich nicht mehr um die großen Probleme kümmern können, deren Lösung ihm sein Amt oder Mandat eigentlich abverlangen sollte. Nicht die real vorhandene, sondern eine erst drohende Gefahr führt zu einer weiteren Lähmung des Politikbetriebs und damit des ganzen Landes, abgesehen davon, dass sich die Ängstlichen mit ihrer ständigen Sorge vor dem Shitstorm der eigenen Freiheit berauben.

Mehr Fortschritt wagen?

Können Sie mit diesen drei Worten etwas anfangen? Sehen Sie, ich auch nicht. Darum habe ich auch ein Fragezeichen dahinter gesetzt. »Mehr Fortschritt wagen« ist ein Motto, ein Slogan. Diese Überschrift steht auf einem prominenten Platz. Es ist der Titel, die Leitmelodie des Koalitionsvertrages zwischen SPD, Grünen und FDP. Als ich diese drei

Worte zum ersten Mal las, habe ich mich spontan gefragt, wer sich das wohl ausgedacht hat. Mein zweiter Gedanke war, dass ich etwas Ähnliches schon einmal gehört hatte, in vergleichbarer Anordnung der Worte, aber mit einem anderen Schlüsselbegriff. Da fiel es mir ein: »Mehr Demokratie wagen«, in der Regierungserklärung Willy Brandts am 28. Oktober 1969.

Sehr wahrscheinlich, dass man sich dort bedient hat. Mehr Fortschritt wagen – was will man sich und den anderen, vor allem den Wählern, damit sagen? Ich behaupte, Fortschritt ist im größten Land Europas (auch wenn es längst nicht mehr an der Spitze des Fortschritts steht) kein Wagnis mehr, war es doch eigentlich nie. Seit wann ist etwas Selbstverständliches ein Wagnis? Ist das nicht meistens mit größeren oder kleineren Gefahren verbunden? Suggeriert die Ampelkoalition mit dieser Wortwahl den Menschen nicht, die politischen Vorhaben der neuen Regierung seien ein so großes Wagnis, dass allein schon die Tatsache, dass man es eingeht, bei den Menschen Zustimmung und Bewunderung hervorrufen müsse?

Wenn es so gedacht ist, dann wäre das ziemlich schlau. Oder betrachten die Koalitionsparteien das Vorhaben, die Energiewende entschieden voranzutreiben, als das große Wagnis? Das hieße ja, dass die Klimapolitik mit Risiken und Gefahren verbunden ist. Nur dann macht es Sinn, von einem Wagnis zu sprechen. Auf jeden Fall ist es ein starkes Stück, den Menschen vorzugaukeln, dass die laufende Legislaturperiode für die verantwortlichen Politiker ein Wagnis sei, wofür man allen Mut zusammennehmen müsse. Die Deutschen brauchen keine Regierung, die Fortschritt wagt, sondern eine, die Fortschritte erzielt.

Es versteht sich von selbst, dass Fortschritt unverzichtbar ist, wenn Deutschland nicht noch weiter an Leistungskraft verlieren soll. Aber warum um alles in der Welt muss man die zwingende Notwendigkeit fortzuschreiten, Fortschritte zu machen, voranzukommen als Überschrift eines Koalitionsvertrages auswählen? Es ist die Banalität des Allgemeinen, die in diesem Titel zum Ausdruck kommt. Wenn man bösartig sein wollte, könnte man auch von einer Missachtung der Wähler sprechen. Wir sind wieder um eine neue Phrase ärmer geworden im effekthascherischen Politikbetrieb. Von Politikern in Regierungsverantwortung erwarte ich, dass sie für den Fortschritt sorgen, ohne den Deutschland nicht wieder an die Spitze kommt, ohne den das Land nicht mehr konkurrenzfähig ist. Wohin sind wir eigentlich gekommen, wenn uns das Selbstverständliche schon als Besonderheit dargestellt wird nach dem Motto: Schaut mal alle her, wir haben uns entschlossen, vom Rückwärts- in den Vorwärtsgang zu schalten, vom Rückschritt in den Fortschritt!

»Mehr Fortschritt wagen« ist eine nichtssagende Formel. Ihre wahre Bedeutung erhält sie erst durch die Herausforderungen einer Welt, die gerade aus den Fugen gerät. Zwischen Pandemie und Putin auf unbekanntem Gelände Schritt für Schritt vorwärtszugehen und nach bestem Wissen und Gewissen das Angemessene zu tun, das und nicht weniger heißt Fortschritt und heißt Wagnis.

Die Bundesregierung hat sich mit dem Motto »Mehr Fortschritt wagen« einen schlechten Dienst erwiesen. Der ehemalige Vorsitzende des Verteidigungsausschusses und Wehrbeauftragte des Deutschen Bundestags von 2015 bis 2020, Hans-Peter Bartels, Sozialdemokrat, hat das Fortschrittswagnis der neuen Regierung so beschrieben: »Man kann sich den Fortschrittsbegriff politisch so zurechtbiegen, dass er die attraktivsten Zeittendenzen bündelt und viele in ihm das erkennen, was ihnen am besten gefällt. Das tut die künftige Ampelkoalition.«

Merke: Ein Motto sollte nicht alles offenlassen. Ein Motto muss den Wahrheitstest bestehen.

Nicht ausschließen möchte ich, dass »Mehr Fortschritt wagen« Ausdruck einer besonderen Anstrengung war, so unterschiedliche Positionen, wie sie Rot, Grün und Gelb vertreten, auf den kleinsten gemeinsamen Nenner zu bringen. Die Erklärung macht das Ergebnis jedoch nicht überzeugender.

Absurdes Theater

Das Schauspiel

Die Akteure auf der politischen Bühne sind nicht zu beneiden. Sie müssen sich immer wieder neue Inszenierungen einfallen lassen, damit ihnen ihr Publikum nicht wegläuft. Viele aus dem Zuschauerraum sind ja bereits über alle Berge, auf und davon. Statt um die Befassung mit der Wirklichkeit geht es im politischen Geschäft immer öfter um die Aufführung, die Vorführung, die Vorstellung oder Verstellung von Realität. Das Ergebnis politischer Entscheidungen kommt bei den Menschen längst nicht mehr als das in einem zähen Prozess entstandene Original an, sozusagen Politik in seiner ehrlichsten Form, sondern als ein verfremdetes, beschönigtes, bereinigtes, entkantetes Produkt zum Gefallen einer möglichst stattlichen Zahl von Menschen, die durch ein solches Verfahren für die nächste Wahl gewogen gemacht werden sollen.

Das Schauspiel ist also schon lange an die Stelle der politischen Wirklichkeit getreten. Heute allerdings sind es viele Stücke, die gleichzeitig zur Aufführung gelangen und selbst den politisch gebildeten, aufmerksamen Betrachter dabei überfordern, zwischen Dichtung und

Wahrheit zu unterscheiden. Die inzwischen alles bestimmende Inszenierung ist zum eigentlichen Wesenskern von Politik geworden. Eine bedenkliche Entwicklung, weil es nicht mehr um den Inhalt geht, sondern vorwiegend um die Verpackung. Die Frage ist nicht mehr, worauf es in der Sache ankommt, sondern nur mehr, was beim Publikum ankommt.

Der Inszenierungsbaukasten der Politiker hält zwei wesentliche Instrumente bereit, die in schöner Regelmäßigkeit zum Einsatz kommen: Einmal geht es um den Hinweis, dass Vorgängerregierungen oder anderweitige Institutionen oder Personen eine so desolate Lage hinterlassen oder geschaffen hätten, dass es erst mit Verzögerung zu einem Kurswechsel kommen könne. In der anderen Szene auf der Bühne des politischen Schauspiels wird uns stets der gleiche Textbaustein zugemutet. Ja, man hätte das Problem ja gerne gelöst, doch im Augenblick sei es bedauerlicherweise nicht finanzierbar.

Auf der Bühne dieses absurden Polittheaters stehen bei genauer Betrachtung keine Figuren, die Erfolge verkünden können, sondern die beschwichtigen müssen und verschleiern, was abermals nicht gelungen ist, was sie jedoch nicht davon abhält, dennoch von einem politischen Erfolg zu sprechen. Das Schauspiel nimmt immer groteskere Züge an.

Inzwischen gehört schon Schweigen zur Inszenierung, gelebt und umgesetzt während der Koalitionsverhandlungen im Spätherbst 2021. Zum ersten Mal im Laufe vieler solcher Verhandlungen haben die Verhandler einer sich herausbildenden Ampel so eisern geschwiegen, dass man das Fallen einer Stecknadel vor den Tagungsräumen gehört hätte. Dieses Schweigen, das nach jedem Verhandlungstag auf offener Bühne inszeniert wurde, war von besonderer Symbolik, nichtssagend und vielsagend zugleich. Nichtssagend, weil aus den internen Zirkeln der Verhandler niemals ein Wörtchen nach draußen drang. Vielsagend, weil sie ihren Schwur des Schweigens eisern durchhielten und Tag für Tag am Ende jeder Verhandlungsrunde als Zeichen ihrer Verlässlichkeit eindrucksvoll unter Beweis stellten. Die im wahrsten Sinn des Wortes nonverbale Botschaft sollte wohl lauten: Seht ihr, liebe Leute (liebe Wähler), wenn wir unser Schweigegelübde schon konsequent einhalten, dann werden wir auch bei unseren Verhandlungen zu einem Ergebnis kommen! Welch eine Logik!

Das Schauspiel der Verschwiegenheit zeigte Wirkung, ohne dass auch nur ein einziger Satz über die Pläne der angehenden Koalitionäre an die Öffentlichkeit gedrungen wäre. Natürlich, Politik ist Schauspiel, ist Inszenierung, die die Menschen für Politik interessieren, ja gewinnen soll. Doch politisches Schauspiel ohne Ehrlichkeit der Akteure ist zum Scheitern verurteilt. Politisches Schauspiel, das die Verbindung zur Wirklichkeit und zu den Menschen verloren hat, ist zum Scheitern verurteilt. Wenn politisches Schauspiel vom Publikum als Mogelpackung erkannt wird, mit der man uns falsche oder handwerklich mangelhafte Politik als richtig verkaufen will, mit der man uns beschwichtigen will, aus der man immer wieder eine neue Phrase herauszieht – wenn das nicht bald ein Ende nimmt, dann dauert es nicht mehr lange, bis das Publikum fluchend die Vorstellung verlässt.

Das politische Schauspiel braucht endlich neue Regeln. Es darf nicht mehr länger Bühne sein, auf der Politik nur verkauft werden soll. Damit ist keineswegs gemeint, dass politische Diskussionen im Bundestag oder Bundesrat, Beschlüsse im Bundeskabinett oder Gesetze nicht kommunikativ begleitet werden müssen. Dies hat – wie bereits dargestellt – als Prozess der Erklärung zu geschehen, als Anstrengung etwas plausibel zu machen, um Bürger und

Journalisten für ein politisches Produkt zu interessieren, das zum Wohle der Gesellschaft (hoffentlich) und mit der mehrheitlichen Zustimmung ihrer Mitglieder möglichst schnell Wirklichkeit werden kann. Ich finde, es sollte uns nicht stören, wenn in diesem Zusammenhang die Rede davon ist, eine (gute, durchdachte) Politik auch als solche zu verkaufen.

Impfpflicht – eine Geschichte aus dem Hohen Tollhaus

Gefährlich wird es allerdings dann, wenn ein politischer Plan, eine Idee inkonsequent, mit ständig wechselnden Positionen, klare Standpunkte vermeidend oder aufweichend von einem erstrebenswerten und guten in einen faulen Kompromiss verwandelt wird. Genau an dieser Stelle geht die Saat des Misstrauens bei den Menschen auf. Sie erkennen nämlich mit feinem Gespür, dass ihnen ein unzulängliches politisches Produkt als eine Sache von guter Qualität verkauft werden soll, oder im Klartext gesagt: eine Lüge als die Wahrheit.

Ein sehr gutes Beispiel für ein solches Verhalten ist das Thema Impfpflicht. Man kommt aus dem Staunen nicht mehr heraus, mit welcher Kaltschnäuzigkeit die erste Reihe unsere Politiker mit diesem Thema und damit auch mit den Menschen umgegangen ist. Bis zur Bundestagswahl am 26. September 2021 tönte der »Mit uns keine Impfpflicht«-Schwur aus allen prominenten Mündern im politischen Berlin. Mit einer anderen, einer pro Impfpflicht-Position hätten sich die Parteien (auch wenn ihre Vertreter davon überzeugt gewesen wären) dem Risiko eines unkalkulierbaren Stimmenverlusts ausgesetzt. Doch seit wann ist im Heer der Berufsparlamentarier politische Überzeugung die wichtigste Währung? Daher nahm es auch niemanden wunder, dass angesichts der Dramatik einer anschwellenden vierten Coronawelle nach der Wahl in den politischen Lagern die Zahl der Impfpflichtbefürworter deutlich anstieg. Immer öfter hörte ich allerdings in Kreisen der Abgeordneten die bange Frage: Wie wollen wir das bitte sehr den Menschen im Land verkaufen? Diesem Satz folgte dann der augenzwinkernde Zusatz: Wie gut, dass wir jetzt keine Wahlen haben!

Über so viel politische Sensibilität verfügen die Damen und Herren Volksvertreter dann doch noch, um zu erkennen, welchen Vertrauensbruch sie mit diesem abrupten Richtungswechsel ihrer Impfpolitik an den Menschen begangen hatten.

Besonders fatal aber war der Mangel an Gespür in der ersten Reihe unseres politischen Personals über die Parteigrenzen hinweg. Das Versprechen, niemals eine Impfpflicht einzuführen, wurde von der damaligen Kanzlerin in der gleichen Ausschließlichkeit abgegeben wie von ihrem damaligen Stellvertreter und jetzigen Nachfolger Olaf Scholz. Dieser Schwur wurde von Christian Lindner genauso überzeugend geleistet wie von Robert Habeck, von Jens Spahn ebenso entschieden wie von Markus Söder. Wer sein Nein so ausschließlich und durch keine noch nicht absehbare Entwicklung erschütterbar formuliert, handelt bei vollem Bewusstsein verantwortungslos und hat zwangsläufig bei einer abrupten Kehrtwende hin zur Impfpflicht ein massives Glaubwürdigkeitsproblem. Die zuerst Nein- und dann Jasager müssen sich die naheliegende Frage gefallen lassen, ob es den Meinungswandel und die späte Beinahezustimmung zur Impfpflicht auch gegeben hätte, wenn die Bundestagswahl im ersten Quartal des Jahres 2022 stattgefunden oder die Mehrheit der Deutschen dagegen votiert hätte.

Selbst die Freien Demokraten, die im Wahlkampf und bis vor Kurzem noch die Freiheitsrechte und die Selbstbestimmung der Bürger so beherzt und durchaus mit Überzeugungskraft verteidigt hatten, wären beinahe umgefallen. Es wird sich noch zeigen, wie sehr ihnen das noch zum Schaden gereicht. Es geht nicht um die Angemessenheit der Entscheidung. Die Mehrheit der Bevölkerung hält die Impfpflicht für richtig, ich übrigens auch. Doch das zunächst alternativlose und rigorose Nein nahezu der gesamten politischen Klasse zur Impfpflicht hat die Kehrtwende massiv erschwert und zu einem nachhaltigen Vertrauensverlust bei vielen Menschen geführt. Diese Hypothek wird noch lange auf der Regierung Scholz lasten. Die Erfahrung lehrt, dass Wähler weniger vergesslich sind als Politiker glauben und hoffen.

Doch die Geschichte geht noch weiter. Was jetzt kommt, ist eine Geschichte aus dem Hohen Tollhaus. Die späte Kehrtwende hin zur Impfpflicht sorgte zunächst für Klarheit. So lange, bis der erstaunte und erzürnte Bürger feststellen musste, dass die Inkonsequenz noch steigerbar war. Da der Kanzler und seine Koalitionäre (möglicherweise zu Recht) fürchteten, keine Mehrheit im Parlament zu bekommen, brachten sie nicht den Mut auf, einen eigenen Regierungsentwurf zur Impfpflicht einzubringen. Nicht die Regierung sollte den Entwurf vorlegen, sondern die Abgeordneten und die Fraktionen.

Hier wurden wir Zeugen einer gewaltigen politischen Lüge. Aus rein taktischen Gründen versteckte sich die Regierung, der man am Anfang mindestens eine Mutprobe zumuten zu können glaubte, hinter den Parlamentariern. Dieses Vorgehen wurde mit Scheinargumenten begründet. Das Gesetz sei von solcher Tragweite und Eingriffstiefe in das Leben der Menschen, dass die Abgeordneten gefragt werden müssten und nicht mehr die Regierung.

Dieses Exempel zeigt, wie Politik abermals ihre Glaubwürdigkeit verspielt. Wir erleben den unverfrorenen Versuch der Ampelkoalitionäre, das nicht Wünschbare (mehrere Anträge aus dem Bundestag) als das Wünschbare zu verkaufen, indem man den fehlenden Mut der Regierung zu einem eigenen Gesetzesentwurf als moralisch notwendig und unverzichtbar überhöht, weil das Thema von solcher Tragweite sei, dass man es nicht allein der Regierung überlassen könne. Natürlich, wie konnten wir das vergessen, Wissen und Gewissen der Parlamentarier sind sehr viel ausgeprägter als das der Regierungsmitglieder. Ach ja, die sind ja auch Abgeordnete! Wieder einmal war es der Mangel an politischem Mut, der die Impfpflicht verhindert hat.

Außerdem, was soll die ganze Aufregung? Hat nicht Gesundheitsminister Lauterbach Nachhilfe aus seinem Haus angeboten, sollte sich bei dem ein oder anderen Abgeordneten bei der Vorbereitung der Anträge eine Wissenslücke auftun? So werden die Wähler wieder einmal für dumm verkauft. Wie lange werden sie sich das noch gefallen lassen? Das politische Schauspiel befindet sich in der Krise. Die Stücke, die zur Aufführung gelangen, sollen dem Publikum nicht verkauft werden, sondern es überzeugen! Was die Menschen nicht verstehen, muss man ihnen erklären. Die Bretter auf der Bühne sind morsch geworden, und die Akteure darauf scheinen längst vergessen zu haben, dass sie für das Publikum da sind.

Klima, Klima über alles

Der 11. Januar 2022 war der Tag der Wahrheit. Robert Habeck, der neue Minister für Klimaschutz, wusste es schon lange, jetzt sollte es auch die Öffentlichkeit erfahren. Mit einem Paukenschlag trat der Minister vor die Presse in Berlin. Die Klimaschutzziele im Jahre 2022 würden nicht erreicht werden. Auch für das Jahr 2023 würde dies sehr schwer werden. Habecks Bestandsaufnahme sollte zeigen, wie sehr Deutschland beim Klimaschutz hinterherhinkt und dass dieses Versäumnis von der Vorgängerregierung Merkel zu verantworten sei. Dass an dieser düsteren Bilanz auch der damalige Vizekanzler Olaf Scholz mehr oder weniger beteiligt war, darauf konnte der grüne Vizekanzler bei seiner Antrittsshow keine Rücksicht nehmen. Man müsse die Anstrengungen für den Klimaschutz verdreifachen, sonst werde man die Ziele für 2030 verfehlen.

Die Veränderung des Klimas ist in Deutschland zum Thema Nummer eins geworden, und das zu Recht. Die Diskussion darüber ist allerdings stark mit Gefühlen aufgeladen, die immer dann die Auseinandersetzung bestimmen, wenn das notwendige Fachwissen nicht gefragt oder nicht vorhanden ist – oder beides. Von einem von Emotionen bestimmten Diskurs bis zur Klimahysterie ist es mitunter nur mehr ein kleiner Schritt. Dieser Umgang mit dem Klimathema ist wohl typisch deutsch und ziemlich einmalig in der Welt. Argumente, Vernunft und abwägendes Urteil haben es schwer in einer Klimastimmungsdemokratie. Vor einigen Jahren wurde ich während einer öffentlichen Diskussionsveranstaltung Zeuge, wie der Vorstand eines großen deutschen Energieunternehmens auf einem rein gesinnungsethisch besetzten Podium als Einziger die Position des verantwortungsethisch handelnden Entscheiders vertrat oder – besser gesagt – vertreten musste. Einer seiner Schlüsselsätze, die ich mir damals notiert hatte, hieß: »Wer Klimapolitik gestalten will, darf nicht ignorieren, dass der Ausstoß an Treibstoffgasen nur marginal von westlichen Industrieländern bestimmt wird.« Man müsse zur Kenntnis nehmen, so der Manager, dass ein gleichzeitiger Ausstieg aus Kern- und Kohleenergie einfach nicht machbar sei. Diese Veranstaltung zeigte sich im gleichen Gewand wie Hunderte ähnlicher Podien zum Klimawandel: Der Entscheider aus der Wirtschaft, der die anderen Diskutanten an Wissen und Erfahrung deutlich übertraf, der unideologisch und sachbezogen zu argumentieren versuchte, befand sich mit seinen Positionen in der Minderheit gegenüber der dort versammelten Klimagefühlswelt.

Inzwischen hat sich das Klimakarussell längst weitergedreht. Die Grünen, die sich ihr Kompetenzthema von nichts und niemandem mehr entreißen lassen wollen, übertreffen sich fast täglich in schlagzeilenträchtigen, jedoch häufig sachfremden Vorschlägen. Wer erinnert sich nicht an das Klimaschutzministerium mit eingebautem Vetorecht, eine Idee aus der Kosmetikabteilung der Kanzlerkandidatin Annalena Baerbock? Das Veto sollten die anderen Ministerinnen und Minister zu spüren bekommen, wenn sie Gesetze machen wollten, die nicht mit dem Pariser Klimaschutzabkommen vereinbar sind. Politisch absolut weltfremd und schnell wieder verworfen, weil nie durchsetzbar, zeigt dieses Beispiel doch sehr drastisch, wie und woran in bestimmten politischen Lagern gedacht wird. Veto und Verbot sind die mit Abstand unintelligentesten Formen politischen Handelns. Dennoch werden sie am häufigsten als Vorschläge fantasiebefreiter Politik eingebracht. Sie werden allerdings immer dann besonders unglaubwürdig, wenn noch nicht einmal ihre Erfinder sie einhalten.

Wenn es nach Vorstellung der selbst ernannten Umweltpartei künftig keine Inlandsflüge für die Deutschen mehr geben soll, dann müssten deren Volksvertreter doch längst auf Elektroautos oder auf die Bahn umgestiegen sein. Doch dort können wir lange nach unseren Abgeordneten suchen, auch und besonders nach den Grünen. Denen begegne ich immer wieder – wie vor Jahrzehnten schon – auf Sitz 1 A oder 1 C in der Businessklasse, munter fliegend zwischen den Städten dieser Republik. Keine Frage: Die Damen und Herren Parlamentarier tun nichts Unrechtes, sondern nutzen das (aus), was ihnen nach Gesetzeslage zusteht. Wir haben es hier wieder einmal mit einem von vielen Beispielen in der Politik zu tun, wo Worte und Taten auf befremdliche Weise auseinanderfallen, wo Anspruch und Wirklichkeit nicht mehr zusammenpassen und privilegierte Abgeordnete ihrem Wahlvolk ein miserables Beispiel geben. In diesem Zusammenhang ist festzuhalten, dass die Bundestagsabgeordneten der Grünen (bisher jedenfalls) besonders flugwütig waren. Die Bürgerinnen und Bürger können freilich getrost davon ausgehen, dass sich die Klimaschützer nicht der Heuchelei überführen lassen, sondern für jede Flugbewegung eine plausible Begründung finden werden. Oder?

Um im Bild zu bleiben: Wie abgehoben müssen eigentlich Parlamentarier von den Menschen sein, die sie vertreten, wenn sie ständig neue Belastungen im Namen der Umwelt in Aussicht stellen? Weltmeisterlich in dieser Disziplin sind abermals die Grünen. So erwecken sie in schöner Regelmäßigkeit den Eindruck, als könnten sie gar nicht genug kriegen von Kerosinaufschlägen, höheren Benzinpreisen, Parkgebühren, steigenden Strompreisen. Wie viel darf es denn sein? Wie viel darf ich den Normalverdienern eigentlich vom mit harter Arbeit Verdienten wegnehmen, um das Klima zu schützen und die Umwelt zu retten? Wann und wo ist die Grenze erreicht, jenseits der die hochfliegenden Pläne zur Rettung der Umwelt und zur Erlösung der Menschheit zur nicht mehr hinnehmbaren Belastung und damit zur neuen sozialen Frage für die überwiegende Mehrheit unserer Bevölkerung werden, die nicht zur Klasse der Privilegierten gehört?

Ein solcher Gedanke mag dem politischen Establishment der Grünen fernliegen, da die Mehrheit ihrer Anhänger längst nicht mehr sozial prekären Verhältnissen entstammt, wo man das Geld zusammenhalten muss, um über die Runden zu kommen. Die grüne Klientel der Zwanzigerjahre des dritten Jahrtausends gehört zum gut situierten Bürgertum mit dem Tesla als Drittwagen in der Garage und teuersten Bioprodukten auf dem Frühstückstisch. Merke: Grün oder mit grünem Anstrich zu leben, muss man sich leisten können. Merke auch: Wenn die Flüge so teuer geworden sind, dass nur noch Reiche fliegen können, dann ist das zwar unsozial, doch was juckt das die Wohlhabenden und die Grünen beziehungsweise die wohlhabenden Grünen? Merke schließlich: Erfolgreiche Klimapolitik kann nur funktionieren, wenn sie Menschen nicht zur Kasse bittet, die jeden Cent zum Leben brauchen. Wann trifft Politik endlich auf Wirklichkeit?

Inzwischen sind alle hochfliegenden Klimapläne erst einmal in den Hintergrund gerückt. Auch der engagierteste Klimapolitiker hat bis auf Weiteres andere Sorgen. Seit Monaten explodieren die Preise für Erdgas, Öl und Kohle. Der Krieg in der Ukraine hat die Lage auf dem Energiemarkt noch einmal dramatisch verschärft. Klimaneutralität bleibt für die Welt und besonders für ihren deutschen Musterknaben zwar das große Ziel, doch Versorgungssicherheit und Energiepreise haben bis auf Weiteres Vorrang. Die Formel klingt ziemlich einfach: Bevor sie sauber wird, muss Energie erst einmal verfügbar sein und bezahlbar bleiben. Dabei geht es einerseits um Leute mit kleinen Einkommen, die wegen der galoppierenden Inflation nicht wissen, wie sie über die Runden kommen sollen, andererseits sind energieintensive Unternehmen mit Zigtausenden von Arbeitsplätzen in akuter Gefahr.

Die großen Probleme der Energiewende sind – trotz aller gegenteiligen Bekundungen – ungelöst. Die Sonne scheint nicht, wenn sie soll. Der Wind bläst nicht, wenn man ihn braucht. Die Speicherung von nicht verbrauchtem Strom in entsprechend großen Mengen – dieses Kunststück haben unsere Ingenieure bis zum heutigen Tag nicht fertiggebracht. Die sauberen Energien decken noch längst nicht unseren Bedarf. Dies sind nur einige der drängenden Fragen, auf die die Politik endlich überzeugende Antworten liefern muss. Inmitten all dieser Probleme hat sich Vizekanzler, Klimaschutz- und Wirtschaftsminister Habeck in den ersten Monaten der neuen (Ampel-)Zeit als erstklassiger Erklärer in einer schwierigen Zeit erwiesen. Vielleicht muss man ja wirklich ein promovierter Philosoph sein, um die Menschen an seinem lauten Denken voller Selbstzweifel so überzeugend teilhaben zu lassen. Allerdings gelingt die Energiewende nicht mit perfekter Kommunikation, sondern mit politischem Realitätssinn.

Die Vertrauensfrage

Unsere Demokratie ist stark, hören wir in schöner Regelmäßigkeit von unseren Politikern. Wer anderes behaupte, wolle das Land nur schlechtreden. Da bricht sie wieder auf, unsere chronische Krankheit namens Euphemismus. Das Krankheitsbild ist stets das gleiche. Alles halb so schlimm, alles viel besser als der Befund zeige. Naja, wenn's mal so wäre. Am 15. Dezember 2021 veröffentlichte die Körber-Stiftung eine neue Studie mit einer ziemlich alarmierenden Überschrift: »Demokratie in der Krise«.

Das Ergebnis zeigt, dass die Deutschen wenig Vertrauen in Demokratie und öffentliche Einrichtungen haben. Demnach hält nur die Hälfte der Befragten Demokratie für eine Staatsform, der sie Vertrauen schenken. Auch bei öffentlichen Einrichtungen und Institutionen ist das Vertrauen der Deutschen nicht besonders ausgeprägt. Bei den

Politikern müssten eigentlich alle Alarmglocken schrillen. Nur noch 32 Prozent der Befragten haben Vertrauen in Bundestag und Bundesregierung. Nur mehr 20 Prozent vertrauen den Parteien. Angesichts solcher Zahlen ist allerdings jeder Versuch zum Scheitern verurteilt, die Lage noch schönreden zu wollen.

Mit 67 Prozent Vertrauen erhält die Wissenschaft noch die Bestnote. Dies dürfte wohl ein coronabedingter Wert sein, der davon bestimmt sein mag, dass die Leistungen von Wissenschaft und Forschung im Zusammenhang mit der Pandemie als sehr akzeptabel empfunden worden sind. Meinungsprägend dürfte vor allem die herausragende Leistung des Forscherteams bei der Entwicklung des BioNTech-Impfstoffs gewesen sein. In diesem Zusammenhang ist ein weiterer Wert der Umfrage sehr aufschlussreich. Jeder zweite Befragte ist der Meinung, die Politiker hätten zu wenig auf die Wissenschaft gehört, nur 15 Prozent glauben, sie hätten sich zu viel von der Wissenschaft sagen lassen.

Alles in allem sind das sehr bedenkliche Zahlen, die der Demokratie kein gutes Zeugnis ausstellen. Wenn nur mehr jeder Zweite der Staatsform vertraut, die uns im zurückliegenden Dreivierteljahrhundert nach dem Ende des Dritten Reiches dorthin gebracht hat, wo wir heute stehen (und das einigermaßen sicher und satt), dann ist das kein beruhigendes Zeichen. Es weist uns darauf hin, dass wir uns rüsten und unsere Instrumente schärfen müssen, um die beste unter allen schlechten Staatsformen mit Mut und Leidenschaft und immer mehr auch mit der unverbrauchten Kraft der jungen Generation zu verteidigen.

Der Philosoph Julian Nida-Rümelin sieht die Umfrage der Körber-Stiftung, die er mit erarbeitet hat, in einem aktuellen Zusammenhang mit der Coronakrise, was angesichts des Befragungszeitraums auch sehr plausibel erscheint: »Eine Demokratie kann es sich nicht erlauben, größere Minderheiten in Fundamentalopposition, Resignation oder Wut abdriften zu lassen.« Nida-Rümelin warnt in dieser bemerkenswerten Interpretation davor, den Vertrauensverlust, wie er sich in den Zahlen der Umfrage ausdrücke, zu unterschätzen, und warnt: »Wenn solche Entwicklungen mit einem massiven Rationalitätsverlust einhergehen und in faschistisches, mythologisch oder religiös geprägtes fundamentalistisches oder auch esoterisch-verschwörungstheoretisches Denken münden, ist die Demokratie gefährdet.«

EU-Kommissionspräsidentin Ursula von der Leyen dürfte ebenfalls das Lachen vergangen sein. Zwei Drittel der Deutschen haben wenig oder kein Vertrauen in die Europäische Union, wie eine Umfrage der Meinungsforscher in Allensbach im Auftrag der *Frankfurter Allgemeinen Zeitung* ergeben hat. Dieses Ergebnis kann niemanden verwundern angesichts des Dramas um die Impfstoffbeschaffung, die Frau Präsidentin mitzuverantworten hat.

Was stört mich mein Geschwätz von gestern? Unter dieser Überschrift lässt sich auch der schon erwähnte Beinahewortbruch deutscher Politik zum Thema Impfpflicht zusammenfassen. Dieser radikale letzte und durchaus bedenkenswerte Schritt gegen Corona und Impfverweigerer war vor der Bundestagswahl von allen Spitzenpolitikern im Brustton vollster Überzeugung abgelehnt worden. Dass die Impfpflicht dann zwischenzeitlich doch kommen sollte, wäre nicht der erste Wortbruch in der Geschichte der Bundesrepublik gewesen. So versprach Helmut Kohl nach der Wiedervereinigung 1990, es werde selbstverständlich keine Steuererhöhungen geben, um die deutsche Einheit zu finanzieren. Unmittelbar nach der Wahl brach er dann, ohne mit der Wimper zu zucken, sein Versprechen.

Oder erinnern wir uns an den SPD-Kanzlerkandidaten für die Bundestagswahl 2017, Martin Schulz. Vor der Wahl hatte er vollmundig verkündet, er würde niemals in die Regierung einer Kanzlerin Merkel eintreten. Nach der Wahl stieg ihm der verführerische Duft aus den Fleischtöpfen der Macht erwartungsgemäß in die Nase, und er wäre doch liebend gerne Außenminister geworden. Die Genossen konnten ihm diese Stillosigkeit dann doch noch ausreden. Für ein solches Verhalten taugt nur ein Begriff: Prinzipienlosigkeit. Sie ist einer der Gründe für die Glaubwürdigkeitskrise, in die sich unsere Politiker immer tiefer verstricken.

Konservativ, schwierig!

Man tritt Angela Merkel nicht zu nahe, wenn man feststellt, dass die Reflexion konservativer Werte nicht zu ihren gedanklichen Hauptbeschäftigungen gehörte. Schließlich ist sie Physikerin und nicht Philosophin. Als Politikerin handelte sie als eine Meisterin der Macht, angetrieben von einem täglichen Pragmatismus, der ihr eine weltanschauliche Verortung ihrer Partei, der CDU, als nachrangig erscheinen ließ. Merkels ausgeprägter Machiavellismus orientierte sich ausschließlich am täglichen Streben nach dem Erhalt der Macht. Die Definition eines klaren politischen Standpunkts betrachtete sie als wenig hilfreich, vermutlich sogar als Zeitverschwendung. Ein Denken über die Anforderungen des politischen Tagesgeschäfts hinaus war ihr fremd, in jedem Fall war es ein Hindernis bei der Aufstellung der Christdemokraten zum Kanzlerwahlverein.

Merkel war stets bemüht (und erfolgreich in der Umsetzung), die CDU dorthin zu schieben, wo sie für die Menschen das attraktivste Angebot bereithielt. Es war nicht wichtig, ob die Weichen auf links oder auf rechts gestellt waren oder ob die Partei (am liebsten) in der Mitte angesiedelt blieb – das (Wahl-)Ergebnis musste stimmen. Angesichts einer solchen Prägung hört man immer seltener die Frage, auch in der Partei, wo eigentlich das Konservative bleibe. Hat man nicht gesehen, dass die Wahlen in der Mitte gewonnen werden? Die fortschreitende Veränderung der Union weg vom konservativen Profil, vor allem der CDU, hat bei vielen Wählern ein Vakuum entstehen lassen. Sie haben sich daher andere Wahlheimaten gesucht – eine davon wurde die AfD.

Warum haben es die Konservativen in den vergangenen Jahrzehnten nicht vermocht, sich im politisch-weltanschaulichen Diskurs mehr Gehör zu verschaffen? Unter Merkels Führung wurden klar konservative Personen und Standpunkte eher als lästig empfunden, was ja schon einmal ganz anders war in Zeiten, als Alfred Dregger oder Franz Josef Strauß Geschicke und Kurs von CDU und CSU bestimmten.

Gesellschaftlich betrachtet ist es bis zum heutigen Tag nicht einfacher geworden, sich zu einer konservativen Haltung zu bekennen. »Das ist ja ein Konservativer« klingt in Deutschland nach wie vor abwertend. Konservativ oder neokonservativ ist zu einer Art Schmähwort weit über linke oder intellektuelle Kreise hinaus geworden. Diese Abwertung im öffentlichen Diskurs funktioniert noch immer sehr gut, auch weil Konservative nach meiner Wahrnehmung ziemlich empfindliche Seelen sind. Es will ihnen nicht in den Kopf, dass sie von einem medialen und gesellschaftlichen Mainstream entweder mitleidig belächelt oder heftig diffamiert werden, am besten gleich als Nazis.

Konservative fragen sich daher in regelmäßigen Abständen: Wer bin ich und wofür stehe ich? Eigentlich, sagt der Konservative, will ich doch etwas sehr Naheliegendes. Ich will, sagt er, dass das, was ich für richtig halte, so bleibt wie es ist – zum Beispiel unser Wohlstand und unsere Lebensqualität. Aber, denkt er, will das nicht auch der ver-

meintlich oder tatsächlich Fortschrittliche oder auch ein
eher im linken Spektrum angesiedelter Bürger in diesem
Land? Ich weiß aber auch, denkt der Konservative laut weiter, dass sich die Welt immer schneller dreht und immer
dramatischer verändert und dass wir darauf immer schneller reagieren müssen. Und ist es nicht so, dass schon Franz
Josef Strauß gesagt hat, die Konservativen seien es, die an
der Spitze des Fortschritts marschierten?

Diese Definition des ebenso eigenwilligen wie umstrit-
tenen Bayern steht ziemlich im Widerspruch zu einem
Bündel von gleich – oder ähnlich – lautenden Definitionen
des Konservativen aus unterschiedlichsten Quellen inklusive Wikipedia. Wenn man sie zurate zieht, findet man
Konservativismus abgeleitet vom lateinischen conservare
(erhalten, bewahren) als eine Überschrift für geistige und
politische Bewegungen, welche die Bewahrung bestehen-
der oder die Wiederherstellung früherer gesellschaftlicher
Ordnungen zum Ziel haben.

Durch eine jahrzehntelange, einseitig nur auf den Aspekt der Bewahrung »alter« Werte abzielende öffentliche
Diskussion wurde die konservative Haltung zu Unrecht
mit Fortschrittsverweigerung gleichgesetzt. Doch wer will
sich schon gerne nachsagen lassen, dass er gegen den Fortschritt sei? Daher ist es nur verständlich, wenn es immer
weniger Menschen gibt, die sich noch offen zu einer konservativen Haltung bekennen und diese auch verteidigen.
Konservativ wird entweder gleichgesetzt mit nicht fort-
schrittlich oder mit rechts. Und von da aus ist es nicht sehr
weit zu einer Gleichung, die so geht: Konservativ heißt
rechts, heißt rechtsextrem, heißt Nazi. Hinzukommt eine
weitere Stigmatisierung des Konservativen, wonach es das
Gegenteil von sozial sei.

Dass solche gegen das Konservative gerichteten Kam-
pagnen so erfolgreich sein konnten, hat auch damit zu tun,

dass viele Konservative nicht mehr willens sind, ihre Haltung mit schlagkräftigen Argumenten zu verteidigen und damit in der öffentlichen Diskussion zu bestehen. In der Merkel'schen Christdemokratie sagte man einfach nicht gerne: Ich bin konservativ. Wer es dennoch tat, wie das bürgerlich-konservative Ausnahmetalent Wolfgang Bosbach, blieb ein Fremdkörper in der Partei, allerdings nicht in den Medien, wo er stets sehr gefragt war.

Die Erklärung für diese Dauerpräsenz als Talkgast folgt einem einfachen Auswahlprinzip in den Redaktionen. Besonders gern gesehen in Diskussionsrunden ist der Kritiker des Parteiestablishments. Dieser Rolle wurde Bosbach in hohem Maße gerecht. Außerdem sprach er konservative Werte wie Familie, Kirche oder Heimat an, die in der diffus ungefähren Mitte der CDU niemanden mehr interessierten.

Über das Konservative zu reden bedeutet, ein weltanschauliches Ungleichgewicht anzusprechen, in dem sich Deutschland seit Jahrzehnten befindet. Im öffentlichen Diskurs und damit auch in der Wahrnehmung durch die Öffentlichkeit wird zwischen linken und linksextremen Positionen sehr sorgfältig unterschieden, dies zu Recht und mit guten Argumenten. Auf der anderen Seite des Parteienspektrums vermisst man diese Sorgfalt bei der begrifflichen Trennung. Zwischen konservativ, rechtsradikal und rechtsextrem verschwimmen die Grenzen. Zwischen den Begriffen wird nicht mehr akribisch unterschieden, sondern eine rechte Haltung ist demnach eine unzulässige Haltung, weil dies nach der Definition des deutschen Mainstreams bedeutet: Alles, was nicht links ist, wird dem Verdacht ausgesetzt, als Konservativer ein Rechtsradikaler, ein Rassist, ein Nazi zu sein, ganz in deren Nähe zu stehen oder sich nicht ausreichend von diesen abzugrenzen.

Man sieht also, der begrifflichen Hygiene, die auf der linken Seite sehr sorgfältig gepflegt wird, steht eine begriffliche Vernachlässigung und Irreführung im rechten Spektrum gegenüber. Joachim Gauck hat darauf hingewiesen und dafür viel Kritik einstecken müssen. Es müsse, so Gauck, deutlich zwischen konservativ, rechts sowie rechtsextremistisch/rechtsradikal unterschieden werden. Es sei unerlässlich, klar herauszuarbeiten, ob jemand rechts im Sinne von konservativ oder rechtsradikal sei.

Es wird spannend sein zu beobachten, ob es Friedrich Merz gelingen wird, der CDU ein neues konservativeres Profil zu geben, als dies unter Angela Merkel der Fall war. Mit einem solchen Kurswechsel könnte er es schaffen, enttäuschte, in andere Parteien abgewanderte Wähler zurückzugewinnen, vor allem von der AfD. Der neue Partei- und Fraktionschef weiß aber auch, dass die Suche nach einem konservativeren Profil eines zu berücksichtigen hat: Wahlen werden nun mal in der Mitte gewonnen (was Angela Merkel immer wieder bewiesen hat). Die Wahlergebnisse und Koalitionen in Nordrhein-Westfalen, Schleswig-Holstein (und 2023 vielleicht auch in Bayern) zeigen allerdings auch, dass die Unionsparteien ihr »Klimaprofil« schärfen müssen, um für schwarz-grüne oder grün-schwarze Bündnisse in Bund und Ländern bereit zu sein.

Konservativ sein ist in Deutschland keine leichte Sache, es ist nicht cool. Konservativ sein bedeutet, sich gegen einen Mainstream zu behaupten, der die Räume für diese Denkrichtung immer enger macht. Konservativ sein heißt, Themen und Begriffe nicht auszuklammern, weil es darüber Korrektheitsdebatten geben könnte – etwa, dass in bestimmten kritischen Situationen auch Landesgrenzen wieder geschlossen werden könnten. Konservativismus heißt, wie der Politikwissenschaftler Werner J. Patzelt herausgearbeitet hat, dass vermeintliche, behauptete »bessere

Neue« hat sich zu rechtfertigen, nicht das schon »bewährte Bestehende«. Der Konservative weiß, dass es permanent Reformen am Existierenden braucht, immer wieder auch den »Abriss« des Bestehenden und an seiner Stelle den »Aufbau« von etwas völlig Neuem. Insofern unterscheidet nach Patzelt den Konservativen vom Reaktionär die immer wieder neu gewonnene Erkenntnis, dass es auf dem intakten Fundament des Bestehenden den Versuch der Veränderung geben muss, um dem dramatischen Wandel in einer globalisierten Welt Rechnung zu tragen.

Außenpolitik aufgewacht?

Wir. Dienen. Deutschland. Das war einmal. Die deutsche Bundeswehr ist in einem miserablen Zustand. Hubschrauber, die nicht fliegen. Panzer, die nicht fahren, weil man sie kaputtgespart hat. Schiffe, die nicht auslaufen können. Deutschland hat seine Bundeswehr in voller Absicht kleingemacht und klein gespart. Die deutschen Verteidigungskräfte wurden zum Abrüstungsprojekt. Wer ankündigte, weitere Milliarden aus dem Verteidigungshaushalt zu streichen, konnte sich bis vor Kurzem des parteiübergreifenden Beifalls sicher sein.

Pazifistisches Wunschdenken konnte sich durch die politischen Entwicklungen in Europa und in der Welt ja zunächst bestätigt sehen. Mit der Wiedervereinigung war Deutschland auf einmal nicht mehr Zentrum des kalten Krieges. Welch schöne neue Welt! Die Konfrontation zwischen Ost und West, zwischen Sowjets und Amerikanern, Deutschen und Deutschen löste sich auf. Die Geschichte gebar über Nacht eine neue Welt – ohne die DDR, ohne Sowjetunion, ohne Warschauer Pakt, ohne Nationale Volksarmee. Wogegen galt es sich da noch zu verteidigen? Wozu brauchte man eine NATO, wozu eine Bundeswehr? Eine halbe Million Soldaten auf deutschem Boden? Hunderte von Flugzeugen? Weg damit! Weniger Soldaten, weniger Panzer. Der Verteidigungshaushalt wurde seitdem halbiert, die Sozialausgaben verdoppelt. Welche Regierung hätte sich angesichts einer Umverteilung dieses Ausmaßes und dieses Zuschnitts nicht des Beifalls einer großen Mehrheit der Bevölkerung sicher sein können? Und darauf kam es doch schließlich an, nicht wahr?

Da nur ein verschwindend geringer Teil unseres politischen Personals in historischen Zusammenhängen zu denken in der Lage ist, weil es ihm an geschichtlichem Wissen fehlt, war auch nicht zu erwarten, dass jemand aus diesem Kreis die abermalige Veränderung der Weltlage binnen weniger Jahre voraussehen konnte. Anstelle des jahrzehntelang existierenden, halbwegs kalkulierbar erscheinenden Ost-West-Konflikts trat eine internationale Destabilisierung der Welt, die die besten Thinktanks auf diesem Globus genauso überfordert wie deutsche Bundesregierungen mit begrenzt erfahrenem Personal an der Spitze.

IS-Terror, Russland, Afghanistan, Syrien sowie die Flüchtlingsproblematik sind nur wenige Problemfelder, die ein entschlossenes außenpolitisches Konzept und eine verteidigungspolitische Strategie erfordert hätten. Eine solche Planung fehlte in der deutschen (Außen-)Politik seit Jahrzehnten und bis heute. Die Auslandseinsätze der Bundeswehr sollten – so waren sie wenigstens gedacht – einen starken, ernst zu nehmenden Beitrag Deutschlands zur Sicherheit in der Welt leisten. Wie ernst zu nehmen dieses Engagement deutscher Soldaten noch war, dafür sprechen die Zahlen. Im vierten Quartal 2021 waren 2300 Soldaten an Auslandseinsätzen beteiligt. Die Euphemisten sagen, besser als nichts. Die Realisten sagen, zu wenig.

Es gehört zu den Besonderheiten vieler deutscher Parteimenschen, sich für das Klima in den nächsten zehn bis hundert Jahren mehr zu interessieren als für den bedenklichen Zustand unserer Streitkräfte. Dieser Auffassung kann man sein. Zur politischen Verantwortung gehört es jedoch, neben dem Klimaschutz auch den Schutz der Bevölkerung gegen militärische Bedrohungen zu garantieren. Mit Letzterem tat man sich allerdings im Links-Mitte-Korridor deutscher Politik eher schwer.

Ich werde das Gefühl nicht los, dass die Abneigung gegen die Bundeswehr auch eine Abneigung war, Verantwortung in Europa und in der Welt zu übernehmen. Daran änderten auch 2300 deutsche Soldaten im Auslandseinsatz nichts. Wer den Begriff » Militärische Stärke« in den Mund nahm, erzeugte in Deutschland Stirnrunzeln.

Wie sehr wurde der hochgeschätzte Parlamentarier und Verteidigungsminister Peter Struck für seinen der Logik der Realpolitik (militärische Stärke kann wirtschaftliche Stabilität erhalten) folgenden Satz kritisiert: »Die Sicherheit der Bundesrepublik Deutschland wird auch am Hindukusch verteidigt.«

In der *Neuen Zürcher Zeitung* war dazu bereits im Jahr 2018 zu lesen: »In einer Welt, in der die liberalen Demokratien so massiv wie lange nicht von autoritären Systemen herausgefordert werden, ist der Stolz darauf, militärische Operationen rundheraus abzulehnen und den Niedergang der Bundeswehr mit einer seltsamen Genugtuung zu beobachten, schwer zu begreifen. Eine schwache Bundeswehr ist kein Sieg über den Militarismus, sondern gibt diesem im Gegenteil neuen Auftrieb, weil Autokraten sich dadurch ermutigt fühlen, wieder mehr auf die Waffe und weniger auf das Wort zu vertrauen. Wie das zu einer friedlichen Welt beitragen soll, bleibt ein deutsches Geheimnis.« Die Bundeswehr und ihre Soldaten hatten Ministerinnen und

Minister an der Spitze, aber sie hatten keine Lobby. Interesselosigkeit ist auch eine Form von Nachlässigkeit.

Unsere Außenpolitiker träumten vom Frieden, machten Freiheit und Demokratie zur Dauerschleife eines jeden öffentlichen Auftritts, aber sie waren so trunken von ihren Worten, dass sie darüber das Wichtigste vergessen hatten: Demokratie und Freiheit brauchen den festen Willen, sich zu wehren und zu verteidigen, wenn sie in Gefahr sind.

Europa war friedensbewegt und Deutschland ganz besonders. Unsere Außenpolitiker waren in Kindergröße ausgestattet. Das sah in der Regierung Scholz nicht anders aus als unter Kanzlerin Merkel. Es ist mit ziemlicher Sicherheit davon auszugehen, dass dies noch jahrelang so weitergegangen wäre.

Doch am 27. Februar 2022 war Deutschlands Außenpolitik mit einem Schlag den Kinderschuhen entwachsen und in der Erwachsenenabteilung angekommen. Der Angriff Putins auf die Ukraine katapultierte die deutsche Regierung von der Naivität in die Realität.

Dieser Tag war von historischer Bedeutung im doppelten Sinn. Das gemeinsame Haus Europa, das Michail Gorbatschow mit den Staaten des Westens errichtet hat, ist vom russischen Präsidenten zerschlagen und dem Erdboden gleichgemacht worden. Die deutsche Außenpolitik war hart auf dem Boden der Wirklichkeit gelandet und vollzog einen atemberaubenden Richtungswechsel. Beides ist ohne Übertreibung mit dem Begriff der Zeitenwende zu beschreiben. Es war eine Revolution, die am 27. Februar 2022, einem Sonntag, im Hohen Haus von Berlin stattfand. Was bisher undenkbar schien, erklärte der Bundeskanzler zur Priorität: Verteidigungswaffen an die Ukraine zu liefern, die abgewirtschaftete Bundeswehr mit einem Sondervermögen von 100 Milliarden Euro in den nächsten Jahren endlich zu modernisieren und einen Verteidigungsbeitrag für das Bündnis von zwei Prozent des Haushalts bereitzustellen.

Die Erkenntnis, in der NATO künftig eine führende Rolle spielen und notfalls sogar das deutsche Territorium verteidigen zu müssen, lässt keinen Denkbaustein auf dem anderen und verdichtet sich zu einer Strategie, die zur Kenntnis nehmen muss, dass sich Demokratien gegen die Aggression von Autokraten notfalls mit Waffengewalt verteidigen. So sieht der endgültige Abschied von einer Welt aus, in der sich alle liebhaben sollen, aus der das Böse verbannt ist und in der man am liebsten den Verteidigungsetat für weitere soziale Wohltaten plündern möchte. Nicht zum ersten Mal in der Geschichte stehen ausgerechnet Sozialdemokraten und Grüne für den harten Abschied von lieb gewordenen Illusionen. Es wird interessant sein zu sehen, wie die Deutschen auf diesen Abschied reagieren. Bekanntlich lieben sie ihre Illusionen, aber nicht die, die man ihnen nimmt.

Außenpolitik in Deutschland war in der Vergangenheit mit starken und mit schwachen Namen verbunden. Willy Brandt, Hans-Dietrich Genscher und Joschka Fischer standen für eine kluge, strategisch durchdachte Außenpolitik, die das Ansehen Deutschlands in der Welt steigerte. Frank Walter Steinmeier und Sigmar Gabriel waren Vertreter solider Außenpolitik, die auf diesem Fundament aufbauen konnten. Und – da sie keine großen Fehler während ihrer Amtszeit begingen – auch weitgehend makellos ihren Platz in den Geschichtsbüchern finden werden.

Danach fiel es schwer, deutsche Außenpolitik noch als Politik zu bezeichnen. Eine ihrer hervorstechendsten Merkmale war die Neutralität, die Nichteinmischung, das sich Heraushalten, wo immer es ging. Dass das größte Land Europas außenpolitisch nicht führte, sondern dilettierte, rief in der Welt nur noch Kopfschütteln hervor. Aus dem

Ausland, vor allem aus den Vereinigten Staaten aus dem Bereich der nationalen Sicherheit, wird diese Führungsrolle der Deutschen inzwischen mit deutlichen Worten eingefordert. Doch Deutschland, das inzwischen fast alle Waffen der Bundeswehr verkommen ließ, stellte sich taub. Seine außenpolitische Doktrin war geprägt von Neutralität um jeden Preis. Die Außenpolitik der vergangenen Jahre war eine Politik der schönen Worte, die in jeder Krise in Deckung ging. Strategie war ein Fremdwort, für neue Strategien fehlte die Fantasie.

Das Versagen hat einen Namen: Heiko Maas. Dessen phrasenreiche Diplomatiemissionen fraßen Tonnen von Kerosin, aber machten weder Deutschland noch die Welt sicherer. Afghanistan wurde zum Desaster der westlichen Welt, aber vor allem für den deutschen Außenminister. Der Mann, der stets den Eindruck erweckte, unter der Bürde seiner Aufgabe regelrecht zusammenzubrechen, hat auf ganzer Linie versagt. Wäre das Debakel von Afghanistan nicht wenige Wochen vor der Bundestagswahl passiert, hätte sich Maas nicht mehr im Amt halten können.

Der deutsche Außenminister handelte nicht, sondern wurde gehandelt, auch von den Taliban, als sie Kabul eroberten. Trotz Warnung aus der Botschaft verharrte der deutsche Außenminister in Bewegungslosigkeit und ließ deutsches Personal vor Ort ganz einfach im Stich.

Fehler hat er erst zugegeben, als es gar nicht mehr anders ging. Ja, er habe Fehler gemacht, aber das sei er ja nicht allein gewesen, sondern in der Gesellschaft anderer Staaten und Geheimdienste, die alle die Lage ebenfalls falsch eingeschätzt hätten. Man hat es nicht anders gelernt als Politiker: Schuldeingeständnisse nach dem Prinzip der Salamitaktik, Scheibe um Scheibe. Dies markiert einen weiteren, bedauerlichen Fall von Übernahme politischer Verantwortung erst in allerletzter Minute, dann nämlich, wenn das Eingeständnis unausweichlich geworden ist.

Wobei die Machtübernahme des Talibanregimes im August 2021 nicht nur die deutsche Regierung in ein Desaster ohne Beispiel stürzte, sondern die gesamte westliche Welt in ein Reaktionschaos. In diesen dramatischen Tagen erlebten wir ein Multiversagen des Westens. Die Weltöffentlichkeit glaubte nicht richtig zu hören, als der amerikanische Präsident in den Spießrutenlauf Tausender von Afghanen in Richtung Flughafen von Kabul hinein den unfassbaren Satz sagte: »Das Chaos war nicht zu vermeiden.« Wer bisher noch daran gezweifelt hatte, dem war jetzt klar: Auch Joe Biden ist zu eben jenem Zynismus fähig, wie er Politikern immer mehr zu eigen wird.

Das Problem für Deutschland war in diesem Fall nur, dass das eklatante Versagen auf der Bühne der Weltöffentlichkeit sichtbar wurde und man sich ein weiteres Mal dem internationalen Spott aussetzte.

Deutschland ist während der Amtszeit des stets ein wenig arrogant und besserwisserisch auftretenden Saarländers (Arroganz ist ein Zeichen von Schwäche) in die außenpolitische Bedeutungslosigkeit abgestiegen. Deutschland ist mit seinem 15. Außenminister in die höchst beunruhigende Lage gekommen, dass es während der gewaltigen machtpolitischen Verschiebungen der letzten Jahre nicht mehr um Rat gebeten wurde.

Henry Kissinger, der ehemalige US-Außenminister, hatte schon vor vielen Jahrzehnten mit schelmischem Lächeln die Frage gestellt: »Wen muss ich eigentlich anrufen, wenn ich mit Europa sprechen möchte?« Es ist nicht bekannt, welche Antwort er damals bekam. Heute jedenfalls würde er nicht in Berlin anrufen, sondern im Zweifelsfall in Paris, weil man dort längst erkannt hat, dass die Veränderungen, von denen man in Deutschland möglichst nichts hören und nichts sehen will, einer entschlossenen Antwort bedürfen. Von einer solchen Antwort war man in der Zentrale der Unverbindlichkeit und des Minimalismus, im Auswärtigen Amt, über viele Jahre meilenweit entfernt.

Die Kanzlerkandidatin der Grünen und neue Außenministerin in der Ampelkoalition, Annalena Baerbock, hatte das Versagen von Heiko Maas in der Afghanistankrise mit harten Worten kritisiert: »Wie kann es sein, dass der Außenminister nicht auf die Warnungen seiner eigenen Diplomaten hört?«, fragte sie damals zu Recht. Inzwischen weiß auch sie um die Herausforderungen und Tücken dieses Amtes. 16. Außenministerin der Bundesrepublik Deutschland zu werden, war sicherlich ein außergewöhnlicher persönlicher Erfolg angesichts ihres beruflichen Werdegangs und ihrer politischen Biografie.

Dennoch muss man wissen, dass das Amt der Außenministerin keineswegs ihren Idealvorstellungen von einem Ministeramt in der neuen Regierung entsprach. Wenn sie schon nicht Kanzlerin werden konnte, wovon sie angesichts ans Unwirkliche grenzender Umfragewerte ja auch eine kurze Zeit träumen konnte, dann wäre sie gerne Klimaministerin und Vizekanzlerin geworden. Die Rechnung hatte sie jedoch ohne Robert Habeck gemacht. Also wurde sie zuständig fürs Auswärtige, nicht ohne Zuständigkeiten für internationale Klimathemen für sich zu reklamieren. Die Grüne versuchte sich zunächst an einer wertebasierten Außenpolitik, musste jedoch bereits bei ihren ersten Gehversuchen unter Schmerzen feststellen, dass die Beziehungen zwischen den Staaten der Welt vor allem auf Interessen beruhen und weniger auf gemeinsamen Werten. Auch wird ihr nicht entgangen sein, dass Rohstoffe nicht nur in Demokratien zu finden sind.

Ein wenig befremdlich fand ich es, dass sie nach ihren ersten Besuchen in Moskau und in der Ukraine von vielen

Medien dafür gefeiert wurde, dass sie diese Reisen »fehlerfrei« absolviert habe. So etwas nennt man Erwartungsminimalismus. Mit kritischem Journalismus hat das wenig zu tun.

Aber dann ist alles anders gekommen. Eine bisher unvorstellbare Bedrohung von außen hat die Außen-, Sicherheits- und Verteidigungspolitik Deutschlands in fundamentaler Weise verändert. Ohne Putins Aggression hätten wir wohl weiter an das Gute in der Welt geglaubt und dass wir in einem Land leben, in dem der Frieden für alle Zeiten sicher ist und nicht mehr verteidigt werden muss. Wir haben uns zu früh gefreut und erleben eine Außenministerin, die in atemberaubendem Tempo zur Realpolitikerin geworden ist.

Demokratie
im Gegenwind

Respekt für die Meinung des Anderen

Rudolf Augstein, legendärer *Spiegel*-Herausgeber, hat einmal gesagt, es komme nicht so sehr darauf an, dass die Demokratie nach ihrer ursprünglichen Idee funktioniere, sondern dass sie von der Bevölkerung als funktionierend empfunden werde. Wenn wir Demokratie als ein System betrachten, in dem wir die Wahl haben und nicht, wie in der Diktatur, vor die Wahl gestellt werden, dann können wir uns zunächst einmal glücklich schätzen, weil wir grundsätzlich in der richtigen Welt leben. Das bedeutet: in einer Staatsform, die die schlechteste mit Ausnahme aller anderen ist, wie Winston Churchill einmal gesagt hat.

Zurzeit erleben wir eine enorme Dehnungsfähigkeit der Demokratie, über die wir staunen und die wir ihr vielleicht gar nicht zugetraut haben. Die Coronakrise ist nur ein Beispiel, was eine politische Ordnung der Freiheit (der Andersdenkenden) auszuhalten vermag. Eine Ordnung, deren Stärke vom Volk ausgeht und zu deren unumstößlichen Fundamenten freie Wahlen, Gewaltenteilung sowie der Schutz der Grund-, Bürger- und Menschenrechte gehören. Über diese Tatsache denken die wenigsten von uns nach. Es ist der Zustand demokratischer Normalität, den die meisten von uns als etwas gewohnt Selbstverständliches betrachten, das keiner besonderen Erwähnung mehr wert ist.

In unaufgeregten Zeiten empfinden wir es schon als krisenhafte Zuspitzung der Lage der Nation, wenn die Wahlbeteiligung unter 70 Prozent sinkt. In Krisenzeiten dagegen ist vieles anders. So hat die Pandemie Deutschland natürlich verändert. Anders als Bundeskanzler Scholz glaubt, haben Corona und der politische Umgang damit sehr wohl zu einer Anspannung und stellenweise zu einer Spaltung der Gesellschaft geführt: zu einer Verhärtung der Diskussion über die angemessenen Instrumente zur Bekämpfung des Virus, zu einer wachsenden Radikalisierung von Impfgegnern und -befürwortern und zu einer Diskussion, die den Politikern vorwirft, die Bevölkerung ihrer Freiheit beraubt zu haben.

Das war ziemlich viel auf einmal für die Staatsform der Demokratie, die auf Diskussion, Transparenz und Kommunikation aufgebaut ist. Angesichts dieser Krise, die schnelle Entscheidungen verlangt, bei der es im wahrsten Sinne des Wortes um Leben und Tod geht, waren Zwang und Verführung für die Exekutive groß, demokratische Beteiligungsprozesse zu minimieren oder sie, wenn erforderlich, sogar zu umgehen.

Angela Merkel war die Meisterin eines präsidialen Regierungsstils mit zeitweiser Außerkraftsetzung des Parlaments. Diesen Stil pflegte sie nicht erst seit Corona, sondern schon während der Finanz- und Eurokrise in den Jahren 2008 und 2009. Zweifel sind angebracht, ob ihr Nachfolger Olaf Scholz, der als ihr Vize fast zwei Jahre lang in ihrem Windschatten die Pandemie unauffällig gemanagt hatte, einen demokratischeren Regierungsstil pflegen und »mehr Demokratie wagen« (Willy Brandt) wird als seine Vorgängerin.

Jedenfalls ist nach meiner Erinnerung am Tuch der deutschen Demokratie noch nie so heftig gezogen und gezerrt worden wie in den Zeiten von Corona – am einen Ende die So-viel-wie-nötig-Demokratie der Regierungen Merkel und Scholz, am anderen Ende eine wachsende Zahl von Menschen, die sich von der Politik auf einmal ihrer Freiheit beraubt sahen. Das Wesen der Demokratie besteht darin, eine solche Freiheitsdiskussion mit schlüssigen aber auch nicht schlüssigen Argumenten zu ermöglichen. Dies gehört zu einer offenen Debatte, die ein wesentlicher Teil der Demokratie ist. In diesem Zusammenhang fällt mir der »Respekt« ein, den der Bundeskanzler im Wahlkampf plakatieren ließ.

Jenseits der Wahlwerbung kommt einem schnell der Gedanke, dass es vor allem um den Respekt für die Meinung des anderen geht. Mag sie einem noch so absurd erscheinen, man kann sie mit dem besseren Argument besiegen. Gerade wer die Regierungsmacht innehat, sollte nicht glauben, auf ernsthaftes Zuhören und konstruktiven Streit verzichten zu können. Demokratie in ihrem besten Sinne gibt ihren Bürgern Spielräume für Meinung und Gegenmeinung und nimmt diese Diskussion sehr ernst. Demokratie und ihre Repräsentanten müssen es aushalten, wenn sie selbst zum Ziel der Kritik werden. Ephraim Kishon, der berühmte israelische Satiriker, hat sehr treffend gesagt, die Demokratie sei das beste politisches System, weil man es ungestraft beschimpfen könne. Das ist Freiheit, wie sie von Demokratien garantiert und von Diktaturen niedergeknüppelt wird.

Unsere Demokratie darf es allerdings nicht versäumen, sich dort wehrhaft zu zeigen, wo die Freiheit der Demonstration zu Gewalt, Beleidigung und Gefährdung anderer wird. Ein starker demokratischer Staat muss dort entschlossen handeln, wo es zu judenfeindlichen

und Holocaust-verharmlosenden Vorfällen kommt. Inzwischen sind wir schon wieder so weit, dass Antisemiten
aller Richtungen Juden für die Pandemie verantwortlich
machen – und in der Folge auch noch für die staatlichen
Gegenmaßnahmen.

Wenn man mit Experten spricht, die sich über diese
Szene ein genaues Bild gemacht haben, dann sagen sie
einem, dass bei einer wachsenden Zahl von Demonstrationen gewaltbereite Verschwörungstheoretiker aller Richtungen an vorderster Front marschieren und damit auch
die Bilder in den Medien beherrschen. Diese Bedrohung
der Demokratie durch eine lautstarke und radikale Minderheit wird auch nach dem Ende der Coronapandemie nicht
verschwunden sein. Sie entschlossen in ihre Schranken zu
weisen, bedarf eines starken Staates, einer wehrhaften Demokratie, in der die Sicherheitskräfte die volle politische
Rückendeckung brauchen.

Wie sagte Goethe, der ja nicht nur Dichter war, sondern auch am Fürstenhof von Weimar vielfältige Erfahrungen im Staatsdienst sammeln konnte vor mehr als
200 Jahren: »Wer sich den Gesetzen nicht fügen will, der
muss die Gegend verlassen, wo sie gelten.« Diesseits der
wachsenden Gewaltbereitschaft auf der Straße wächst die
Zahl der Menschen, die an der Problemlösungskompetenz
der Politik und damit auch an der Staatsform, in der sie
stattfindet, zweifeln. Sie werden Zeugen, wie lange Ent-
scheidungsprozesse dauern, wo schnelle Lösungen gefragt
wären. Ihre Zweifel und ihre Kritik verbinden sie mit dem
Stammtisch-affinen Hinweis, die Zukunft gehöre ja ohnehin China, weil es dort eine autoritäre Führung gebe. Oder
sie rufen nach starken Männern wie Putin. Diese Demo-
kratiezweifel wachsen. Sie sind zwar unreflektiert ober-
flächlich, bringen jedoch zum Ausdruck, dass die westlichen Demokratien ins Gerede gekommen sind.

Winklers Warnung

Der Historiker Heinrich August Winkler machte sich schon 2017 in seinem Buch »Zerbricht der Westen?« über die Probleme westlicher Demokratien Gedanken und schrieb:

»Die liberale Demokratie des Westens ist in der Defensive. Sie wird nicht nur von außen, von immer selbstbewusster auftretenden autoritären Regimes, obenan die Volksrepublik China mit ihren weltweiten Aktivitäten, sondern auch von innen infrage gestellt von populistischen Bewegungen und Parteien, die von sich behaupten, sie seien die wahren Repräsentanten der Demokratie, weil sie und nur sie für das Volk sprechen.«

Populistische Bewegungen profitieren von den Problemen, die von den etablierten demokratischen Parteien verdrängt oder nicht gelöst würden. Laut Winkler sind die Populisten von rechts und von links auch eine Reaktion auf die Hyperglobalisierung, von der der amerikanische Wirtschaftswissenschaftler Dani Rodrik spricht: »Globale Märkte leiden unter schwacher Beaufsichtigung und sind daher anfällig für Instabilität, Ineffizienz und einen Mangel an demokratischer Kontrolle.«

Die Antwort der Populisten, vor allem der von rechts, auf die Globalisierung ist wirtschaftlicher Nationalismus. Diese Antwort ist falsch. Protektionistische Abschottung schadet – so Winkler – Absender wie Adressaten, indem sie der Wettbewerbsfähigkeit den Hahn abdreht. Auch wenn die Rechtspopulisten mit dem Beginn der Flüchtlingskrise in Europa verstärkt an den Grundfesten der deutschen Demokratie rütteln, ist ihnen nur im östlichen Deutschland wirklicher Erfolg beschieden.

In den westlichen Bundesländern halten sich ihre Wahlergebnisse in Grenzen oder sind rückläufig, da es der AfD bis heute nicht gelungen ist, Nationalisten in ihren Reihen wie Björn Höcke den Laufpass zu geben und die braunen Sumpfgebiete auszutrocknen. Konnte sich die AfD bei der Bundestagswahl 2017 aus dem Stand mit 12,6 Prozent der Wählerstimmen auf den dritten Platz hinter Union und SPD als stärkste Oppositionspartei in den 19. Deutschen Bundestag katapultieren und aus dieser Position heraus ziemlich viel Unheil anrichten und Unsinn verzapfen, wuchsen die Bäume 2021 nicht mehr in den Himmel. Mit 10,3 Prozent fiel die Alternative für Deutschland auf den fünften Platz im Berliner Parlament zurück. Damit mussten elf Abgeordnete ihren Stuhl räumen, was der Demokratie weiß Gott nicht zum Schaden gereichte.

Beunruhigend ist das Wahlergebnis vom 26. September 2021 allerdings mit Blick auf die neuen Bundesländer (eigentlich ein unpassender Begriff, denn so neu sind diese Länder mit mehr als 30 Jahren auf dem Buckel auch nicht mehr). In Thüringen und Sachsen wurde die AfD stärkste Kraft und konnte darüber hinaus die meisten Direktmandate gewinnen. Man muss sich fragen, warum es die Wähler völlig kalt gelassen hat, dass in beiden Ländern die Landesverbände der AfD vom Verfassungsschutz als des Rechtsextremismus verdächtig eingestuft werden – ebenso wie die Mitglieder der Landesverbände in Brandenburg und Sachsen-Anhalt. Die Kapitulation des Parteivorsitzenden Jörg Meuthen zeigt, in welch gefährliche Richtung sich diese Partei entwickeln könnte.

Die Verwahrlosung

Es ist der erste Vortrag, den der Autor der »Buddenbrooks« und des »Zauberbergs« vor über 80 Jahren für ein amerikanisches Publikum hält. Sein Thema ist kurz vor Ausbruch des Zweiten Weltkriegs der zukünftige Sieg der Demokratie. Thomas Mann bringt zum Ausdruck, wie sehr er sich den Untergang des Nationalsozialismus wünscht, aber nicht den Untergang Deutschlands und der Demokratie. Ein Kerngedanke darin ist von beklemmender Aktualität:

»Es gibt keinen Besitz, der Nachlässigkeit vertrüge. Selbst physische Dinge sterben ab, gehen ein, kommen abhanden, wenn man sich nicht mehr um sie kümmert, wenn sie Blick und Hand des Besitzers nicht mehr spüren und er sie aus den Augen verliert, weil der Besitzer ihn als so selbstverständlich dünkt.«

Thomas Mann fügt hinzu, das gelte auch für die Demokratie, die kein gesichertes Gut sei und daher Selbstbesinnung, Wiedererinnerung und Bewusstmachung benötige.

Es bedarf eben der Sensibilität sowie der sprachlichen Ausdruckskraft und Schärfe eines literarischen Genies, um uns die Zerbrechlichkeit, Zerfallsgefahr und weitgehend ungesicherte Existenz des hohen Gutes Demokratie als permanent bedrohten Wert unseres Lebens in Freiheit vor Augen zu führen. Mehr als 80 Jahre später werden Thomas Manns Gedanken am 2. September 2020 während eines Festaktes in der Frankfurter Paulskirche aufgegriffen und von Professor Rainer Forst, dem Gelehrten für politische Theorie und Philosophie, in einen beeindruckenden Bezug zur Gegenwart gebracht.

Die Rede ist als ein Weckruf zu verstehen, die Demokratie, die unsere Freiheit schützt, nicht verkommen zu lassen. Unsere Demokratie sei in Gefahr zu verwahrlosen, was etwas ganz anderes sei als eine Pflanze verkümmern zu lassen. Verwahrlosung versteht der Redner in der Paulskirche als extreme Vernachlässigung. Man könnte auch sagen, wir betreiben eine Art Selbstvernachlässigung. Es ist uns gleichgültig geworden, wie wir leben. Es fehlt an Achtsamkeit für die besondere, wertvolle, Freiheitsrechte garantierende demokratische Form der Ordnung, in der wir leben und in der wir uns nicht nur bequem, sondern auch gut eingerichtet haben, in der wir uns ganz einfach wohlfühlen.

Dabei gerät allzu oft in Vergessenheit, dass Demokratie eben nicht nur eine Schönwetter-, sondern in wachsendem Maße eine Konfliktveranstaltung ist. Sie wird immer dann verwahrlosen, wenn unser politisches Personal die Mühen nicht mehr auf sich nehmen will, für seine Vorstellungen zu werben und umstrittene Entscheidungen in kräftezehrender Überzeugungsarbeit zu begründen. Genauso wie die da oben sind auch wir, die Bürger, für die Verwahrlosung unserer Demokratie verantwortlich, wenn wir uns als untauglich für die Debatte und unfähig zum Kompromiss erweisen, wenn wir ausschließlich die eigene Freiheit zum Inhalt unseres Denkens und zum Maßstab unseres Handelns machen und uns der Mitmensch mit seinen Interessen und mit seinem Sicherheitsgefühl nicht mehr interessiert.

Eine Demokratie verliert an Glaubwürdigkeit, wenn uns zunehmende Ignoranz und abnehmende Empathie nicht mehr spüren lassen, wenn viele Familien ihre Kinder nicht auf die Klassenfahrt mitschicken können, weil das Geld fehlt. Dies ist ein Beispiel von vielen, die deutlich machen, dass unsere viel gelobte Staatsform im Begriff ist, auch sozial zu verwahrlosen. Demokratie verroht und stellt sich damit selbst infrage, wo der Streit in der Sache unerbittlich wird, maßlos und feindselig, wenn gelogen wird wider besseres Wissen, bis hin zur Leugnung der Existenz eines Virus durch eine laute und gewaltbereite Minderheit.

Es bringt uns nicht weiter, mit ebenso klugen wie erschrockenen Worten Klage zu führen über die Gefahren für die Demokratie. Wir alle lassen es doch zu, dass die Demokratie in immer größere Schwierigkeiten gerät. Es ist unser Versagen. Jeder von uns ist ein Teil dieser Staatsform. Wir sollten achten, was wir haben. Was wir haben, hat Winston Churchill auf wunderbare Weise zum Ausdruck gebracht: »Wenn es morgens um sechs an meiner Tür läutet, und ich kann sicher sein, dass es der Milchmann ist, dann weiß ich, dass ich in einer Demokratie lebe.«

Bidens Verzweiflungstat

Wann hat es das schon einmal gegeben? Einen virtuellen Gipfel für Demokratie. Natürlich wollte der amerikanische Präsident mit einer solchen, weltweit beachteten internationalen Veranstaltung eigene Schwächen überspielen und Stärke unter Beweis stellen. Dies klingt dann so: Autokratische Staaten wollen ihren Einfluss rund um die Welt ausweiten (die gemeint waren, Russland und China, wurden geschont und nicht beim Namen genannt). Sie rechtfertigen ihre repressive Politik als eine effiziente Weise, um die heutigen Herausforderungen anzugehen. Entweder sieht Biden die demokratischen Hütten in der Welt wirklich lichterloh brennen, oder er wollte mit diesem spektakulären Auftritt geschickt Terrain zurückgewinnen, das er in den vergangenen Monaten innenpolitisch dramatisch verloren hatte.

Mehr als hundert Regierungschefs mehr oder weniger demokratischer Staaten hatte der Amerikaner eingeladen. Die Konferenz war aus der Erkenntnis geboren, dass die freiheitlich-demokratischen Systeme gegenüber autokratischen Staaten ins Hintertreffen geraten könnten (oder schon längst sind).

Interessant ist, dass der nach eigenem Selbstverständnis demokratische Musterknabe Deutschland in Gestalt seines Bundeskanzlers teilnahm – trotz seines wegen der Regierungsbildung höchst angespannten Terminkalenders. Für Scholz war es wichtig, ein Zeichen zu setzen und darzulegen, dass und wie die deutsche Regierung zur Stärkung demokratischer Werte beitragen könne. Diesen natürlich auch auf international wahrnehmbare Außenwirkung abzielenden Beitrag leistete der Bundeskanzler jedoch vor allem in dem Bewusstsein, dass die deutsche Demokratie eine Reihe von Problemen gerade in jüngster Zeit zu bewältigen hat, die nicht nur Alarmisten als den Beginn größerer Probleme markieren könnten.

In Analogie zu dem längst entschiedenen Systemwettbewerb zwischen Kapitalismus und Kommunismus wird der Wettkampf zwischen Demokratie und Autokratie jetzt ein weiteres Mal auf die ökonomische Dimension verengt. Die entscheidende Frage dabei lautet: Welches System erscheint Erfolg versprechender bei der Beschaffung von Gütern für Wachstum und Stabilität? Eine derart selektive Wahrnehmung berücksichtigt allerdings nicht, dass ein freiheitliches Regierungssystem schon einen Wert an sich darstellt – ohne ökonomischen Mehrwert und Wohlstand zum Erfolgsmaßstab zu machen.

Entscheidend ist jedoch, dass demokratische Stabilität erst dann entstehen und bewahrt werden kann, wenn die überwiegende Mehrheit der Menschen im Land selbstbestimmt, in Freiheit und zufrieden leben kann. Vieles spricht dafür, dass Joe Bidens Initiative nicht nur die globale Demokratie im Auge hat, sondern dass ihn Zweifel an der demokratischen Stabilität der Vereinigten Staaten plagen. Auch nach Trumps unrühmlichem Abgang ist das Schreckgespenst eines autoritären Amerika noch lange nicht vertrieben.

Deutschland ist – trotz allem – immer noch als ein verlässlicher Schutzraum in einer aus den Fugen geratenen Welt zu betrachten. Diese Gewissheit ist beruhigend. Beruhigend ist auch, dass die Bundesrepublik zu den 23 sogenannten »vollständigen Demokratien« auf der Welt gehört, wie der Democracy Index des *Economist* festgestellt hat – bei 194 Staaten auf der Welt. Es gilt hier ebenso, diesen Platz in der Spitzengruppe zu verteidigen, sonst verlieren wir auch ihn.

Demokratie mit Blößen

Manchmal ist es mit der Demokratie wie in vielen Familien oder Partnerschaften: Wen man in seinem Lebensumfeld um sich hat, weiß man nach einer gewissen Zeitspanne nicht mehr in gebührendem Maße zu schätzen. Die Vorzüge verblassen, Fehler und Schwächen gewinnen in der Betrachtung die Oberhand. So ähnlich kann man sich das auch mit der Demokratie vorstellen. Die Kritik wächst, je länger die Herrschaft des Volkes im Amt ist: zu langsam, zu diffus, zu entscheidungsschwach. Natürlich schmücken wir uns alle gerne damit, Demokraten zu sein. Aber spüren wir überhaupt noch, was ein Leben in Freiheit, Selbstbestimmung und Toleranz bedeutet?

Demokratie? Wir nörgeln, mal lauter, mal leiser. Doch keiner rüttelt so richtig offen an dieser bewährten Staats- und Lebensform. Niemand will doch dabei ertappt werden, wie er an dieser fantastischen Idee, für die Montesquieu und Rousseau die Grundlagen schufen, zu zweifeln beginnt. Als erfolgreich-überzeugendes Modell für die Nationen der westlichen Welt bleibt Demokratie unantastbar. Was aber, wenn es konkret wird?

Als Handlungsanleitung für eine im globalen Maßstab immer unübersichtlicher werdende Welt erweist sie sich offensichtlich nur mehr als bedingt tauglich, manchmal sogar untauglich. Dies trifft besonders in Krisenzeiten zu, wie bereits erwähnt. Daraus allerdings den Schluss zu ziehen, Demokratien hätten bei der Bekämpfung des Virus einen Nachteil im Wettbewerb mit autokratischen Staaten wie Russland, China oder der Türkei ist von den Fakten klar widerlegt. Beide Systeme haben vergleichbare Schwierigkeiten, der Seuche Herr zu werden. Dies ist daher ein denkbar ungeeignetes Beispiel, um zu beweisen, dass Autokratien mit ihren rigoros agierenden Entscheidungshierarchien erfolgreicher seien als westliche Demokratien.

Andere Beispiele jedoch zeigen uns die Blößen der Demokratie sehr deutlich, so etwa im vergangenen Jahr beim Vertrauensbruch im Zusammenhang mit dem kategorischen Versprechen nahezu aller Politiker von Rang und Namen, niemals eine Impfpflicht einzuführen. In einer so erprobten Demokratie wie der deutschen hätten die handelnden Politiker, die diesen schier unglaublichen Richtungswechsel vollzogen haben, wissen oder zumindest ein Gespür dafür entwickeln müssen, wie wichtig eine ernsthafte Debatte jenseits eines parlamentarischen Schnellschusses und unbefriedigender Fernsehauftritte gewesen wäre. Ein ungutes, ein beklemmendes Gefühl sagt mir, dass fehlende Debatten einmal ein wichtiger Grund sein könnten, wenn die Totenglocken für die Demokratie läuten sollten.

Unser demokratisch verfasstes Land, das sich in so vielen Krisen bewährt hat, gibt sich eine Blöße, wenn die Frauen und Männer an der Spitze nicht mehr in der Lage sind, also nicht mehr die Kraft und den Willen aufbringen, vor der Entscheidung die Kontroverse in der Debatte zuzulassen.

Große, einschneidende Veränderungen in der Geschichte der Bundesrepublik waren stets begleitet von Debatten auf höchstem Niveau im Deutschen Bundestag, die Debatte über die Ostverträge gehört zu den Sternstunden der parlamentarischen Demokratie. Solche Erlebnisse werden heute immer seltener. Kommunikation ist nicht die Sache von Olaf Scholz (war es auch nicht von Angela Merkel). Doch Kommunikation hält eine Gesellschaft zusammen und ist eine Chance zu verhindern, dass sie zerfällt.

Demokratiekritik hat immer Konjunktur. Redner und Autoren leben gut davon. Viele sind nicht ernst zu nehmen, andere schon. Der amerikanische Politologe Jason Brennan regt mit seiner Streitschrift »Against Democracy« zum Nachdenken an. Die Briten, schreibt er, hätten für den unkalkulierbaren Brexit gestimmt und die Amerikaner mit Trump einen unberechenbaren Präsidenten gewählt. In beiden Fällen waren es demokratische Entscheidungen in freien Wahlen, herbeigeführt von mündigen, informierten (oder doch nicht?) Bürgern.

An dieser Stelle stellt Brennan die Systemfrage radikal und in schmerzhafter Klarheit, wenn er bezweifelt, dass ein Teil der Wähler über ausreichendes Wissen verfüge, und wenn er feststellt, dass viele zu wenig von Politik und Wirtschaft verstünden und überhaupt viel zu emotional und daher Futter für Demagogen seien. Von Volkswahlen und direkter Demokratie hält er nichts, dann doch lieber eine Demokratie der Experten oder von Bürgern, die per Los ausgewählt und geschult werden sollen, bevor sie abstimmen dürften. Für manche mag dieser Gedanke verlockend sein – allerdings ist er weder wünschbar noch in der Praxis umsetzbar.

Den nationalen Demokratien, auch der der Bundesrepublik Deutschland, ist es bisher bei allen Anstrengungen nicht gelungen, Regeln zu entwickeln, die in einer globalisierten Welt wirken, die nur mehr wenig mit den Vorstellungen von einer Demokratie, wie sie zur Zeiten ihrer Erfindung vor 300 Jahren gedacht war als ein Fundament der modernen Demokratie, gemeinsam haben. In vielen Gesprächen mit Politikern in Berlin und Brüssel habe ich

immer wieder die gleiche Frage gestellt: Wer kann aus
dem Handlungsraum nationaler Demokratien heraus, ausgestattet mit der Prokura aller Europäer, einer globalen
Wirtschaft sowie digitalen, supranationalen Giganten mit
weltweit aufgestellten sozialen Netzwerken ihre Grenzen
zeigen? Wo ist die Person zu finden, die das mit Wissen,
Leidenschaft und Durchsetzungskraft erreichen könnte?
Das mitleidige Lächeln meiner Gesprächspartner, begleitet
von einem eher hilflos wirkenden Kopfschütteln, ließ mich
sehr schnell erkennen, dass ein Wesen mit diesen Eigenschaften bisher nicht gefunden worden ist.

Insofern ist diese beste aller Staatsformen mit all ihren
Schwächen noch immer nicht wetterfest gebaut für das
erste Jahrhundert des dritten Jahrtausends oder – etwas
weniger groß – für das nächste Jahrzehnt. Dabei können
wir noch gar nicht abschätzen, was in zehn Jahren sein
wird, wie sich die Welt bis dahin verändert haben wird und
was dies an neuen, ungeahnten Herausforderungen für die
Demokratie bedeutet.

Sicher scheint mir: Es wird weiter eine Demokratie
sein, die sich Blößen gibt und der Blessuren zugefügt werden. Wir werden eine Staatsform zu schätzen wissen, die
nicht statisch ist und nicht tot, sondern ein atmendes Wesen über die Jahrhunderte, in denen sie sich bewährt hat.
An manchen Stellen wird der Lack etwas stumpf geworden sein, aber noch ohne Risse. Demokratie war gedacht
als Ideensammlung für Freiheit und Menschenrechte. Sie
lässt zu und hält aus, heute vielleicht mehr als früher. Etwas mehr Fantasie als üblich wäre wünschenswert, damit
wir uns vorstellen können, auf welcher Grundlage wir heute leben und wie das vor mehr als einem Vierteljahrtausend seinen Anfang nahm.

Locke, Rousseau, Toqueville und Montesquieu waren
jene Geistesgiganten, die über Bedingungen und Prinzi-

pien nachdachten, wie ein Staat zum Wohl der in ihm lebenden Menschen gestaltet werden könnte. Im Mittelpunkt ihres Denkens standen Freiheit (die in jüngster Zeit so oft missverstanden wird), Gleichheit und Recht – und in welchem Verhältnis diese zueinander stehen. Schnell wurde ihnen klar, welche Grundsätze für ein Zusammenleben der Menschen unverzichtbar sein würden: die Gewaltenteilung, die Meinungsfreiheit, die Garantie des Eigentums (gibt es noch im Grundgesetz, aber nicht mehr unbedingt im praktischen politischen Handeln), der Schutz des Einzelnen vor der Macht der Mehrheit.

Demokratie funktioniert heute im Prinzip genauso wie vor einem Vierteljahrtausend. Wesentlich sind die Freiheit des Einzelnen und die Gleichheit aller vor dem Staat. Das sind die Prinzipien, auf die es ankommt, damals wie heute, und die es zu sichern gilt. Das ist in unserer digitalen Welt nicht viel anders als im Zeitalter der Postkutsche, mit der die Herren Locke und Montesquieu von Berlin nach Frankfurt fuhren – ohne Smartphone und ohne einen blassen Schimmer, wohin die technologische Revolution unsere Welt bis heute bringen würde. Demokratie ist kein Selbstbedienungsladen für Hedonisten, die Freiheit nur eigenbezüglich verstehen. Demokratie, richtig verstanden, ist nie fertig, nie endgültig, nie abgeschlossen, nie perfekt, nie erfüllbar, nie selbstverständlich. Demokratie ist Kampf und verträgt keinen Augenblick der Trägheit. Sie ist verletzlich und entblößt. Wir sollten sie mehr schätzen und weniger strapazieren.

Stärke – was sonst?

Die Blessuren, die man der Demokratie inzwischen zufügt, häufen sich. Die Angreifer gehen mit einer Radikalität vor und liefern Bilder, die man bisher nicht für möglich hielt. Im August 2020 versuchten Radikale mit der Reichsflagge in der Hand, den Reichstag zu stürmen. Es wäre ihnen fast gelungen – hätten sich ihnen nicht drei (!) mutige Polizisten in den Weg gestellt und dabei Gefahr für ihr eigenes Leben in Kauf genommen.

»Angriff auf das Herz unserer Demokratie« war denn da zu lesen – oder so ähnlich. Im Subtext lautete die Meldung: »Die heftigen Szenen vor dem Berliner Reichstagsgebäude sorgen für Bestürzung und Empörung unter Politikern. Forderungen nach Konsequenzen bestimmen die Reaktionen.« Diese Meldung hat exemplarischen Charakter, denn sie zeigt in gestanzter Nachrichtensprache und völlig absichtsfrei, woran ein wehrloser Demokrat zu erkennen ist: nämlich an Bestürzung, Empörung und der Forderung nach Konsequenzen. Das ist erbärmlich wenig. Es fehlt an Bewusstsein und Personal, den Staat gegen seine Feinde zu verteidigen.

Oder Minderheiten vor ihren Verfolgern zu schützen. Manchmal ist es sehr einfach, ein Problem auf den Punkt zu bringen: »Wo war die Polizei?«, fragte Ronald Lauder, der Vorsitzende des jüdischen Weltkongresses, bei seinem Besuch der Synagoge von Halle immer wieder. »Sie war nicht da«, antwortete der Vorsteher der jüdischen Gemeinde. Nach Einschätzung der Sicherheitsbehörden stellte die Gemeinde keinen besonderen Risikopunkt dar. Lauder antwortete darauf nur knapp: »Worte, Worte, Worte! Was wir brauchen, sind Taten.«

Die Anschläge von Halle und Hanau haben uns den schwachen Staat gezeigt. Seine Repräsentanten bieten beide Male eine Zusammenkunft betroffener Ratlosigkeit. Eine wehrhafte Demokratie sieht anders aus. Seitdem hat sich, zugegeben, manches getan, einiges zum Besseren gewendet – bei der Polizei, in den Sicherheitsdiensten, im Bewusstsein der Politiker. Doch das reicht noch lange nicht. Wir haben es in dieser vermeintlichen Musterdemokratie zu lange zu weit kommen lassen. Antisemitismus und Fremdenfeindlichkeit haben sich von Jahr zu Jahr ausgedehnt, ohne dass ihnen entschieden Einhalt geboten wurde. Das Virus des Antisemitismus ist gefährlicher als Corona. Michel Friedman stellt die naheliegende Frage: Warum nicht dieselbe Radikalität des Staates wie einst bei der Bekämpfung der Rote Armee Fraktion?

Es ist ein ziemlich unerträglicher Zustand. Wie lange dauert es noch, bis den Worten Taten folgen? Es geht darum, dass der wehrhafte Staat Handlungsfähigkeit unter Beweis stellt, jeden Tag aufs Neue. Der wehrhafte Staat muss Gewalt von rechts und links, von Islamisten wie aus der Mitte der Gesellschaft in aller Härte verfolgen. Die wehrhafte Demokratie hat die Aufgabe, ihre Bürger zu schützen sowie auf ihre Minderheiten zu achten, denn diese sind Teil von uns. Der Anwalt und Schriftsteller Ferdinand von Schirach sagt: »Wenn wir heute Minderheiten nicht schützen – ganz gleich ob es Juden, Migranten, Asylbewerber, Homosexuelle oder andere sind –, fallen wir wieder zurück ins Dunkle und Dumpfe … Auch wenn wir die größte Abneigung haben, uns mit den heutigen Rohheiten zu befassen – es bleibt uns nichts anderes übrig. Nur wir selbst können uns der Barbarei, dem Speien und Wüten entgegenstellen.« Wir können es, aber wir tun es nicht.

In einem anderen Land

Zerfall ist kein Zustand, sondern ein Prozess. Er beginnt unmerklich im Kleinen und kann enorme Zerstörungskräfte entfalten, wenn die Probleme nicht rechtzeitig identifiziert und benannt werden, bevor sie wie ein Krebsgeschwür auch jene Bereiche in Staat, Wirtschaft und Gesellschaft befallen, die noch gut funktionieren oder sogar in einem Topzustand sind. Wir können feststellen, dass sich unsere Demokratie noch wacker schlägt, obwohl sie wachsenden Gefahren ausgesetzt ist. Sie garantiert Meinungsfreiheit und Meinungsvielfalt und zu jeder Zeit und jedem Thema die Debatte und den leidenschaftlichen Streit im Pro und Contra.

Auf diesem Terrain der Freiheit gilt es dann, wie gesagt, auch Positionen zu tolerieren, die so überhaupt nicht die eigenen sind. Da stellt man sich dann schon die aus der eigenen Sicht der Dinge hergeleitete Frage, aus welchen Quellen sich wohl die Betrachtungsweise des anderen speist. Besonders aufgefallen ist mir diese Diskrepanz bei der Lektüre eines Kommentars in einer großen, deutschen Tageszeitung, dessen Kernaussage sich etwa so zusammenfassen lässt: Deutschland werde zu Recht vom Rest der Welt beneidet – um seine Freiheiten, die Vielfalt und Qualität seiner Medien, seine politische Stabilität, seinen Wohlstand, seinen Mittelstand, seine Verwaltung und um die Tatsache, dass hier beinahe alles funktioniert.

Man fragt sich: Wo hat der Autor im vergangenen Jahrzehnt gelebt? Sollte es in einem der Armenhäuser der Welt gewesen sein, könnte man ein gewisses Verständnis für seine Deutschland verklärende Einschätzung aufbringen. Wobei ich ihm bei den Themen Freiheit und Mittelstand ausdrücklich zuzustimmen bereit bin.

UNTERSCHÄTZTE FREIHEIT

Wer mit dem Begriff der Freiheit
nichts mehr anfangen kann,
der kann ziemlich sicher sein,
dass er im Besitz der Freiheit ist.

Peter Schneider

Abkopplung von der Geschichte

Die Freiheit in der Freiheit

Wenn ich an Freiheit denke, dann fällt mir zuerst der 9. November 1989 ein, der Tag, an dem die Mauer fiel. An diesem Abend war ich als Moderator des ZDF heute journals Zeuge dieses Jahrhundertereignisses. Als SED-Politbüromitglied Günther Schabowski kurz nach 19 Uhr mitteilte, dass eine neue Reiseverordnung für die Bürger der DDR in Kraft trete, vermutlich ab sofort, war damit nach 28 Jahren das Ende der deutschen Teilung besiegelt.

Es könnte ein Versehen gewesen sein, schlechte Vorbereitung, eine in diesem Moment unklare und unglückliche Ausdrucksweise oder alles zusammen. Der Augenblick und seine Wirkung schrieben in jedem Fall deutsche Geschichte und führten dazu, dass über 16 Millionen Menschen aus der DDR-Diktatur friedlich (!) in das freiheitliche System der Bundesrepublik wechseln konnten. Ohne Zweifel haben an diesem Abend des Mauerfalls die öffentlich-rechtlichen Medien ARD und ZDF den Fortgang der Ereignisse entscheidend beeinflusst. Dies wurde in den Jahren nach dem Ereignis in zahllosen wissenschaftlichen Arbeiten nachgewiesen.

Ich selbst war an diesem historischen Abend des 9. November zwar nicht nah an den Ereignissen in Berlin, doch in Mainz Teil der aktuellen Berichterstattung. Da bis zum Beginn der Sendung um 21.45 Uhr noch keinerlei Bewegung der DDR-Bürger zu den Grenzübergängen Berlins festzustellen war, gleichzeitig die Nachrichtenagenturen seit 19 Uhr die Schlagzeile formulierten, dass die Mauer offen sei, blieb die Situation bis in den späten Abend hinein extrem unübersichtlich.

Im Rückblick kann ich sagen, dass die Moderation zu diesem Ereignis die schwierigste meines Journalistenlebens war. So entschloss ich mich, die Entwicklung vorwegzunehmen, die in den folgenden Wochen und Monaten in großer Dynamik folgen sollte, zu diesem Zeitpunkt jedoch vielleicht fühlbar, aber keinesfalls greifbar war, und sagte: »Damit macht die Mauer keinen Sinn mehr.« Der Durchbruch im wahrsten Sinn des Wortes kam um 22.30 Uhr, als mein Kollege Hajo Friderichs in den Tagesthemen den Satz sprach: »Die Tore der Mauer stehen offen.« Das war zwar symbolisch gemeint und zu diesem Zeitpunkt noch immer durch keinerlei Fakten belegt. Diese sechs Worte reichten jedoch aus, um Tausenden von Menschen das Signal zu geben, sich auf den Weg zu machen zu den Grenzübergängen Friedrichstraße und Bornholmer Straße, dorthin also, wo der Weg in den Westen beginnen sollte – aus einer zerbrechenden Diktatur in die Freiheit, die für sie fast drei Jahrzehnte lang nur ein Traum geblieben war.

Im satten, deutschen Westen war zu diesem Zeitpunkt Freiheit längst kein Thema mehr für die Menschen. Sie war selbstverständlich geworden, man musste sich nicht mehr um sie bemühen, geschweige denn um sie kämpfen. Die Deutschen im Westen hatten vergessen, dass Freiheit das Gegenteil von Gefangenschaft und Bespitzelung ist. Woher sollten sie es auch wissen? Das Leben in der deutschen Diktatur war so nah und doch so unendlich weit weg.

Freies Reisen, freie Meinung, freie Berufswahl: All das war in der DDR nicht vorhanden. Daher hatte die Freiheit dort eine andere Bedeutung. Sie war ein Wert, um den es sich zu kämpfen lohnte, eine Sehnsuchtsvorstellung, für die Zigtausende 1988 und 1989 immer lauter demonstrierten. Joachim Gauck sagte 2013 beim Festakt zur Wiedervereinigung in Stuttgart: »Der Freiheitswille der Unterdrückten hatte die Unterdrücker entmachtet – in Danzig und Prag, in Budapest und Leipzig. Was niedergehalten wurde, stand auf. Was auseinandergerissen war, wuchs zusammen.« Dass Freiheit etwas Besonderes ist, genauso wie die Staatsform, in der sie gelebt werden kann, die Demokratie, das hat erst der Freiheitskampf der Bürger in der DDR gezeigt.

Es ist eine gewaltige, Mut erfordernde, lebensbedrohliche Anstrengung, sich in einer Diktatur die Freiheit zu erkämpfen. Es ist jedoch auch eine sehr anstrengende Sache, »die Freiheit in der Freiheit zu entwickeln«, wie Joachim Gauck sagt, dort also, wo man sie nicht mehr wahrnimmt und kaum mehr wertschätzt. Diesen Gedanken hat schon Goethe auf vortreffliche Weise zum Ausdruck gebracht: »Das ist der Weisheit letzter Schluss: Nur der verdient sich Freiheit wie das Leben, der täglich sie erobern muss.« In den Jahren nach der Wiedervereinigung ist allmählich in Vergessenheit geraten, dass Freiheit nicht ohne Bindung und ohne Grenzen existieren kann. Der Dichter und Journalist Matthias Claudius sah das Wesen der Freiheit darin, dass man all das tun könne, was einem anderen nicht schade. Und Albert Camus ist zuzustimmen, wenn er meint, dass wir in der Freiheit nicht in erster Linie eine Ansammlung von Privilegien sehen sollten, sondern von Pflichten.

In den zurückliegenden mehr als zwei Coronajahren haben wir mit dem Begriff Freiheit vieles angestellt. Er wurde in dieser emotional aufgeladenen Zeit seiner eigentlichen Bedeutung und seines Wertes immer wieder beraubt. Die Freiheit wurde als etwas Leichtgewichtiges empfunden von denen, die es als staatlich verordneten Freiheitsraub empfanden, von 22 Uhr abends bis fünf Uhr morgens die eigenen (oder gemieteten) vier Wände nicht verlassen zu dürfen, in geschlossenen Räumen Masken tragen zu müssen oder Abstand zum Mitmenschen einzuhalten, um die Gefahr einer Ansteckung nach Möglichkeit zu vermeiden.

Ausdruck einer solchen Haltung war es, im Zusammenhang mit dem Virus ständig neue Wortschöpfungen hervorzubringen: »Selbstisolation« oder »Balkonbesuch« waren noch die harmlosesten Begriffe. Wer für ein paar Tage zu Hause bleiben musste, um nicht sich oder andere anzustecken, und wer in diesem Zusammenhang vom »staatlich gewollten Freiheitsentzug« sprach, an dessen Ende die Abschaffung unserer Demokratie geplant sei, dem ist wirklich nicht mehr zu helfen. Wer Freiheitsraum im angemessenen Sinn des Wortes besichtigen möchte, dem sei eine Reise zum Realitätscheck nach Moskau, Peking oder Belarus empfohlen. Mit der Freiheitsbeschränkung durch den Staat beziehungsweise durch die handelnden Politiker – so hört man immer wieder – hätten sich die Menschen überhaupt nicht mehr nach draußen begeben. Sie suchten jetzt die freiwillige Quarantäne und blieben zu Hause. Sie hätten sich an die Unfreiheit gewöhnt.

Falsch: Sie nahmen sich die Freiheit, sich zu schützen, so wie sich andere die Freiheit nehmen, dies nicht zu tun und damit die Gesundheit ihrer Mitmenschen zu gefährden. Das tun sie aus freiem Willen und nicht, weil sie sich an die Unfreiheit gewöhnt hätten. In der Coronazeit zeigte die Freiheit viele Gesichter, eines davon ist die missbrauchte Freiheit. Unsere Demokratie erlaubt die Demonstration für eine Sache, für ein Interesse aus Anlass eines aktuellen Ereignisses. Dies ist Ausdruck der Freiheit. Die Demonstration wird zugelassen, wenn sie die Auflagen erfüllt. In diesem Rahmen wurde regelmäßig gegen die Coronapolitik von Bund und Ländern demonstriert. Allerdings mussten solche Veranstaltungen immer öfter aufgelöst werden, weil sich ihre Teilnehmer nicht an die pandemiebedingten Sicherheitsauflagen hielten oder weil sich gewaltbereite Minderheiten an die Spitze der Bewegung setzten.

Der berühmte Psychologe und Angstforscher Fritz Riemann schrieb bereits vor mehr als 60 Jahren in seinem Bestseller »Grundformen der Angst«: »Angst tritt immer dort auf, wo wir uns in einer Situation befinden, der wir nicht oder noch nicht gewachsen sind. Da unser Leben immer wieder in Unvertrautes und noch nicht Erfahrenes führt, begleitet uns Angst immerwährend.« Wie auch jetzt, während dieser elend lange dauernden Pandemie. Immer war die Angst unser Begleiter. Die Angst vor Krankheit, vor Tod, vor Jobverlust, die Angst vor Einsamkeit.

Die Angst ist ein schlechter Ratgeber für uns alle und ein untauglicher Partner für die Freiheit. Ist es nicht so, dass die Verantwortlichen in der Politik viele Einschränkungen schon wieder rückgängig gemacht haben, weil sie an das Ende dieser Pest glauben (oder eher darauf hoffen)? Aber mal ehrlich: Zögern wir nicht, diese neuen kleinen Freiheiten, wenn man sie denn so nennen will, als Ausdruck zurückkehrender Normalität anzunehmen, weil wir dem Frieden noch nicht trauen, weil wir uns noch nicht sicher sind, und weil die Angst noch tief in uns sitzt? Coronazeiten sind keine guten Zeiten für die Freiheit, aber man hat sie uns nicht geraubt, wie man uns immer wieder glauben machen möchte. Tauschen wir doch einfach die Worte und setzen anstelle von Freiheit die Verantwortung.

Deutsche Amnesie

Es hat den Anschein, als würde unser Gedächtnis zerfallen. Die Deutschen erinnern sich von Jahr zu Jahr weniger an ihre Geschichte. Prägende historische Ereignisse werden nicht mehr wahrgenommen. Zweiter Weltkrieg, Holocaust, Mauerbau und Mauerfall verblassen in der Erinnerung – oder werden verdrängt. In dieser Disziplin sind wir Weltmeister. Ganz gleich, ob vergessen oder verdrängt – eine große und weiterwachsende Zahl der Deutschen lebt ohne geschichtliche Erinnerung. Historische Ereignisse, Entwicklungen und Zusammenhänge bilden riesige weiße Flächen auf der deutschen Landkarte des Wissens und vor allem des Verstehens. Ob diese Abkoppelung von der Geschichte ein besonderes deutsches Phänomen ist oder vergleichbare Entwicklungen in Europa oder sogar weltweit festzustellen sind, wäre einmal des Fleißes der Forscher Wert, tut für unsere Betrachtung jedoch wenig zur Sache.

Vielmehr geht es um die deutsche Amnesie, um unseren Gedächtnisverlust, der dem Land Stabilität raubt und die Möglichkeit des Einordnens, Vergleichens und Begreifens. Erst der geschichtliche Kontext lässt uns erkennen, welch beispiellosen Aufstieg Deutschland nach 1945 gemacht hat. Ohne den geschichtlichen Vergleich, ohne den vergleichenden Blick in die Vergangenheit wird uns vermutlich verborgen bleiben, dass die meisten Europäer, vor allem aber wir Deutsche, seit vielen Jahrzehnten auf einer Insel der Seligen leben, wo sie sich in Freiheit und Wohlstand gut eingerichtet haben und – auch gerade wieder wir

Deutsche – bei den geringsten Anzeichen einer Bedrohung unserer noch immer komfortablen Lage mit hysterischen Ausbrüchen reagieren.

Seit einem dreiviertel Jahrhundert leben wir ohne Krieg und ernsthafte Konflikte in dieser Weltregion. »Es gibt historische Gründe, warum das so ist. Und es gibt historische Erkenntnisse, warum diese Errungenschaften bedroht sind«, schreibt der Historiker Magnus Brechtken in seinem Buch »Der Wert der Geschichte«. Er kommt zu dem Ergebnis, dass in unserer Zeit des Wohlstands das Bewusstsein für die historischen Erfolge von Demokratie und Parlamentarismus, Marktwirtschaft und Sozialstaat sowie für eine offene Gesellschaft bei vielen Bürgern verblasst ist. Daher sei es so wichtig, durch den historischen Rückblick und durch den Vergleich zwischen damals und heute bestimmte Werte, Regeln und Errungenschaften immer wieder in Erinnerung zu rufen – dies umso mehr, als sie uns inzwischen zu selbstverständlich erscheinen.

Wer nicht bereit ist, so Brechtken, das in Jahrhunderten Erworbene und als bewahrenswert Empfundene entschlossen zu verteidigen, setzt die Errungenschaften der Freiheit und unseren Wohlstand fahrlässig aufs Spiel. An dieser Stelle komme es auf den besonderen Wert der Geschichte an – und darauf, diesen zu erkennen. Der Historiker legt Wert darauf zu erläutern, welche Lektionen Geschichte für die Gegenwart bereithält: »...dass wir erkennen können, welche Entwicklung der Mensch als selbstständiges Wesen und die Menschheit als Ganzes in den vergangenen 250 Jahren und vor allem in den vergangenen 70 Jahren vollzogen hat – auch infolge der Aufklärung und des Lerneffekts aus historischer Erfahrung.«

Da wir Deutsche unsere Geschichte weitgehend vergessen oder ausgeblendet haben, sind wir seit mindestens zwei Generationen nicht mehr in der Lage wahrzunehmen, auf welchem Fundament dieses Deutschland steht und welche Werte und Prinzipien im Laufe der Zeit eine solche Kraft und Beständigkeit entwickelt haben, dass sie dem Land Halt und Zusammenhalt zu geben in der Lage sind. Es ist bedauerlich, aber wahr: Man trifft immer mehr geschichtslose, geschichtsvergessene, geschichtsabstinente Menschen in diesem Land. Sie interessieren sich für nichts aus der Vergangenheit und in der Gegenwart vorwiegend nur für sich selbst. Woher sollen sie denn wissen, wie hart es war in all den Jahrzehnten und Jahrhunderten, zu erkämpfen und zu verteidigen, was die Bundesrepublik heute ausmacht? Wie viele Rückschläge es gab? Es ist uns einfach (vielen von uns, vielleicht den meisten?) gleichgültig. Weil wir nichts wissen, stört es uns auch nicht, wenn wir nichts wissen. Wir lassen, was geschieht, über uns ergehen. Wir lassen es geschehen. Wer weiß, vielleicht ist es besser nicht zu wissen, was auf dem Spiel steht, was bedroht ist, was verkommt, was verwahrlost?

Diese Gleichgültigkeit gegenüber der eigenen Geschichte, der Vergangenheit und damit auch der Zukunft lag ja nicht von Anfang an in den Menschen selbst, sondern ist erst nach und nach auf vielen Wegen des Erlebens und Erfahrens zu ihnen gelangt. Oder das historische Wissen ist auf vielfache Weise von ihnen ferngehalten worden. So beherrschen die MINT-Fächer viele Hochschulstudiengänge und nicht die Geschichtswissenschaften. In den meisten Familien ist Geschichte ein Fremdwort. Geschichtsunterricht weckt in vielen Schulen bei den jungen Menschen mehr Abneigung als Leidenschaft. Ein Blick in die Statistik des Deutschen Bundestags lehrt uns, dass die Berufskategorie Historiker an vorletzter Stelle zu finden ist. Geschichte hat in der beschleunigten Welt der Technologie einen schweren Stand. Wie oft höre ich von Studenten und Angehörigen akademischer Berufe die zweifelnde Frage,

welchen Wert denn die Kenntnis der Geschichte überhaupt
haben könne. Ihnen kann man nur entgegenrufen: Nur aus
der Erinnerung an das Vergangene können wir, wenn überhaupt, Fehler im Handeln der Gegenwart und für die Zukunft vermeiden. Bedauerlicherweise ist uns dieser Bezug
verloren gegangen, wenigstens den meisten von uns.

Seit 1998, seit dem Ende der Regierungszeit von Hel-
mut Kohl, trugen und tragen zwei Juristen (Schröder und
Scholz) und eine Physikerin im Bundeskanzleramt politi-
sche Verantwortung. Helmut Kohl dagegen war Historiker.
Auch wenn man diese Tatsache nicht überbewerten will,
sollte man sie auch nicht unterschätzen. Fraglos hat sein
Interesse an geschichtlichen Zusammenhängen auch seine
Amtsführung geprägt. Immer wenn er von geschichtlichen
Ereignissen und Entwicklungen sprach, habe ich seine Lei-
denschaft gespürt.

Kohl war nicht nur ein Mann des politischen Macht-
instinkts, sondern auch der Sinne. Insofern lag es in seiner Natur, wenn er genussvoll von der »Köstlichkeit der
Geschichte« sprach. Neben dem intellektuellen und sinn-
lichen Genuss, den es ihm bereitete, sich in jeder freien Minute mit Geschichte zu befassen, bildete sie für ihn auch
zeitlebens das feste Fundament, auf dem er Politik verstand und baute. Sein Verständnis von Geschichte formuliert er wie in einem Vermächtnis in der Bundestagsrede
vom 1. Juni 1995 zur »Geschichte der Vertreibung«: »Wer
die Vergangenheit nicht kennt, kann die Gegenwart nicht
verstehen und die Zukunft nicht gestalten.«

Es spricht sehr viel dafür, dass dieses historische Verständnis, die ausgeprägte Kenntnis deutscher und europäischer Geschichte den 6. Regierungschef der Bundesrepublik zum erfolgreichen Kanzler der Einheit machte, der nach
anfänglichem Zögern und mancher Unsicherheit in einer
höchst komplexen internationalen Lage mit untrüglichem

Gespür die richtigen Entscheidungen traf. Es gab für die deutsche Vereinigung kein historisches Vorbild, und so war es nur zwangsläufig, dass Kohl in den folgenden acht Jahren bis zum Ende seiner Kanzlerschaft und dem Beginn der Regierung Schröder/Fischer im Jahr 1998 noch eine Reihe von politischen Fehlern bei der Zusammenführung der beiden Teile Deutschlands unterliefen.

So hatte er in seiner Fernsehansprache zur Einführung der Währungs-, Wirtschafts- und Sozialunion zwischen der DDR und der Bundesrepublik Deutschland am 1. Juli 1990 den Begriff der »blühenden Landschaften,...in denen es sich zu leben und zu arbeiten lohnt«, geprägt. Von diesem Bild war er offenbar so überzeugt oder – besser gesagt – überwältigt, dass es in seinem letzten Wahlkampf 1998 mit neuem Leben erfüllt wurde, indem es die Wahlplakate der Christdemokraten schmückte. Offensichtlich überzeugten die blühenden Landschaften zwar Helmut Kohl, die Mehrheit der Wähler jedoch nicht. Obwohl schon vieles erreicht worden war beim Aufbau Ost in den fünf neuen Bundesländern, ging vielen Menschen aus der ehemaligen DDR der Veränderungsprozess, den sie als Angleichung der neuen Länder an den Standard des Westens verstehen mussten, nicht schnell genug. So kam es, dass auch die blühenden Landschaften den Kanzler der Einheit nicht mehr retten konnten. Am 27. September 1998 war die 16-jährige Amtszeit des 6. Bundeskanzlers der Bundesrepublik Deutschland beendet.

Obwohl sie sich Zeit ihres politischen Wirkens in ausgeprägter Abneigung gegenüberstanden, hatten sie doch die angesichts schwieriger politischer Entscheidungen ebenso erkennbare wie hilfreiche Gemeinsamkeit, die Herausforderungen der Gegenwart durch die Brille des Historikers zu sehen: Helmut Kohl und Franz Josef Strauß. Der Bayer, der einst das beste Abitur des Landes seit einem Vierteljahrhundert geschrieben hatte, studierte Altphilologie und Geschichte, Staatswissenschaften und Germanistik mit großer Begeisterung. Vor seiner politischen Karriere gab er das erworbene Wissen zunächst als Studienrat weiter.

Beide Politiker, der Kanzler und der Kanzlerkandidat des Jahres 1980, mussten ein hohes Maß an Häme des politischen Gegners wie der Öffentlichkeit aushalten. Beide, Kohl wie Strauß, waren in ihren politischen Karrieren höchst umstritten und trugen selbst beträchtlich zu dieser Einschätzung bei. Sie hatten beide bereits sehr frühzeitig die Bedeutung Europas erkannt – aus persönlicher Kriegserfahrung sowie aufgrund ihrer als Historiker erlernten Fähigkeit, Gegenwärtiges an Vergangenem zu messen und mit diesem in Beziehung zu setzen. Der Bayer hatte diese Erkenntnis in einem viel zitierten, auch von seinen heftigsten Gegnern nicht angreifbaren Satz verdichtet: »Freiheit nach innen und Frieden nach außen.« Dazu passt die bestechend einfache Definition seines Verständnisses von Geschichte: »Man sollte aus der Geschichte nicht lernen, um beim nächsten Mal schlauer, sondern für immer weiser zu sein.«

Es steht heute viel mehr auf dem Spiel als zu Zeiten von Kohl und Strauß. Nicht nur technologisch verwandelt sich unsere Welt in atemberaubendem Tempo – um uns herum noch sehr viel rasanter als in Deutschland selbst. Auch politisch brechen alte, gewohnte, als sicher geglaubte Gewissheiten auseinander. Das große Land in Europa, aber das kleine Land im Weltmaßstab reibt sich verwundert die Augen, was in dieser Welt so alles passiert und wie sich die Machtarchitekturen in neue Richtungen verschieben, worauf die deutsche Politik, zumal die Außenpolitik, keine Antwort, kein Konzept, allenfalls eine vage Vorstellung hat: China, Russland, USA, Türkei – und Deutschland eingebettet in eine weitgehend handlungsunfähige, zerstrittene und von der Bürokratie gebremste Europäische Union.

Angesichts dieser dramatischen Veränderungsbewegungen wäre mehr denn je der Blick des Historikers vonnöten. Der könnte ermessen, wie sich das, was wir geworden sind und wo wir heute stehen, unsere Prinzipien, Werte, Erkenntnisse herausgebildet und immer wieder verändert haben. Er könnte uns trotz allen Wandels erklären, dass es eine gemeinsame Klammer gibt, die unser Leben, wie wir es lieben, in Freiheit und Wohlstand zusammenhält. Nur wer unsere Geschichte zu begreifen bereit ist und sich ihr nicht verweigert, bekommt eine Ahnung davon, wie mühselig und oft brandgefährlich es war, die Welt, in der wir leben, zu erkämpfen und immer wieder neu zu verteidigen.

Gab es einen Mauerbau?

Amnesie bezeichnet eine Form der Gedächtnisstörung für zeitliche und inhaltliche Erinnerungen. Es gibt Amnesie nicht nur als medizinisches, sondern auch als politisches, als staatliches Phänomen. Wir haben es dann nicht mit einer Störung, sondern einer bewusst herbeigeführten Auslöschung des Gedächtnisses zu tun. Treffender gesagt hat man es unterlassen, das Gedächtnis zu trainieren, die Erinnerung an bestimmte Ereignisse wachzuhalten. Anders ist es nicht zu verstehen, dass die Erinnerung an das Unrechtsregime der DDR von Jahr zu Jahr mehr verblasst.

Dies zeigte sich auch am 60. Jahrestag des Mauerbaus, am 13. August 2021. Der Historiker Hubertus Wilhelm Knabe widmet sich seit Jahren der Aufarbeitung der SED-Diktatur. Er war Direktor der Gedenkstätte Berlin-Hohenschönhausen von deren Gründung im Jahr 2000 bis zum

November 2018. Interner Streit führte zu Knabes Abberufung mit nachfolgendem Rechtsstreit. Hohenschönhausen war, was heute nur mehr einer verschwindenden Minderheit der Deutschen bekannt sein dürfte, das zentrale Untersuchungsgefängnis der DDR-Staatssicherheit.

Knabes umstrittene These lautete, die Aufarbeitung des Nationalsozialismus solle als Vorbild für die Auseinandersetzung mit der SED-Diktatur dienen. Man hat Knabe sehr zugesetzt, weil er Wahrheiten über das SED-Regime zutage gefördert hat, die nicht im Sinne alter Seilschaften und auch nicht im Interesse der Linkspartei sein konnten. Deren massiven Unmut hatte sich Knabe mit seinem Buch »Honeckers Erben – die Wahrheit über die Linke« zugezogen.

Jedenfalls gehört er zu einer ziemlich überschaubaren Gruppe von Historikern und Publizisten, die die Geschichte der DDR nicht reinwaschen oder totschweigen. In einem Artikel für die *Welt am Sonntag* zum 60. Jahrestag des Mauerbaus zitiert der Historiker Willy Brandt, damals noch Regierender Bürgermeister von Berlin, als er am Abend des 13. August im Berliner Abgeordnetenhaus den DDR-Mauerbau mit den Worten verurteilt: »Das bedeutet, dass mitten durch Berlin nicht nur eine Art Staatsgrenze, sondern die Sperrwand eines Konzentrationslagers gezogen wird.« Sichtlich erregt fügte er hinzu: »Die Betonpfeiler, der Stacheldraht, die Todesstreifen, die Wachtürme und die Maschinenpistolen, das sind die Kennzeichen eines Konzentrationslagers.«

Brandts Gefühlsausbruch ist längst vergessen, seine Worte heute undenkbar. Nicht nur, weil man sich damit dem Vorwurf aussetzt, den Nationalsozialismus zu relativieren, sondern auch, weil das Thema keine öffentliche Rolle mehr spielt oder spielen soll. Mauerbau und fast vier Jahrzehnte SED-Herrschaft sind im Schlund des kollektiven Vergessens verschwunden. Das Thema ist vergessen oder verdrängt – in den Parlamenten, in den Schulen, in den Hochschulen, in den Medien, in den Kultureinrichtungen. Desinteresse auf der ganzen Linie, lasst uns doch damit in Ruhe! Lasst die Mauertoten doch in Frieden ruhen! So klingt zynische Erinnerungsabwehr 60 Jahre nach dem Bau der Mauer.

2011, zum 50. Jahrestag des Mauerbaus, sah man sich noch in der Pflicht der Erinnerung. Wissend um die Symbolik einer öffentlichkeitswirksamen Aktion rief der Bundestag damals mit Handzetteln dazu auf, an einer Schweigeminute für die an der innerdeutschen Grenze auf der Flucht ermordeten Opfer teilzunehmen. Es handelte sich damit immerhin um einen auf 60 Sekunden begrenzten, durchaus zurückhaltenden Versuch, die Erinnerung an den Mord im staatlichen Auftrag lebendig zu halten. Zehn Jahre später, anlässlich des 60. Jahrestags des Mauerbaus, war dann immerhin eine Gedenkveranstaltung der Stiftung Berliner Mauer zu besichtigen. Dabei handelt es sich eigentlich um Routine im bescheidenen Rahmen, wenn man an den enormen Aufwand denkt, mit dem man sich an andere geschichtlicher Ereignisse, wie etwa der Aufarbeitung des Kolonialismus vor mehr als 110 Jahren, erinnert.

Nun darf man nicht nur, sondern muss die naheliegende Frage stellen, wie die dafür verantwortlichen Politiker, Kulturbeflissenen, Bürokraten und Einflüsterer aller Art ein solch selektives Geschichtsbewusstsein entwickeln können. Mir fallen dazu nur zwei Antworten ein:

1. Deutschland wird heute von einer Politiker- und Parlamentariergeneration regiert beziehungsweise vertreten, die über ein beschämend geringes Geschichtsbewusstsein verfügt. Wer wenig oder nichts weiß, der läuft Gefahr, die falschen Entscheidungen zu treffen. Dies umso mehr, als seit Jahren Politiker aus den alten Bundesländern auf der

Regierungsbank oder im Bundestag sitzen, die als Schüler die damalige DDR nur als Randnotiz zur Kenntnis nehmen konnten.

2. Die deutsch-deutsche Vergangenheit hat auch eine nicht zu unterschätzende ideologische Komponente. Abgeordnete der Linkspartei, der Grünen und auch der SPD empfinden diffuse oder ausgeprägte Sympathien für die Idee des Sozialismus. Diese Erfahrungs- und Meinungsprägung von Politikern wie vielen (enttäuschten) Menschen in den neuen Bundesländern bestimmt nach 40 Jahren DDR-Diktatur und mehr als 30 Jahren Wiedervereinigung noch immer deren Denken. Könnte es daher nicht ein absichtsvoller Akt sein, die Erinnerung an die Staatsverbrechen der DDR Jahr für Jahr in weitere Ferne zu rücken, bis sie eines Tages, spätestens im Leben der übernächsten Generation, zur real existierenden Erinnerungslücke geworden ist?

Mir drängt sich der Verdacht auf, dass für Deutschlands Eliten Mauerbau und Mauerfall keine Bedeutung mehr haben. Stattdessen übertrifft man sich immer öfter in nostalgischer Verklärung des Sozialismus. Es ist zu einer geradezu lästigen Pflicht geworden, uns und vor allem die junge Generation an die deutsche Teilung und die Opfer, die sie gefordert hat, zu erinnern. Dieses Verhalten ist würdelos, weil es gegen die Würde der Opfer verstößt. Mindestens 140 Deutsche wurden auf der Flucht getötet, über 70 000 wegen Fluchtversuchs ins Gefängnis geworfen.

Wer schützt uns?

Zu meinem Freundeskreis gehören auch jüdische Familien. Wir treffen uns immer wieder und sprechen viel miteinander. Sie erzählen mir, wie sie und ihre Vorfahren vor Jahrzehnten zurückkamen ins Land der NS-Massenmörder.

Sie kamen voller Vertrauen und dachten, sie seien sicher in Deutschland. Sie haben sich getäuscht. Heute sind sie ihres Lebens nicht mehr sicher. In langen Gesprächen haben sie mir immer wieder die gleichen Fragen gestellt: Merkt ihr denn gar nichts? Nichts von den Rechtsextremisten, die uns nach dem Leben trachten? Warum schaut ihr nicht ins Internet, wo sie zum Mord an uns aufrufen? Wie lange wollt ihr eure Augen noch vor der Bedrohung verschließen? Warum schützt ihr uns nicht besser?

Die Fragen sind berechtigt, und unsere Antworten darauf stellen keine und keinen der betroffenen Minderheiten zufrieden. Die Würde des Menschen ist unantastbar. Art. 1 des Grundgesetzes gilt längst nicht mehr für alle, die in Deutschland leben. Juden, Syrer, Afghanen, Türken, Kurden, Menschen anderer Hautfarbe – sie alle haben Angst in Deutschland. Sie alle leben in einem Staat, der nur bedingt abwehrbereit ist. Man sollte es noch klarer sagen: Wir haben es mit Staatsversagen zu tun. Da gibt es nichts zu beschönigen.

Ein Staat, der zulässt, dass Judenfeindschaft wieder gesellschaftsfähig geworden ist, versagt. Ein Staat versagt, der Woche für Woche, Monat für Monat Dutzende antisemitischer Übergriffe zulässt, der nicht bemerkt oder nicht bemerken will, dass auf deutschen Straßen israelfeindliche Kundgebungen zu offener Judenfeindschaft entarten. Ein Staat versagt, der es zulässt, dass in deutschen Städten Palästinenser die Flagge Israels mit dem Davidstern verbrennen, der es nicht schafft, den Antisemitismus in der Schule zu bekämpfen. Politikerinnen und Politiker haben zugelassen, dass es so weit gekommen ist. Wir alle haben zugelassen, dass es so weit gekommen ist.

80 Jahre sind vergangen, seit Millionen Juden von den Nationalsozialisten ermordet worden. Man wundert sich, wie selbstverständlich sich ein solcher Satz formulieren

lässt – angesichts der Bestialität menschlichen Handelns, die darin zum Ausdruck kommt. An dieser Stelle ist es gut, einen Moment innezuhalten und sich einen Satz des Philosophen und Universalgelehrten George Steiner in Erinnerung zu rufen: »Wir müssen uns den Sinn für alle Schmach und Schande lebendig erhalten in so überwältigender Kraft, dass es jeden signifikanten Aspekt unserer historischen und gesellschaftlichen Position beeinflusst. Wir müssen ... beständig leben mit zutiefst erschrockener Seele.«

In den vergangenen Jahrzehnten haben Zeitzeugen, die Konzentrations- und Vernichtungslager überlebt hatten, von ihren Erlebnissen berichtet und damit vor allem viele junge Menschen erreicht. Wer die Berichte dieser Überlebenden gehört hat, den lassen sie nicht mehr los. Die meisten Zeitzeugen sind inzwischen tot, nur noch wenige am Leben. Viele von ihnen plagt die Sorge, dass nach ihrem Tod Kräfte Auftrieb erhalten könnten, die das Verbrechen leugnen. Einige haben daher ihre Erlebnisse in langen, kraftraubenden Gesprächen aufgezeichnet. Es ist ein Wettlauf mit der Zeit, diese Zeugnisse zu dokumentieren und für die nachfolgende Generation festzuhalten.

Politik-, Medien-, Kultur-, Wissenschafts- und Bildungsmenschen haben in den zurückliegenden Jahrzehnten viel Engagement gezeigt, um die deutschen Verbrechen an den Juden nicht in Vergessenheit geraten zu lassen. Vieles war gut, manches war gut gemeint, doch vieles war einfach nicht gut genug. Ich habe keine Lösung anzubieten, aber ich frage mich, wie es den Erinnerungsarbeitern in all den Jahren nicht gelingen konnte, die Verbrechen der Nationalsozialisten im kollektiven Gedächtnis der Deutschen und der Welt fest zu verankern.

Man kann nicht sagen, dass das Gegenteil der Fall ist und gar nichts geschehen ist. Doch leider ist es eine durch viele Umfragen belegbare Tatsache, dass viele junge Deutsche keine oder kaum eine Ahnung von der systematischen Vernichtung der Juden durch die Nationalsozialisten haben. Genau diesen alarmierenden Bildungsnotstand beim Thema Antisemitismus und Judentum meint Ronald Lauder, Präsident des Jüdischen Weltkongresses, wenn er anlässlich seines Besuchs nach dem Anschlag von Halle sagt: »Erstaunlicherweise kommt der Hass von jungen Menschen, die nicht wissen, was hier vor 80 Jahren geschah. Die dritte Generation ist ahnungslos, nicht nur in Deutschland, sondern überall. Das müssen wir ändern.«

Wie dringend dieser Änderungsbedarf ist, zeigt eine Umfrage des amerikanischen Fernsehsenders CNN aus dem Jahr 2018 mit einem alarmierenden Ergebnis. Danach schätzen sich 40 Prozent der 18- bis 34-Jährigen selbst so ein, dass sie wenig oder gar nichts über den Holocaust wissen. Viele Jugendliche wissen nach eigenen Angaben zum Beispiel nicht, dass in Deutschland Juden leben. Wie ist ein solches Ergebnis möglich, wie ist es zu erklären, zumal die junge Generation doch eigentlich ein ausgeprägtes Interesse an Ereignissen der Vergangenheit zeigt?

Man muss den Eindruck gewinnen, dass solche Fragen unsere Schul- und Bildungspolitiker nicht vorrangig bewegen. Damit lässt man zu, dass mangelnde Kenntnisse über das Dritte Reich und den Holocaust junge Leute für Verschwörungstheorien und Falschinformationen, wie sie das Internet regelrecht überfluten, anfällig machen. Es wäre jedoch nur ein Teil der Wahrheit, dafür allein die Politik verantwortlich zu machen. Wenn junge Menschen für Hassbotschaften im Netz immer wieder aufnahmebereit sind, weil sie die historischen Zusammenhänge nicht kennen, so handelt es sich um ein multiples Versagen von Schule, Familie und Medien.

Natürlich fehlt es nicht an vielen gut gemeinten Versuchen, das Thema an den Schulen angemessen zu behandeln.

Interessante Einsichten liefert ein Gutachten des Wissenschaftlichen Dienstes des Deutschen Bundestags. Diese Untersuchung kommt zu dem Ergebnis, dass der Nationalsozialismus in unseren Schulen nicht mehr als geschlossenes, herausragendes Thema, sondern »als ein historisches Ereignis in einer Kette von Ereignissen zu einem übergreifenden thematischen Schwerpunkt behandelt« wird. Damit sei es nicht mehr möglich, das Thema so ausführlich zu bearbeiten, wie es notwendig wäre. Im Vergleich zu früheren Untersuchungen werde dem Nationalsozialismus eine geringere historische Bedeutung beigemessen und er »werde kaum noch explizit als singulär beschrieben«.

Aus jungen Geschichtsignoranten, deren Wissenslücken weder im Elternhaus noch in der Schule geschlossen werden konnten oder wollten, wurden Erwachsene, die entweder Sympathien für die »erinnerungspolitische Wende« des Thüringer AfD-Nationalisten Björn Höcke empfinden und in den braunen Sumpfgebieten untertauchen oder die sich auf die Seite der »Es reicht«-Fraktion schlagen. Damit ist eine wachsende Gruppe von Menschen (von inzwischen beachtlicher Größenordnung) gemeint, die nicht mehr über die Vernichtung der Juden durch deutsche Hand sprechen wollen, die verdrängen oder gar leugnen, was gewesen ist. Diese Un-Haltung findet täglich mehr Zuspruch. Vom Anhänger einer »das wird man ja wohl noch sagen dürfen«-Haltung bis zum Holocaustleugner ist es nur noch ein kleiner Schritt.

Wie weit die Nachlässigkeit geführt hat, junge Leute über das dunkelste Kapitel deutscher Geschichte nicht aufzuklären, zeigt eine repräsentative Umfrage des Jüdischen Weltkongresses in mehr als hundert Ländern. Die Befragung fand wenige Wochen vor dem Anschlag in Halle statt und kommt zu dem Ergebnis, dass Antisemitismus in Deutschland wieder weitverbreitet ist. Nicht weniger als

27 Prozent der deutschen und 18 Prozent einer als Elite bezeichneten Bevölkerungsgruppe hegen antisemitische Gedanken. 41 Prozent sind sogar der Meinung, Juden redeten zu viel über den Holocaust.

Erschrocken bin ich über ein weiteres Ergebnis. Es betrifft die gebildete Mitte der Hochschulabsolventen mit einem Jahreseinkommen von mindestens 100000 Euro. Jeder Vierte von ihnen glaubt, Juden übten zu viel Macht in der Wirtschaft aus. Fast genauso viele sind der Meinung, Juden seien in der Weltpolitik zu einflussreich. Was diesen Vertretern der sogenannten Eliten da so locker über die Lippen kommt, lässt einen erst einmal tief Luft holen: Das ist purer Antisemitismus aus dem Mund von Leuten, die genau wissen, was sie sagen – oder, noch viel schlimmer – die es eigentlich besser wissen müssten. »Das müssen wir ändern«, sagt Ronald Lauder bei seinem Besuch in Halle und meint damit die jungen Leute, die ahnungslos sind, was die deutsche Geschichte, den Nationalsozialismus und den Holocaust angeht.

Was muss geschehen? Diese Frage wurde schon zigtausendmal gestellt. Es geht nicht darum, sie ein weiteres Mal zu stellen, sondern sie mit großer Ernsthaftigkeit zu beantworten und das Ergebnis mit höchster Dringlichkeit in die Tat umzusetzen. Die sattsam bekannten Sonntagsreden mit ihren »Nie wieder«-Phrasen sind Pflichtübung, gut gemeint, jedoch wirkungslos. Wie heißt es bei Goethe: »Der Worte sind genug gewechselt, Laßt mich auch endlich Taten sehn!«

Der Antisemitismus ist zuallererst in den Schulen zu bekämpfen. Dies hat systematisch zu geschehen und nicht zufällig oder nach Tagesform der Lehrkräfte. Es bedarf endlich einer kraftvollen, konzertierten Anstrengung von kompetenten Ministern, Lehrkräften, Eltern und Schülern. Was bisher geschah, ist seltsam blass und damit wirkungslos geblieben. Das bestätigen mir Ministerialbeamte und Lehrer, die wissen, woran es fehlt, und die gerne mehr täten.

Die Erkenntnis ist genauso wahr wie banal: Es kann sich nur etwas ändern, wenn sich unser Bewusstsein ändert, um das Bewusstsein der Jugendlichen für die Vergangenheit zu schärfen. Es sollte eine vorrangige Aufgabe von Lehrern werden, nicht-jüdische Jugendliche, auch und gerade Migranten, mit Geschichte und Kultur des Judentums vertraut zu machen, ebenso mit der Shoa und dem Nationalsozialismus. Auf diese Aufgabe sind Lehrer ohne Zeitverzug vorzubereiten. Dazu bedarf es keiner Projektgruppen mehr. Das kann, das muss geschehen. Bildungspolitiker in Bund und Ländern haben es bisher versäumt, durch die Vermittlung geschichtlichen Wissens und Verständnisses die junge Generation gegen die Verführer des braunen Mobs im Internet zu immunisieren.

Es ist keine Geschichtsvergessenheit, die in der jungen Generation zu beklagen ist. Wie sollte man etwas vergessen, was man nie gekannt hat, weil es einem nicht vermittelt wurde. Daher leiden viele junge Menschen in Deutschland unter einem Geschichtsvakuum, einer Geschichtsleere, die besonders in der Unkenntnis des Holocaust und des Judentums zum Ausdruck kommt. Nur wenn es gelingt, den Jungen die Dimension des Verbrechens zu vermitteln, wenn es gelingt, ihnen die Geschichte weiterzuerzählen, auch wenn die Zeitzeugen tot sind, können wir den braunen Sumpf austrocknen.

Die Politiker haben – mit Ausnahme der AfD – erkannt, was auf dem Spiel steht. George Steiner öffnet uns hierfür in einem eindringlichen Vergleich die Augen: »Unsere Wahrnehmungsschwelle ist in erschreckendem Maße gesunken. Als die ersten geschmuggelten Nachrichten aus Polens Todeslagern uns erreichten, stießen sie weit und breit auf nichts als Unglauben. So etwas könnte sich nicht ereignen im zivilisierten Europa, mitten im 20. Jahrhundert! Heute hingegen ist es schwierig, eine Bestialität, aberwitzige Unterdrückung oder plötzliche Verwüstung sich vorzustellen, die NICHT glaubhaft, NICHT über Nacht in den Bereich unserer Fakten einzuordnen wäre. In moralischer wie psychologischer Hinsicht ist es freilich ein furchtbarer Zustand, durch nichts mehr überrascht werden zu können.«

Die Schwelle unserer Wahrnehmungsfähigkeit zwischen damals und heute ist auch in anderer Hinsicht auf beängstigende Weise gesunken. Immer weniger Deutsche sind sich heute noch der Einmaligkeit und der Monstrosität der NS-Tötungsmaschinerie bewusst. Nur die Kenntnis und das Verständnis der Geschichte dieser Zeit kann ein Bewusstsein schaffen und für die junge Generation zu einem Schutzschild der Immunisierung gegen Verschwörungstheoretiker und Verführer im Internet werden.

Judenhass im Internet

Der Hass gegen Juden, der mit dem Wort beginnt und oft mit der Tat endet, ist durch das Internet zu einem Flächenbrand geworden. Kranke Hirne laden sich in den Räumen der virtuellen Welt auf, bevor sie in die reale Welt wechseln, in der sie sich ihre Opfer suchen. Die Antisemitismusforscherin Monika Schwarz-Friesel hat mit ihrem Team über 300 000 Nachrichten und Internetchats aus den sozialen Medien analysiert. Ihr Befund ist alarmierend:

1. Der Antisemitismus tobt sich nicht mehr nur im Darknet, also in den dunklen, schwer auffindbaren Winkeln des Internet aus, sondern ist längst Teil der ganz »normalen« Netzwelt geworden.

2. Damit stößt man einfach und schnell auf eine antisemitische Nutzeroberfläche, ohne das zu wollen, meist schon mit einem einzigen Mausklick.

3. Das Internet ist vor allem das Medium der Jungen. Sie wissen – und diese empirisch belegte Tatsache ist Teil des Dramas – wenig bis nichts über den Holocaust, den Antisemitismus, die jüdische Geschichte. Ohne Kenntnisse und daher auch ohne eigene Meinung sind sie für absurde Verschwörungstheorien in besonderer Weise anfällig. Man kann auch sagen, alleingelassen von ihren Eltern, ihren Lehrern und den Schulministern, die die verdammte Pflicht und Schuldigkeit hätten, mit kluger Aufklärung einen Schutzwall gegen die Verführer im Netz zu errichten.

4. Judenhass ist gesellschaftsfähig geworden. Vor allem in der digitalen Welt ist die Sprache der Antisemiten schon Normalität. Immer mehr von ihnen legen inzwischen die Tarnkappe der Anonymität ab und schreiben ihre Hassbotschaften schamlos unter Nennung ihres Namens und ihrer Anschrift. »Klarnamen-Hass« nennt man das.

Die roten Linien haben sich in Deutschland schon so weit verschoben, dass sich die Judenhasser mit ihren Parolen ganz offen zur Schau stellen.

Obwohl Schwarz-Friesel schon lange über den Antisemitismus forscht, zeigen sich sie und ihr Team immer wieder schockiert, in welchem Ausmaß und in welcher Wucht im Internet sich der alte Vernichtungswille wieder Bahn bricht. Dabei gebe es keinen Unterschied zwischen rechtem, linkem und islamistischem Antisemitismus. Der sprachliche Unrat türmt sich jeden Tag höher im Netz. Die folgenden Beispiele zeigen ein unvorstellbares Maß an Verkommenheit im Umgang mit unseren Minderheiten, besonders mit jener, deren Familien vor Jahrzehnten voller Vertrauen zurückkamen und dachten, sie könnten sicher sein in Deutschland. Wie sehr sie sich getäuscht haben!

»Die müssen alle vergast werden, diese stinkenden Drecksjuden.«

»Der Tag wird kommen, da wir euch vernichten werden. Das ist keine Drohung, sondern ein Versprechen.«

»Eure Sippe ist weit davon entfernt, etwas Besseres zu sein. Eure Sippe in Israel sind KZ-Wächter. Kein bisschen besser als die dreckigen Nazi-Schweine.«

»Ihr jüdisches Pack! Judentum ist Verbrechertum. Juden sind zum Töten da.«

Diese monströsen Sätze stammen nicht aus dem Dritten Reich. Nein, es ist die Sprache der Gegenwart. Zusammengetragen und dokumentiert in der Studie »Judenhass im Internet«. Diese Studie öffnet die Augen für die Bedrohung, die vom Internet für Juden in der ganzen Welt und insbesondere in Deutschland ausgeht. Die Forscher bringen uns die sprachlichen Wahnbilder in der digitalen Welt so nahe, dass man es als Leser kaum mehr erträgt. Selbst für die Autoren war es eine Grenzerfahrung. Oft sind die Worte von so unbeschreiblicher Grausamkeit, dass es selbst einer erfahrenen Antisemitismusforscherin den Atem verschlägt. Trotz jahrelanger Befassung mit dem Thema falle es ihr angesichts dieses blindwütigen Hasses im Internet schwer, die Distanz als Wissenschaftlerin zu wahren.

Während der Pandemie hat der Antisemitismus zusätzlichen Auftrieb bekommen. Wir mussten zur Kenntnis nehmen, wie das Coronavirus auf einmal unselige, ja unerträgliche Gesellschaft vom Virus der Judenfeindschaft bekam. Während vieler Anticoronademonstrationen in Deutschland brach sich bei einer immer weiter anschwellenden Zahl von Demonstranten antijüdische Stimmungsmache in neuer Radikalität Bahn. Man erlebte bei dieser Gelegenheit, was schon oft in der Geschichte geschah: Antisemitische Verschwörungstheoretiker machen für nicht mehr durchschaubare, komplexe, bedrohliche oder bedrohlich wirkende Erscheinungen und Entwicklungen die bösen Machenschaften einer mysteriösen Elite verantwortlich. Je absurder die Thesen, desto lautstärker ihre Anhänger.

Damit erleben wir das bemerkenswerte Phänomen, dass mit den Anticoronademonstrationen die Hetze vom Netz auf die Straße verlagert wird. Dies herausgearbeitet zu haben, ist das besondere Verdienst der Recherche- und Informationsstelle Antisemitismus (RIAS). Sie dokumentiert schwarz auf weiß, welch infamer Sprachvergleiche sich die Demonstranten bedienten. So war auf einem Plakat zu lesen: »Ausgangsbeschränkungen sind sozialer Holocaust«. Bei anderer Gelegenheit haben Coronagegner einen gelben Stern ähnlich dem Judenstern aus der Nazizeit mit der Aufschrift »Ungeimpft« getragen.

RIAS hat viele solcher Beispiele gesammelt. So setzte am 9. Mai 2020 ein Demonstrant in München die aktuelle Coronalage mit 1933, dem Jahr der Machtübergabe an die Nationalsozialisten, gleich. Am 2. Mai 2020 wurde auf einem Schild ein Impfstoff gegen COVID-19 als »Endlösung der Coronafrage« bezeichnet und damit die Shoa verharmlost. Die Sprache der Antisemiten und Verharmloser des Antisemitismus ist auf Plakaten festgeschrieben für alle Zeiten. Schon die Aufzählung dieser Sprachentgleisungen ist, jede für sich, schlimm genug. Was mich jedoch mit noch größerer Sorge erfüllt, ist die anscheinend selbstverständliche Normalität, mit der die neuen Antisemiten mit ihren absurden Sprach- und Schriftbildern unser gesellschaftliches Leben durchdringen, ohne dass sich ihnen jemand in den Weg stellt.

Genauso alarmierend ist die Tatsache, dass sich in Gesellschaft antijüdischer Verschwörungstheoretiker überdurchschnittlich viele Akademiker und Menschen ab fünfzig befinden, die es offensichtlich nicht für nötig halten, sich von Radikalen zu distanzieren. Auch ist mir nicht aufgefallen, dass man in den Medien – von wenigen Ausnahmen abgesehen – von diesen Tatsachen ausreichend Notiz nahm. Vermutlich hätte man in solchen Berichten, hätte es sie in ausreichendem Masse gegeben, festgestellt, dass der Coronaantisemitismus längst nicht mehr nur eine Sache der Extremen und Radikalen ist.

Nach jedem Anschlag gegen Juden oder andere Minderheiten hören wir seit Jahren die gleichen, gut gemeinten, korrekten, wohl gesetzten »Nie wieder«-Phrasen der Politiker. Sie sind wohlklingend wie immer, wirkungslos wie immer, hilflos wie immer. Es sind Worte, nichts als Worte, kraftlos und verlegen. Merke: Ein Staat, der zwar willens, aber nicht in der Lage ist, seine Minderheiten zu schützen, ist ein schwacher, ein wehrloser Staat.

Eigentum vernichtet

Angriff auf das Eigentum

Eigentum hat schon einmal größere Wertschätzung genossen, sagt der Verfassungsrechtler Udo di Fabio. Man kann ihm nur Recht geben, denn noch nie stand das Privateigentum so massiv unter Beschuss wie heute. Die Offensive wird maßgeblich vorangetrieben von der politischen Linken, in unterschiedlicher Intensität von Linken, Grünen und manchen in der SPD. Aus einem wachsenden enteignungspolitischen Denken sind längst beunruhigende Aktivitäten geworden. Man fragt sich, wie es so weit kommen konnte. Für die zunehmenden Angriffe auf das Eigentum in Wort und Tat sind antimarktwirtschaftliche Affekte genauso verantwortlich wie eine munter voranschreitende Hinwendung zum Staat in vielen Teilen unserer Gesellschaft.

Die Enteignungsdebatte, die von bestimmten Politikern seit einiger Zeit weitgehend unreflektiert und ideologisch verblendet angezettelt wird, hat Vorgänger, wenngleich nicht in solcher Wucht wie diesmal. So forderte schon vor knapp 40 Jahren die Gewerkschaft IG Metall (damals hatten Gewerkschaften noch eine andere Durchsetzungskraft in Deutschland) eine Vergesellschaftung der Stahlindustrie.

Es ist eine alarmierende Entwicklung, wenn seitdem das Recht auf Eigentum von unterschiedlichen Seiten, vor allem aber von linken Politikern, immer wieder infrage gestellt wird. Es ist schwer zu verstehen, dass die Angriffe auf das private Eigentum in den Medien und in der Gesellschaft kaum zur Kenntnis genommen werden. Dabei gefährdet diese Entwicklung unsere soziale Marktwirtschaft und damit einen Grundpfeiler unserer Demokratie. Wie ist es möglich, dass man mehr als drei Jahrzehnte nach der Wiedervereinigung und nach dem Zusammenbruch des kommunistischen Systems in der DDR heute das Privateigentum gegen seine Feinde in Schutz nehmen muss?

Sie werden jetzt möglicherweise einwenden, es gibt doch ein Grundgesetz, in dem der Schutz des Eigentums geregelt ist. Natürlich, Art. 14, wo es heißt: »Eigentum verpflichtet. Sein Gebrauch soll zugleich dem Wohle der Allgemeinheit dienen.« Und in Art. 15 steht ergänzend: »Grund und Boden, Naturschätze und Produktionsmittel können zum Zwecke der Vergesellschaftung durch ein Gesetz, das Art und Ausmaß der Entschädigung regelt, in Gemeineigentum oder in andere Formen der Gemeinwirtschaft überführt werden.«

Art. 14 beschreibt damit auch ein Recht zur Abwehr staatlicher (und damit politischer) Eingriffe in privates Eigentum. Zugleich gibt er dem Eigentum eine soziale Verpflichtung. Art. 15 wurde seit Bestehen des Grundgesetzes noch kein einziges Mal angewendet. Aufgeklärte Bürger sollten jedoch aufmerksam beobachten, wie eine wachsende Zahl von Gesinnungsethikern, den Gemeinwohlvorbehalt des Eigentums immer weiter auszudehnen bestrebt ist. Heike Göbel von der *Frankfurter Allgemeinen Zeitung* ist zuzustimmen, wenn sie den Art. 15 für einen gefährlichen Enteignungshebel hält.

Paul Kirchhoff, der Verfassungsrechtler, weist mit großer Leidenschaft und Entschiedenheit darauf hin, warum niemand, auch nicht die Politiker auf der linken Seite, das Eigentum infrage stellen sollte. Das Recht auf Eigentum jedes Einzelnen gehöre zum unverzichtbaren Bestandteil unserer Verfassungsordnung. Dies bedeutet für Kirchhoff, dass die Würde des Menschen Freiheit und Eigentum als Voraussetzung gelebter Selbstverwirklichung erfordert.

Dabei ist der Angriff auf das Eigentum bereits in vollem Gang. Man kann Zweifel haben, ob er noch zu stoppen sein wird. Wir wissen, dass es schon längst nicht mehr um Vernunft, sondern um Emotionen geht. Die Enteigner haben viele Gesichter und ein Ziel. Sie plündern den Sparer, der keine Zinsen für sein Erspartes mehr bekommt. Sie nehmen die Mittelschicht aus, um Mittel für ihre Umverteilungsorgie zu generieren. Sie erfinden zum x-ten Mal eine Vermögenssteuer und nehmen gerne in Kauf, Unternehmer in den Ruin zu treiben. Sie lassen Energiepreise so lange steigen, bis der kleine Angestellte nicht mehr weiß, wie er seine sonstigen Auslagen bestreiten soll.

Dass Enteignungsversuche nicht nur ein deutsches, sondern auch ein internationales Phänomen sein können, zeigt die Forderung vieler Regierungen und auch des amerikanischen Präsidenten Joe Biden, die Impfstoffpatente der BioNTech-Gründer sollten nicht länger ein deutsches Geheimnis bleiben, sondern sozialisiert und der ganzen Welt zur Verfügung gestellt werden. Dieser zunächst plausibel klingende Gedanke hätte ungeahnte Folgen für den Forschungsstandort Deutschland. Angela Merkel hat das sehr genau gewusst und daher zu Recht massiven Widerstand gegen diese Idee geleistet. Dazu später noch mehr.

Ausplünderung der Sparer

Die Summe ist gigantisch: Sieben Billionen Euro liegen auf den Konten deutscher Sparer. Zu diesem Ergebnis kommt die Deutsche Bundesbank in einer Untersuchung. Doch davon haben die Sparer leider nichts mehr. Anders als früher gibt es keine Zinsen mehr, sondern das Gegenteil – den Null- oder Negativzins. Nun haben wir zwar kein Grundrecht auf Zinsen, aber wir können ja wohl immer noch entscheiden, was wir mit unserem Geld machen, wie wir es anlegen wollen. Gehören wir zu den risikobereiten Menschen, die ihr Geld in Aktien anlegen wollen, oder eher zu den Risikoscheuen, die eine sichere Ertragsquelle auf einem Sparkonto suchen?

Geld und Geldanlage haben auch etwas mit Wohlbehagen und Sicherheit zu tun – zumindest in der Theorie. In der Praxis ist eine solche Vorstellung längst Vergangenheit. Die Zeiten sind vorbei, in denen sich die Sparer noch die Variante Sicherheit aussuchen konnten. Die europäische Zentralbank (EZB) hat ihnen diese Alternative einfach genommen. Die Sparer werden in einer Art Hoheitsakt durch Null- und Negativzins zwangsenteignet. Abermals erleben wir ein unfassbares Beispiel von Vertrauensbruch gegenüber einer großen Mehrheit hart arbeitender Menschen, die mit ihrem Ersparten für das Alter vorsorgen wollen. Vor allem ist es ein unverantwortlicher Vertrauensbruch gegenüber vielen Rentnern, die ihr Leben lang nichts anderes kannten als das Sparbuch, denen eine Veränderung in eine Aktienanlage, den meisten jedenfalls, nicht mehr zumutbar ist und die jetzt die Welt nicht mehr verstehen können.

»Spare in der Zeit, dann hast du in der Not« – dieses alte Sprichwort ist für den risikoscheuen Anleger bedeutungslos geworden. Die Banker der EZB haben mit ihrer Politik des billigen Geldes den Sparer aus dem Auge verloren. Sie vermindern den Ertrag der Sparer und fördern die Aktionäre. Das schafft Ungleichheit und muss von den Betroffenen als ungerecht empfunden werden. Ich wundere mich sehr, wie ruhig die deutschen Sparer den fortschreitenden Substanzverlust ihres Geldes hinnehmen.

Für Aufsehen und große Unruhe in den Chefetagen der EZB in Frankfurt hatte ein Gutachten gesorgt, das der Rechtsprofessor und ehemalige Bundesverfassungsrichter Kirchhoff im Auftrag der Sparda-Bank erstellt hat. In dieser Untersuchung kommt Kirchhoff zu dem Ergebnis, dass die EZB ihre Kompetenzen eindeutig überschreitet. Mit ihrer Marktmacht habe sie die Ertragsquelle Sparerzins jahrelang versiegen lassen. Er kommt zu dem eindeutigen Ergebnis: Mit dem Negativzins wurde der Sparer enteignet, obwohl der Staat prinzipiell nicht auf Privateigentum zugreifen darf. Das ist verfassungswidrig und widerspricht auch dem Europarecht. Die Garantie des Privateigentums ist die Garantie der ökonomischen Grundlage individueller Freiheit. Kirchhoff macht für das Dilemma der Sparer einen Denkfehler der EZB-Banker verantwortlich. Die europäische Zentralbank sehe stets nur die globale Politik, sagt er, und nicht die Folgen für die einzelnen Menschen.

Ich fürchte, der schamlose Griff der Eurobanker in die Taschen der Sparer und das Schweigen der grauen Abnicker in den nationalen Finanzministerien wird noch lange anhalten – trotz erster Schritte, die Zinsen zu erhöhen. Die EZB tut sich mit einer solchen Kursänderung nach wie vor extrem schwer. Alles halb so schlimm, gaukeln uns die Euphemisten ein weiteres Mal vor: Wir werden die Enteignung des kleinen Mannes doch beenden.

Es ist nicht oft der Fall, dass sich Vertreter der Wirtschaft in eine Diskussion wie diese einschalten und damit öffentlich Stellung beziehen. Das ist sehr zu bedauern – aber das ist ein anderes Thema. Allianz-Chef Oliver

Bäte jedenfalls nahm kein Blatt vor den Mund, als er die jahrelange Niedrigzinspolitik der EZB kritisierte. Wir alle, sagte er, würden systematisch belogen, was die Folgekosten der Niedrigzinspolitik betrifft. Er warnte, dass die Schulden ja zurückgezahlt werden müssten. Selbst wenn die EZB jetzt aufhöre, Anleihen zu kaufen, werde es noch Jahre dauern, bis die Zinsen wieder auf einem vernünftigen Niveau angekommen seien. »Wir werden noch zehn Jahre Null- oder Negativzinsen haben«, sagte der Versicherungschef schon im Dezember 2020 voraus. Die Geldpolitik sei dabei, die Sparer zu enteignen. Wer Geld sparen wolle, werde entreichert und dessen Rendite umverteilt. Die Sparer würden betrogen, sagt Bäte in wohltuender, seltener Klarheit.

Der Ökonom und langjährige Chef des Münchner Ifo-Instituts, Hans-Werner Sinn, ist bekannt dafür, dass er Klartext redet. Für ihn bedeuten Null- und Negativzinsen nichts anderes als Umverteilung und eine Enteignung des Sparers. Zu Ende gedacht, heißt das nichts anderes als eine Vermögenssteuer, erhoben von der EZB. Der Sparer wird bestraft, der Staat wird entlastet, so Sinn. Seit vielen Jahren geschah klammheimlich, worüber sich ganz offenkundig niemand mehr aufregte: Wir wurden Zeugen – nur die wenigsten begreifen, was sie sehen – eines gesetzwidrigen Aktes, in dessen Verlauf eine außerparlamentarische Steuer durch die Hintertüre der EZB-Bürokratie erhoben wird. Das Schicksal der Sparer war den Raubrittern in den EZB-Türmen von Frankfurt dabei ebenso gleichgültig wie die verheerenden Auswirkungen auf alle Systeme, die auf Kapitalbildung angewiesen sind – also Lebens-, Renten- und private Krankenversicherungen. Die Zinspolitik der europäischen Zentralbank entreicherte den Bürger und bereicherte den Staat. Mal sehen, ob die Sparerenteignung wirklich zu einem Ende kommt.

Knapp die Hälfte unserer Bevölkerung zählt zur sogenannten Mittelschicht, also zu jenen Menschen in Deutschland, die nicht richtig arm und nicht richtig reich sind, aber über ein ganz ordentliches mittleres Einkommen verfügen, wie uns Analysen des Instituts der deutschen Wirtschaft sehr überzeugend vor Augen führen. Eigentlich, sollte man denken, müsste diese zahlenmäßig mit Abstand stärkste Gruppe doch entlastet werden. Weit gefehlt! Gerade weil es so viele sind und viele von ihnen ordentlich verdienen, hat es der nimmersatte Staat auf sie abgesehen. Von ihnen kann man sich das Geld beschaffen, das man in einer hemmungslosen Umverteilungsorgie, die längst keine Grenzen mehr kennt, in sozialstaatlicher Betreuungseuphorie vermeintlich oder tatsächlich Bedürftigen zugutekommen lassen möchte.

Es liegt mir fern, eine soziale Gruppe gegen die andere auszuspielen, doch die Wahrheit ist: Was den einen gegeben wird, wird den vielen in der Mitte der Gesellschaft genommen, jenen, die – wie man so schön sagt – den Karren ziehen. Obwohl sie so viele sind, haben sie keine Stimme, nicht in den Talkshows und nicht in den Parlamenten. Ich werde jedoch auch den Eindruck nicht los, dass sie sich selbst keine Stimme geben und sprachlos zuschauen, wie ihr durch rechtschaffene Arbeit erworbener bescheidener Wohlstand von fantasielosen Politikern täglich weiter abgeschmolzen wird.

Es gibt keine Aufmerksamkeit und keine Zuwendung für die Mitglieder der Mittelschicht. Es sind Facharbeiter, Angestellte, Beamte, Handwerker, Busfahrer. Sie verdienen unterschiedlich viel, haben aber eines gemeinsam: Weder arm noch reich, nähern sich viele von ihnen in ihrer Eigenschaft als von der Politik zunehmend Entreicherte dem unteren Ende der Einkommensskala, die man gemeinhin der Mittelschicht zuordnet. Die Angehörigen die-

ser Klasse können sich noch etwas leisten, ja, das stimmt.
Aber es reicht gerade mal so. Wenn man Glück hat, kommt
man bis zum Monatsende, ohne in die roten Zahlen zu rut-
schen. An die zusätzliche Altersversorgung oder Pflegeversicherung, an eine kleine Eigentumswohnung oder an eine
qualifizierte Ausbildung der Kinder ist nicht mehr zu denken – es sei denn, man kann sich unerwartet einer satten
Erbschaft erfreuen.

Unser System lässt es zu, dass die Leistungswilligen,
die Leistungsfähigen, die Leistungsträger entmutigt werden, weil ihnen von 100 Euro Lohnerhöhung nur noch
50 Euro bleiben. Den Rest fressen Steuern und Sozialversicherung auf. Millionen von Deutschen sind in dieser Situation und Millionen von Deutschen müssen es als Hohn
empfinden, wenn sie den beliebten Politikerspruch hören
müssen: Leistung muss sich lohnen. Welchen Klang hat ein
solcher Satz eigentlich für die, die nicht von ihrem Vermö-
gen leben können, sondern auf Erwerbseinkommen angewiesen sind, also arbeiten müssen, um zu leben?

Ludwig Erhards Formel vom »Wohlstand für alle« hat
ihre Gültigkeit längst verloren. Wie lange schon beklagen
wir eigentlich, dass sich der Spitzensteuersatz immer tiefer
in die Arbeiterklasse der Mittelschicht hineinfrisst? Wie
lange schon beklagen wir die Ungerechtigkeit, dass der un-
ersättliche Steuerstaat beim Einkommen eines mittleren
Angestellten oder eines Facharbeiters mit 42 Prozent so
unerbittlich zuschlägt wie bei einem Spitzenverdiener? Die
staatliche Abzocke kann also schon beim Eineinhalbfachen
des Durchschnittsgehalts beginnen. 1965 schlug der Spitzensteuersatz erst beim 15-fachen des Durchschnittsver-
dienstes zu.

Wir können uns schon jetzt darauf einstellen, dass in
den nächsten Jahren weitere von den Politikern verordne-
te Belastungen auf die Deutschen zukommen werden. Der

Staat der Raffgier wird dort zuschlagen, wo am meisten zu holen ist, dort, wo die mit Abstand größte Gruppe in der Bevölkerung versammelt ist: bei der Mittelschicht. Wir können davon ausgehen, dass dieses Problem in der Ampelkoalition der Regierung Scholz nicht kleiner, sondern größer wird.

Enteignung in Berlin

Die Unfähigkeit der Politik hat zur Folge, dass die Wohnungsnot in Deutschland inzwischen dramatische Ausmaße angenommen hat. Ein schlagender Beweis für diesen Befund sind fast alle Umfragen aus jüngster Zeit, die als Sorgenthema Nummer eins das Wohnungsproblem nennen. Die Zahl von Neubauwohnungen hat sich zwar in den vergangenen Jahren verdoppelt, die Wirkung auf den Wohnungsmarkt ist jedoch ausgeblieben. Mieten (und auch Kaufpreise) steigen nämlich ungebremst weiter. Vor allem in den Großstädten ist die Wohnungsknappheit katastrophal. Ein besonderes Problem ist die Hauptstadt Berlin. Die Wut der Bürger kennt dort keine Grenzen mehr, da Wohnungen für die meisten unbezahlbar geworden sind. Zur Zeit fehlen über 300 000 Wohnungen zu erschwinglichen Preisen. Die rot-rot-grüne Regierung Berlins, die bis zum 26. September vergangenen Jahres im Amt war, ist auf der ganzen Linie gescheitert. Mietendeckel ein Reinfall, Neubau von Wohnungen halbherzig, finanzielle Begrenzungen für den Ankauf durch die landeseigenen Wohnungsunternehmen – dies alles erwies sich als völlig ungeeignet, das Problem zu lösen. Der Mietendeckel wurde dann auch noch von den Karlsruher Verfassungsrichtern gekippt, weil dies Sache des Bundes sei und nicht des Landes Berlin. Als hätte man das nicht vorher wissen können!

Aber man kann ja so tun als ob und den Wähler (Mieter) mit einer politischen Geste ruhigzustellen versuchen. Mit ihrem verzweifelten, gleichzeitig kalt kalkulierten Versuch, die Eigentumsrechte von Vermietern teilweise außer Kraft zu setzen, sind SPD, Linke und Grüne gescheitert. In der Zeitspanne seines Wirkens hat der Mietenstopp das Problem nicht gelöst, sondern verschärft. Den Mietern jedenfalls war mit diesem enteignungspolitischen Showact nicht geholfen – mit Ausnahme derer, die über Beziehungen verfügten oder ausreichende Geduld.

Der zweite Angriff auf das Eigentum in Berlin erfolgte am 26. September 2021 und wurde nicht mehr zurückgeschlagen. Der Volksentscheid der Berliner zur Vergesellschaftung der großen Wohnungsbaukonzerne erwies sich als erfolgreich und als ein Zeichen wieder erstarkter sozialistischer Ideen gegen das Prinzip der sozialen Marktwirtschaft. »Jetzt glauben erstaunlich viele, zumindest im Wohnungsmarkt könne man sich wieder Sozialismus leisten«, meinte die *FAZ*-Journalistin Göbel. »Doch den Markt hebelt man nicht ungestraft aus.« Sie fügte hinzu: »Drei Jahrzehnte nach dem Mauerfall findet in Berlin eine Mehrheit der Wähler wieder Gefallen am Enteignen der Wirtschaft. Das sollte in den Turbulenzen nach der Bundestagswahl nicht untergehen.«

Auch einem entschiedenen Verfechter der Marktwirtschaft mangelt es nicht an Verständnis, wenn sich die aufgestaute Bürgerwut über die desolate Wohnungssituation in der Hauptstadt als Ventil einen Volksentscheid sucht. Es gehört allerdings gerade in dem jahrzehntelang geteilten Berlin schon eine gewaltige Portion Geschichtsvergessenheit dazu anzunehmen, mit der sozialistischen Idee einer Vergesellschaftung privater Wohnungsbaukonzerne könne man das Mieterdrama in der Stadt beenden. Es liegt die Vermutung nahe, eine jahrelang unterschwellig oder offen

geführte Enteignungsdiskussion in der Berliner Links-
koalition habe dem Volksentscheid seinen ideologischen
Stempel aufgedrückt. Die Berliner Enteignungsdiskussion
ist ein gutes Beispiel dafür, wie wenig uns das Eigentum
des anderen noch wert ist.

Die Wirkung einer Enteignungsdebatte, wie sie in Berlin
geführt und per Volksentscheid auch bereits gelebt wird, ist
fatal. Die Welt schaut staunend auf diese Stadt, in der man
aus übergeordneten Gründen nehmen möchte, was anderen
gehört, in der bemerkenswert viele Menschen glauben, mit
sozialistischem Gedankengut die Zahl bezahlbarer Wohnungen in der Stadt vermehren zu können. In hohem Maße
beunruhigend ist die Tatsache, dass die Unterschrift unter
die Enteignungsforderung durch die desaströse Mietsitua-
tion legitimiert ist, die das rot-rot-grüne Bündnis durch
eine miserable Politik herbeigeführt hat. Noch mehr beunruhigt mich, mit welcher achselzuckenden Gleichgültigkeit
man – das ist in diesem Fall besonders die Wirtschaft, aber
auch Politik und Medien, schließlich wir alle – diese fortschreitende Aushöhlung unserer Wirtschafts- und Eigen-
tumsordnung zur Kenntnis nimmt. Dieses Unberührtsein,
diese Interesselosigkeit, möglicherweise eine klammheim-
liche Zustimmung zu dieser oder anderen Enteignungsfan-
tasien sind die Vorboten oder vielleicht schon die Kennzeichen eines beginnenden bedrohlichen Zerfalls.

Wem gehört das Patent?

In diesem Buch soll der Versuch unternommen werden,
die Schwächen eines einstigen Weltmeisters zu identifizieren und tabulos – fallweise überspitzt – auszusprechen.
Dies ist aus meiner Sicht überfällig, weil eine Phalanx von
Gesundbetern, Verdrängern und Verschweigern in einem

Abwehrreflex noch immer so tut, als sei die Welt in Ordnung und Deutschland springe von einem Siegertreppchen zum nächsten. Möglicherweise werden unsere (Schein-) Elitevertreter auch dann noch Deutschland schönreden, wenn man ihnen bereits die rote Laterne umgehängt hat. Die Schwächen der größten Wirtschaftsmacht Europas gehören ans Licht, um seine Stärken vor dem Zerfall zu schützen und dafür Sorge zu tragen, dass wieder mehr Erfolgsgeschichten geschrieben werden können.

Die größte Geschichte schrieben Uğur Şahin und Özlem Türeci, Wissenschaftler und Gründer der Pharmafirma BioNTech. Das Ehepaar ist inzwischen Millionen von Menschen auf der ganzen Welt ein Begriff, denn sie haben den weltweit ersten COVID-19-Impfstoff entwickelt, in einem kleinen Biotech-Unternehmen, ein paar Kilometer entfernt von Frankfurt. Mit dieser exzellenten wissenschaftlichen und unternehmerischen Leistung haben sie Medizingeschichte geschrieben und den Menschen die Hoffnung zurückgebracht. Der *Spiegel* nannte sie ein »deutsches Heldenpaar«, das drei Jahrzehnte an der neuartigen mRNA-Technologie forschte und auf dieser Basis den sensationellen Ausweg aus der Coronapandemie fand.

Diese Forscherleistung, die in der jüngeren Wissenschaftsgeschichte ohne Beispiel ist, soll nun Allgemeingut werden, zum Wohle der Menschheit, wie es so schön heißt. Allgemeingut – was heißt das? Der internationale Druck auf die privaten Firmen, die Coronaimpfstoffe entwickelt haben, wächst, sie sollten das Patentrecht am Impfstoff aufheben oder aussetzen. Mit dieser Patentfreigabe glaubt man, die Produktionskapazitäten weltweit erhöhen zu können. Die Präsidenten Amerikas und Frankreichs, Joe Biden und Emmanuel Macron, haben diese Diskussion angestoßen, gefolgt von führenden Köpfen der Europäischen Union.

Diese Forderung ist ebenso populär wie nicht zu Ende gedacht. Woher auch sollen Politiker wissen, wie komplex die Herstellung eines Impfstoffes ist? Die BioNTech-Gründerin Özlem Türeci weiß dagegen, wovon sie spricht, wenn sie darauf hinweist, dass der Produktionsprozess des BioNTech-Impfstoffes 50 000 einzelne Schritte umfasst, die genauestens befolgt werden müssen, um seine Qualität und vor allem seine Sicherheit zu gewährleisten.

In welche Hände soll dieses Know-how nach einer Patentfreigabe gelangen? Woher soll das geschulte Personal kommen, das man für höchst anspruchsvolle Produktionsprozesse braucht, woher die Produktionsstätten, die besondere Bedingungen erfüllen müssen? Die meisten Experten sind sich einig, dass eine Freigabe der Patente die weltweiten Kapazitäten zur Herstellung des Impfstoffs nicht erhöhen würde.

Was angesichts dieser Diskussion jedoch mindestens genauso wichtig erscheint, ist auch hier die Frage des Eigentums und wie es zu schützen ist. Das Beispiel BioNTech ist ein weiteres Kapitel unter der Überschrift »Eigentum gefährdet«. Ein Patent ist nichts anderes als ein vom Staat verliehenes gewerbliches Schutzrecht. Dieses Schutzrecht untersagt es Dritten, die Erfindung des Rechteinhabers zu verwerten. Der Schutz geistigen Eigentums ist ein wichtiges Element der Marktwirtschaft. Dieses Wirtschaftssystem erlaubt es eben nicht nur, den besten Impfstoff der Welt zu entwickeln, sondern mit diesem Produkt bitte auch Gewinne, ja sogar große Gewinne zu machen.

Genau das ist es, was nicht in das Weltbild linksgerichteter Politik und linksorientierter Medien passt. Nach deren Idealvorstellung sollten Impfstoffe Allgemeingut sein, nach einer Freigabe der Patente weltweit verfügbar, auf einer nach unten offenen Skala abnehmender Qualitätsstandards. Es sieht ganz danach aus, als hätten sich die Gesinnungsethiker um ein neues Thema versammelt. So ist es in ihren Augen moralisch offenbar nicht vertretbar, wenn die Entwicklung und der Verkauf von Impfstoffen Pharmaunternehmen mit Milliardengewinnen belohnt. Es geht dabei um nichts weniger als um den Versuch, ein deutsches Unternehmen, das die Pandemie vor allen anderen zu bekämpfen half, zu enteignen – nichts anderes bedeutet die Forderung, ihren Patentschutz für null und nichtig zu erklären.

Die grüne Enteignung

Auch die letzten Zweifler sind verstummt. Die Erwärmung der Erde schreitet sehr viel schneller voran als bisher angenommen. Die Europäische Kommission macht mit dem »Green Deal« Druck. Die neue deutsche Bundesregierung hat den Klimaschutz auf Platz eins ihrer Koalitionsagenda gesetzt. Umwelttechnologien könnten zum Wachstumstreiber deutscher Unternehmen werden.

Wie sich die Ampelkoalition angesichts dieses wichtigsten Zukunftsthemas bewähren wird, lässt sich – während ich dieses Buch schreibe – noch nicht beurteilen. Es wird jedoch interessant sein zu beobachten, wie die Grünen ihre in der Opposition gelebte, vorwiegend gesinnungsethisch motivierte Annäherung ans Thema den Zwängen verantwortungsethischen Regierungshandelns anpassen werden und welche Konflikte zwischen ihnen und einer SPD aufbrechen werden, die die sozial Schwächeren im Land gegen die Belastungen einer neuen Energiepolitik in Schutz nehmen will – dies besonders unter den preistreibenden Bedingungen des Ukrainekriegs.

Schon bisher haben Verbraucher und Geringverdiener einen großen Teil der Energiewende bezahlt. Zwar sind die Deutschen, vor allem die jungen unter ihnen, mehrheitlich von der Notwendigkeit einer neuen Energiepolitik überzeugt – Klimaschutz steht bei den meisten Umfragen auf Platz eins, gemeinsam mit der Wohnungsnot. Allerdings müssen die Befragten auch zur Kenntnis nehmen, dass sich die politischen Antworten der Parteien nur auf einen für sie unbefriedigenden Nenner bringen lassen: Der Kampf gegen den Klimawandel wird immer teurer.

Hier entsteht sozialer Sprengstoff, den Experten – wie oft – lange vor den Politikern erkannt haben. So kommt das Berliner Mercator-Institut für Klimawandel zu dem Ergebnis: Tatsächlich geben in Deutschland die sozial Schwächeren relativ gesehen einen hohen Anteil ihres Einkommens für CO_2-intensive Güter aus, obwohl absolut gesehen die Reicheren mehr CO_2 konsumieren. Das verschärft soziale Ungleichheit und verringert die gesellschaftliche Akzeptanz von CO_2-Preisen. Seit Jahren erleben wir in Deutschland ein energiepolitisches Chaos, das nur eine Konstante kennt: steigende Preise. Immer mehr Menschen erleben diese Belastungen konkret in ihrem Alltag. Sie seien bereit, ihren Beitrag zum Klimaschutz zu leisten, sagen sie, doch mutwillig und kalt enteignen wollen sie sich nicht lassen – auch nicht für den Klimaschutz.

Die Inflation ist zurück

Die Teuerungsrate ist auf dem höchsten Stand seit 41 Jahren. Das Wort Inflation hat in Deutschland seit der Hyperinflation der 1920er-Jahre einen traumatisierenden Klang. Umso mehr verwundert es, dass dieses Problem noch vergleichsweise leise daherkommt. Dabei steigen Energie- und Lebensmittelpreise immer weiter und belasten immer mehr Menschen bis weit in den Mittelstand hinein.

In der Politik, vor allem in der Ampelregierung, nimmt man das Wort Inflation nicht in den Mund, sondern versucht, es so lange wie möglich totzuschweigen. Wenn es denn gar nicht mehr anders geht, dann verweist man auf rezeptfreie Beruhigungspillen wie das Neun-Euro-Ticket für den öffentlichen Nahverkehr oder andere kurzfristige Erleichterungen. Sie mögen zwar geeignet sein, manchen Schmerz von Geringverdienern zu lindern, sie packen das Problem der Inflation jedoch nicht an der Wurzel an. Es gehört nicht viel Fantasie dazu, sich vorzustellen, wie bitter es für viele wird, wenn 2023 die Nebenkostenabrechnung fürs Wohnen im Jahr 2022 eintrifft.

Es ist eher eine rhetorische Frage, wenn man wissen möchte, ob unsere Politiker noch die Lebenswirklichkeit ihrer Wählerinnen und Wähler kennen. Sie scheinen deren Lebensumstände nicht mehr zu kennen, weil sie zu weit davon entfernt leben. Sie wissen nicht, dass die Preisexplosionen der vergangenen Monate für immer mehr Deutsche zu einer Frage des Überlebens geworden sind. Können sie noch jeden Tag vom Land in die Stadt zu ihrem Arbeitsplatz fahren, weil sie das Benzin nicht mehr bezahlen können?

Die Nation ist angesichts der Inflation wieder einmal gespalten. Die einen trifft es heftig, die anderen müssen sich trotz stark steigender Preise gar nicht oder kaum einschränken. Die Inflation beschleunigt die Ungleichheit in der Bevölkerung. Angesichts dieser Wirklichkeit muss es für viele wie blanker Hohn klingen, wenn die verantwortlichen Politiker immer wieder den gleichen Spruch an den real existierenden Zuständen vorbei von sich geben: Miete, Energie und Lebensmittel müssten für alle bezahlbar bleiben. Bravo! Doch auch hier klaffen zwischen Wort und Tat tiefe Abgründe. Wie immer und wie nicht anders gelernt bedient die Politik jede Interessengruppe und heizt damit die Inflation weiter an.

Preisfrage, liebe Leserin, lieber Leser: Kennen Sie einen Politiker, der sich zu harten und unpopulären Maßnahmen durchringt, um die Inflation abzubremsen oder zu stoppen? Es hat auch eine kleine Ewigkeit gedauert, bis die Europäische Zentralbank und Christine Lagarde darüber nachgedacht haben, nach langem Zögern endlich die Zinsen anzuheben, um der sich immer schneller drehenden Preisspirale etwas entgegenzusetzen.

Wie kann es sein, dass die Inflation viele Menschen in Deutschland noch immer nicht ernsthaft beunruhigt? Es ist doch ein eher niedliches Ergebnis, wenn nach einer McKinsey-Studie jeder dritte Deutsche angesichts steigender Preise um seinen Lebensstil besorgt ist. Existenzängste bringt diese Umfrage jedenfalls noch nicht zum Ausdruck. Einiges spricht dafür, dass Psychologen recht haben, die meinen, die Inflation treffe die Menschen im Windschatten von Corona und des Krieges in der Ukraine und werde im Vergleich dazu gar nicht als zentrales Thema wahrgenommen, sondern als Nebenkriegsschauplatz ihres Lebens empfunden. Vor allem der Krieg in Europa könnte bei vielen die Maßstäbe verschoben haben:

Lieber verzichte ich auf ein paar materielle Annehmlichkeiten, auf ein wenig Luxus, als dass mir ein Schicksal wie den Ukrainern beschieden ist, die einem blutigen Krieg ausgesetzt sind, in dem sie täglich um ihr Leben fürchten müssen. Man darf allerdings davon ausgehen, dass diese ziemlich unaufgeregte Wahrnehmung der voranschreitenden Inflation, wie sie bisher noch den deutschen Alltag bestimmt, schon bald eine andere Dimension erreichen wird – wenn die Politik nicht endlich entschieden entgegensteuert.

Die Politiker müssen handeln. Sie können etwas tun, auch wenn dies immer wieder in Zweifel gezogen wird. Vor allem die unteren Einkommensschichten, die einen beträchtlichen Teil ihres Lohns für Lebensmittel ausgeben, sind besonders hart betroffen und dauerhaft zu entlasten. Eine Möglichkeit könnte sein, die Mehrwertsteuer auf Grundnahrungsmittel zu senken oder gar auf Null zu setzen. Eine weitere Maßnahme zur Entspannung der Lage könnte sein, einen Preisdeckel für Energie einzurichten, wie man dies von Frankreich, Ungarn oder Luxemburg kennt.

Qualitäts- oder Gesinnungs-journalismus

Der Kampfschrei »Lügenpresse«

Nicht nur Politik, Kirchen, Wirtschaft und Gewerkschaften verlieren massiv an Vertrauen. Der Unmut von immer mehr Menschen richtet sich auch gegen die Medien. Diese Stimmung hat mit der Flüchtlingskrise Fahrt aufgenommen. Die Kritik ist seitdem nicht mehr verstummt, sondern sogar noch lauter geworden. Eine Minderheit lässt ihrer Wut in der Öffentlichkeit, meist bei Demonstrationen, freien Lauf und schreckt auch vor tätlichen Angriffen auf Journalisten nicht mehr zurück.

Eine inzwischen beachtliche und immer weiterwachsende Zahl von Menschen in Deutschland zweifelt daran, dass sie von den Medien das ganze Bild der Wirklichkeit gezeigt bekommen. Hier mischen sich verständliche und berechtigte Zweifel, ob der Journalismus in Deutschland seinen Aufgaben noch gerecht wird, mit verschwörungstheoretischen Fantasien und Verrücktheiten.

Beide Gruppen muss man streng auseinanderhalten. Zu unterscheiden ist zwischen denen, die mit dem Kampfschrei »Lügenpresse« und mit den Fäusten Journalisten angreifen und ihnen drohen, sie mit Mistgabeln aus ihren

Medienhäusern zu vertreiben. Sie pfeifen auf jeden Dialog mit Journalisten, so wie sie auch kein Gespräch mit Politikern wollen. Nicht vergessen darf man, dass die Medien diese Radikalen, die Journalisten zur Feindgruppe erklärt haben, durch unangemessene Dauerwahrnehmung erst ins Licht der Öffentlichkeit gerückt haben. So beherrschen sie zwar immer wieder Bilder und Schlagzeilen, sind lästig und sorgen für schlechte Stimmung, sind aber nicht das eigentliche Problem. Zu dem werden sie erst, wenn die ernsthaften Kritiker der Medien es zulassen, dass sie sich unter sie mischen. Es ist ähnlich wie bei Corona: Wenn sich die Gruppen – die einen grölend und die anderen schweigend – zu vermengen beginnen, verliert die Kritik an Glaubwürdigkeit.

Die Kritik von vernünftigen, gebildeten, differenzierungsfähigen und differenzierungswilligen Menschen, von denen der weitaus größte Teil nicht zur AfD gehört, nimmt täglich zu. Manches mag übertrieben sein, manches nicht verständlich. Dennoch braut sich etwas zusammen. Das geht schon seit Jahren so. Die Stimmung kommt nicht aus dem Nichts, sondern speist sich aus dem Gefühl, ein Teil der Informationen würde ihnen vorenthalten. Es wäre Realitätsverweigerung, wenn der Journalismus diese Stimmung nicht ernst nehmen würde. Er muss darauf eine Antwort finden.

Weniger auf den blinden Hass im Netz und auf der Straße haben die Medienmenschen zu antworten. Der ist dumm und seine Wortwahl ist entlarvend. Aber den anderen sollten sie den Dialog anbieten, erklären und Fehler zugeben. Die anderen – das sind noch immer achtzig Prozent der erwachsenen Deutschen, die von sich sagen, dass sie an Nachrichtensendungen interessiert seien. Für diese beachtliche Mehrheit in Deutschland ist Information also nach wie vor wichtig. Sie wollen nicht darauf verzichten.

Sie nutzen Zeitungen, die Newsseiten im Internet, Radio und Fernsehen.

Sie glauben nach wie vor, dass diese Medien für sie unverzichtbar sind. Sie vertrauen ihnen noch, obwohl sie schon begonnen haben, ihnen zu misstrauen. Um diese Leute, die den Journalisten ja nach wie vor gewogen sind, geht es. Sie gilt es zu überzeugen. Eigentlich ist es doch ein gutes Zeichen, wenn sich so viele Menschen ernsthaft informieren wollen. Wer in der Kritik steht, sollte diese ernst nehmen. Medienleuten fällt das noch immer schwer. Es kann doch gar nicht so schwer sein, Fehler zuzugeben, wenn man welche gemacht hat. Journalisten stellen keine Stoffe her, in die man sich kleidet und auch keine Microchips, ohne die das Auto nicht fährt. Informationen sollen Identität stiften, in den Hirnen und Herzen von Lesern, Zuschauern und Zuhörern ankommen, möglichst unverfälscht und möglichst nah an der Wirklichkeit.

Epiktet, der antike Philosoph, hat vor mehr als 2000 Jahren das Verhältnis zwischen Medien, Publikum und Wirklichkeit so beschrieben: Nicht die Tatsachen beeinflussen den Menschen, sondern die Meinung, die er von den Tatsachen hat. Seine Meinung destilliert der interessierte Bürger aus den Informationen, die ihm Journalisten vermitteln – im besten Fall nach bestem Wissen und Gewissen. Man könnte auch sagen, Informationen in denkbar höchster Qualität. Diese wiederum können die politische (Willens-)Bildung befördern und damit zu dem Kitt werden, der unsere Demokratie zusammenhält.

Es geht also um eine Rückbesinnung auf Regeln für guten, glaubwürdigen Journalismus. Davon gibt es viele, sozusagen ein ganzes Geländer zum Festhalten für professionelles Verhalten. Im Rahmen der *Spiegel*-Affäre hat das Bundesverfassungsgericht eine kluge, noch heute gültige Wegweisung den Journalisten ins Stammbuch geschrieben, wonach der »Bürger umfassend informiert sein solle, um die Meinungen der anderen gegeneinander abwägen zu können«. Außerdem gibt es Landespressegesetze und Rundfunkstaatsverträge, alles Wegweisungen, die den Journalisten zeigen, was sie tun sollen und was lassen.

Das Internet, von manchen schon als fünfte Macht gesehen, ist ein wesentlicher Teil des Problems. Auf der einen Seite hat es den alten Menschheitstraum erfüllt, mit ein paar Klicks das gesamte Wissen dieser Welt abrufen und in Jetztzeit mit klugen Köpfen auf der ganzen Welt diskutieren zu können. Das ist eigentlich ein Traum. Auf der anderen Seite wird das Netz zum Albtraum, weil es zwar Wissen ohne Grenzen zur Verfügung stellt, jedoch ohne Ordnung.

Dieser Zustand schafft täglich mehr Unsicherheit und Desorientierung. Was ist richtig, was ist falsch? Wie gehe ich als Nutzer mit den Millionen Grautönen um, die zu jedem noch so einfach erscheinenden Thema angeboten werden? Wie schafft man es, diese elende Komplexität in der endlosen Weite des Netzes zu reduzieren? Wie bekommt man Ordnung in diesen Kosmos der Information? Wie sagte einst Albert Schweitzer? »Sag es einfach, aber nicht zu einfach!«

Ich befürchte, im Netz ist es für die meisten schon ganz einfach, zu einfach geworden. Ihre Schneisen der Vereinfachung heißen Lüge oder Wahrheit, Schwarz oder Weiß. Von da aus sind es nur ein paar Schritte bis zu den Echokammern der Gleichgesinnten, in denen nur mehr die eigene Wahrheit (Lüge, Gerücht, Fake News) zählt.

Wer sich jedoch noch nicht in der Echokammer eingeschlossen hat, wer sich von der Flut der Informationen im Netz nicht den Atem rauben lässt, wer unsere Medienwelt klug beobachtet und seinen Twitter- oder Facebook-Account nutzt, um sachliche Kritik an Fernsehen, Zeitungen, Hörfunk und Newsportalen zu üben, der sollte allen

Chefredakteuren und Redaktionsleitern willkommen sein, weil er vielleicht einen Fehler entdeckt hat oder eine nicht korrekte Darstellung, die den Produzenten der Information entgangen ist.

Nicht Häme und Hass (»alle gleichgeschaltet«, »Befehlsempfänger der Regierung«, »Drecksmedien«) sind in dieser aufgeladenen Stimmung gefragt, sondern ein ernsthaftes Gespräch auf Augenhöhe zwischen Sender und Empfänger. Die (Ab-)Sender müssen zur Kenntnis nehmen, ob es ihnen gefallen mag oder nicht, dass die Empfänger ihr Wesen verändert haben. In der digitalen Welt sind sie gleichzeitig sendender Chefredakteur, Kommentator und Mitdiskutant. Genauso sehen sie ihre neue Rolle. In dieser Ein-Mann-Veranstaltung können sie viel Vernünftiges von sich geben, aber auch viel Unsinn reden.

Ein solcher Unsinn ist das unreflektierte Gerede von der Lügenpresse. Lügen setzt Absicht voraus. Ich kenne keinen Journalisten, der dies täte. Wer die Medien in Deutschland zur Lügenpresse umdeute, so Joachim Gauck, dem geht es nicht um Diskussion, sondern um Denunziation.

Aber eigentlich geht es um etwas ganz anderes. Es geht um eine dramatisch beschleunigte Welt, in der den meisten der Überblick verloren geht. Dazu gehören neben Politikern und Vertretern der Wirtschaft eben auch die Medienleute. Es ist an der Zeit, dass sie ihre Fehler erkennen und zugeben. Es ist an der Zeit, dass sie sich neu erfinden, in dem sie alte Tugenden wiederentdecken.

Zwischenruf

Ich muss gestehen, dass mir für dieses Kapitel die notwendige Distanz fehlt. Andererseits war ich lange genug Journalist, um mir über die Entwicklung und Veränderungen der Medien ein Bild machen zu können – über die guten Dinge und über die weniger guten. Ich will keine abstrakten Überlegungen zum Zustand unsere Pressefreiheit als wesentliches Element der Demokratie anstellen. Zum einen halte ich die Pressefreiheit in Deutschland für nicht gefährdet und zum anderen wurde zu diesem Thema schon endlos publiziert. Mir geht es vielmehr um einen kritischen Blick auf einen Beruf, der nach wie vor über eine enorme (Leistungs-)Kraft verfügt.

Noch einmal: Das Gerede von der Lügenpresse halte ich für blanken und ziemlich gefährlichen Unsinn. Wer so redet, dem drückt der Zorn aufs Hirn. Ich kenne keinen Kollegen, der absichtlich die Unwahrheit sagt – denn nichts anderes heißt ja Lügen. Einzelfälle, wie der Fall Relotius beim *Spiegel,* sind nicht zu verallgemeinern. Viele Journalisten machen ihre Arbeit gut, manche sind exzellent. In Deutschland gibt es nach wie vor Qualitätsmedien, die man sich allerdings leisten können muss. Wenn wir nach einem längeren USA-Aufenthalt zurückkehren nach Deutschland, sind wir dann nicht – alles in allem – froh, dass wir über ein Angebot von Fernsehsendern, Radioprogrammen, Zeitungen und Newsportalen verfügen, die wir dort schmerzlich vermisst haben und um die uns informationshungrige Menschen – trotz allem – auf der ganzen Welt beneiden?

Also regen wir uns nicht auf! Auch nicht darüber, dass die Medien ein unvollständiger Spiegel der Wirklichkeit sind, dass die Auswahl der im Sekundentakt ausgespuckten Informationen selektiv sein muss. Eine Auswahl muss getroffen werden, unter höchstem Zeitdruck, »all the News that's fit to print«, wie es quasi als Dienstanweisung im Kopf der *New York Times* steht. Die Auswahl wird getroffen von den Menschen in den Medien und nicht in böser Absicht. Regen wir uns auch nicht auf, dass Journalismus auf der Suche nach dem Außergewöhnlichen und nicht nach dem Normalen ist, dass »Hund beißt Mann« niemanden interessiert, wohl aber »Mann beißt Hund«.

Es ist schon wahr, die Welt ist besser als ihr Ruf und besser als die Medien sie erscheinen lassen. Viele Leute fragen, warum wir vom Positiven in unserer Welt so wenig Notiz nehmen. Dabei interessieren Sie sich viel stärker für schlechte als für gute Nachrichten. Sie schätzen also genau das, was Sie uns vorwerfen – das Ungewöhnliche, das Spannende, das Spektakuläre. Das Verhältnis zu Ihnen, unserer Kundschaft, ist ziemlich schwierig geworden. Ein paar unserer Probleme will ich im Folgenden identifizieren.

So wichtig?

Mein Gott, was sind sie wichtig! Was nicht in den Medien vorkommt, ist nicht Wirklichkeit: Kanzler und Parteivorsitzende mit ihrem Gang vor die Presse nach den Anfangszeiten von Tagesschau und Tagesthemen, heute und heute journal. Ereignisse und Entscheidungen von besonderer Tragweite werden in massenmedialer Gleichzeitigkeit auf allen Kanälen in die Öffentlichkeit geschleudert. Ein Bürgermeister ist erst dann ein Bürgermeister, wenn es ihm gelungen ist, ein Kamerateam in seine Gemeinde zu locken und das 1000-Seelen-Dorf durch diesen Fernsehauftritt landesweit bekanntzumachen. Ehrgeizige Eltern glauben, weil sie selbst von der überragenden Bedeutung der Medien überzeugt sind, dass das Praktikum ihres Sprösslings bei einem Fernsehsender oder einer Zeitung von gutem Ruf durch keine andere Tätigkeit zu übertreffen sei.

Medienmenschen werden umworben und umgarnt von denen, die etwas von ihnen wollen. Weil man etwas

Unterschätzte Freiheit

von ihnen will, vermittelt man ihnen ein Gefühl von Bedeutung und Wichtigkeit. Journalisten, denen lange genug diese Art von Behandlung widerfährt, verlieren schnell das Gespür für die Wirklichkeit und leben tatsächlich in der Trugvorstellung der eigenen Bedeutsamkeit. Gerade im Umgang mit Politikern kommt es bei den Medienleuten nicht selten zu einer solchen, sich selbst überschätzenden und überhöhenden Fehleinschätzung der eigenen Rolle.

Aber wer widerspricht schon gerne jenen, die seit Jahrzehnten behaupten, die Medien seien die vierte Gewalt im Staat? Das wäre ja töricht, nicht wahr? Welche Berufsgruppe kann schon eine solche Relevanzzuweisung für sich in Anspruch nehmen? Das Kreuz ist: Die Medieninsassen werden ständig umworben von denen, die in die Medien wollen. Das ist der wesentliche Grund, warum sich viele Angehörige dieser Zunft so (grundlos) wichtig fühlen.

Natürlich ist der Einfluss wichtiger Medien in Deutschland auf die Meinungsbildung der Bürger nicht zu unterschätzen, aber er hat auch seine Grenzen. Erleben wir nicht immer wieder, dass Bundestags- oder Landtagswahlen ganz anders ausgehen, als uns dies die Meinungsforscher, die sich mit ihren Prognosen vorher monatelang in allen Medien tummelten, vorausgesagt hatten? Dies lässt doch nur den nicht allzu überraschenden Schluss zu, dass die Wähler durch die Medien nur sehr begrenzt zu beeinflussen sind.

Journalisten sollten nicht glauben, dass sie etwas Besonderes sind, sondern sich ganz einfach als Dienstleister fühlen, die ihr Handwerk beherrschen. Schließlich haben wir keine italienischen Verhältnisse. Wir sind nicht Berlusconi. Unser Staat macht sich die Medien nicht untertan. Eric Gujer, Chefredakteur der *Neuen Zürcher Zeitung*, gebraucht das Bild von den »Medien als den Göttern der Moderne, die von ihrem Olymp herabblicken auf das Gewusel der Normalsterblichen«.

Diese Perspektive der Journalisten auf Deutschland und die Welt gibt es nicht mehr, seit die Digitalisierung den klassischen Medien einen enormen Verlust an Aufmerksamkeit beschert hat. Dies gilt es zu erkennen und erst recht zu akzeptieren: weniger Macht, weniger Autorität, weniger Einfluss. Das sind keine guten Zeiten für Medienleute, möchte man annehmen, und dennoch wollen nach wie vor viele junge Leute diesen Beruf ergreifen, weil sie ihn spannend finden und weil sie glauben, sich darin verwirklichen zu können. Zu dieser Traumvorstellung junger Leute will die Realität allerdings so gar nicht passen. Immer mehr Traditionsmedien geraten in wirtschaftliche Schwierigkeiten. Sie sind gezwungen zu sparen und Redakteure zu entlassen. In einer solchen Lage gibt es weder Geld für teure Recherchen noch Mut für investigative Geschichten, mit denen man sich Feinde macht.

Qualität, was sonst?

Der ehemalige ORF-Intendant, Gerd Bacher, hat einmal zutreffend und präzise die Schwierigkeiten des Qualitätsjournalismus beschrieben: »Im Wettbewerb zwischen Trivialität und Anspruch ist der Anspruch stets im Nachteil.« Bacher bezieht diese Feststellung auf die Währung, mit der alle Journalisten glauben zahlen zu müssen: auf Quote, Klickzahlen und Auflage. Hinter dieser Aussage steht die Erkenntnis, dass Massenmedien den Massengeschmack mit trivialen Angeboten besser erreichen als mit anspruchsvoller Information. Dahinter steht aber auch der Appell, gerade als öffentlich-rechtliche Medienanbieter eine klare und unmissverständliche Entscheidung für Qualität und gegen die Quote zu treffen.

Was heißt eigentlich Qualität eines Medienproduktes? Einer Reportage, eines Nachrichtenfilms, eines Kommentars, einer TV-Diskussion? Wie ist diese Qualität zu messen? Natürlich ist es viel einfacher, Qualitätskriterien für einen 5er BMW aufzustellen als die Qualität einer politischen Reportage zu messen. Aber es gibt auch im Journalismus verlässliche Kriterien, mit denen die Arbeit als sehr gut, gut gelungen oder misslungen bewertet werden kann.

Wie wäre es zum Beispiel mit informativ, verständlich, glaubwürdig, aktuell, seriös, zeitgemäß, lebendig, spannend, Missstände aufdeckend, gründlich, nah am Menschen? Aus eigener Erfahrung weiß ich, das es alles andere als einfach ist, journalistische Produkte herzustellen, die nur einen Teil der genannten Eigenschaften aufweisen. Es bedarf jeden Tag aufs Neue einer strengen Produktkontrolle durch die verantwortlichen Redakteure. Es ist der tägliche Kampf gegen den inneren Schweinehund und gegen die Zeit.

Eine Durchschnittsleistung reicht hierfür nicht mehr aus. Passt schon! Passt eben nicht! Geht schon! Geht eben nicht! Es geht um erstklassiges, journalistisches Handwerk, ganz gleich ob in der Zeitung, im Newsportal, im Radio oder im Fernsehen. Die Menschen sind nicht dumm und haben ein sehr feines Gespür für Qualität. Lässt das Medium diese Qualität über einen längeren Zeitraum vermissen, verliert es Zuschauer, Hörer oder Leser.

Dies trifft besonders dann zu, wenn sich die Medien in nachrichtenstarken Zeiten eines besonderen Interesses erfreuen: Corona, Russland-Ukraine-Konflikt, Wahlen. In solchen Zeiten ist die Empfindlichkeit, was die Qualität der Berichterstattung angeht, besonders hoch. Dazu gehört, dass die Fehlertoleranz ziemlich gering ist – und das ist gut.

Noch einmal der Hinweis: Unterschätzen wir das Publikum nicht! Die Leute sind oft schlauer als mancher Journalist und sie wissen ziemlich viel und ziemlich genau zu unterscheiden zwischen erstklassigem und grottenschlechtem Journalismus. Wir hatten im Bayerischen Fernsehen, dessen Chefredakteur ich viele Jahre sein durfte, eine Zeit zu bestehen, die von rigorosen Sparzwängen geprägt war. Aus diesem Grund stoppten wir für bestimmte, nicht aktuelle Sendungen die Produktion neuer Beiträge. Stattdessen wiederholten wir ältere Reportagen, die bereits im Programm gelaufen waren. Die Beschwerden der Zuschauer kamen prompt und zeigten keinerlei Verständnis für dieses reduzierte Angebot. Trotz harscher Kritik lässt sich an diesem Beispiel auch die hohe Bindung der Nutzer an ihr Medium ablesen – und wie schnell sich diese auch lösen kann.

Es gibt aus den vergangenen Jahren zahllose Umfragen, was die Deutschen von der Arbeit der Journalisten erwarten. Über die Hälfte der Befragten wünscht sich vollständige Information und nicht nur die Sicht der Dinge aus einem Blickwinkel. Man könnte auch sagen, jeder zweite Deutsche wünscht sich weniger Einseitigkeit und mehr »audatur et altera pars« – lasst auch die andere Seite zu Wort kommen! Zwei Drittel reklamieren eine striktere Trennung von Fakten und Kommentar.

Meinung statt Fakten

Deutsche Journalisten neigen genauso wie die Kollegen im Land, wo die Zitronen blühen, in Bella Italia, zum Meinungsjournalismus. Im Gegensatz zu den angelsächsischen Kollegen sind sie erst an zweiter Stelle an Fakten interessiert. Journalisten hierzulande fühlen sich nur dann so richtig wohl, wenn sie zu allem und jedem zunächst einmal das zum Ausdruck bringen können, was sie selbst über eine bestimmte Entscheidung in der Politik, über ein spezifisches Problem in der Wirtschaft oder über eine besonders interessante Personalie im Kulturbetrieb denken.

Dieses ausgeprägte Bewertungssyndrom in unseren Medien ist an sich noch nicht der Kritik wert, denn Meinung (wenn sie ausgeprägt ist) macht den Journalismus interessanter, bunter, vielfältiger, überraschender und provozierender. Meinungsfreude wird erst dann zum Problem, wenn sie sich nicht auf einem tragfähigen Fundament von Fakten ausleben kann.

Also wäre es eine gute Sache, schleunigst die Reihenfolge zu ändern: erst das Wissen, dann die Meinung. Tatsachen und Meinungen sind streng zu trennen. Dies geschieht in vielen Fällen, in vielen aber auch nicht. Die Fundamentalisten unter den Medienkritikern mögen mir jetzt widersprechen: Aus jahrzehntelanger Erfahrung weiß ich, dass es im journalistischen Alltag weder ein striktes »Qualität oder Quote« gibt noch ein »Tatsachen oder Meinung«. Im ersten Fall ist die eine Hälfte nicht ohne die andere denkbar. Im zweiten Fall wächst allzu oft zusammen, was nicht zusammengehört.

Zur Wahrheit gehört, dass Journalisten, die den Ehrgeiz haben, Produkte von außergewöhnlicher Qualität abzuliefern, auch darauf achten müssen, dass diese von möglichst vielen Menschen gelesen, gesehen oder gehört werden. Daher sind Qualität und Quote/Auflage nicht als Widerspruch zu sehen, sondern müssen zusammengedacht werden. Im Idealfall führt hoher Anspruch auch zu hoher Auflage oder Quote. Das beste Beispiel dafür ist die Wochenzeitung *Die Zeit,* die sich seit Jahren eines stetig wachsenden Zuspruchs von Lesern erfreut.

Ich erinnere mich noch sehr gut an meine Zeit beim Bayerischen Rundfunk. Die Zuschauerzahlen des Vorabends waren für mich der wichtigste Debattenpunkt während der morgendlichen Redaktionssitzung. Dabei handelte es sich – da bin ich mir sehr sicher – nicht um das Schielen einer kranken Seele nach dem Erfolg, sondern um die naheliegendste aller Fragen: Fanden unsere Informationsangebote Anklang beim Zuschauer oder nicht? Quoteneinbrüche wurden bei dieser Gelegenheit besonders kritisch diskutiert und es wurde nach entsprechenden Erklärungen gesucht. Die waren oft schnell gefunden. Selbst eine preisverdächtige Sendung wird dann keine Menschen anlocken können, wenn im Gegenprogramm das Champions-League-Spiel Bayern München gegen FC Liverpool läuft.

Problematisch wird es dann, wenn man sich um hoher Auflagen oder Quoten willen zu einer Deformation der Qualität entschließt, wenn man aus anspruchsvoller Information anspruchsloses Infotainment macht. Nur um der Menge zu gefallen, sollte seriöser Nachrichtenjournalismus nicht den Fehler begehen, sich zu Tode zu amüsieren, wie Neil Postman in seinem Weltbestseller schon vor über 30 Jahren schrieb.

Wie steht es nun mit den Tatsachen und der Meinung zu den Tatsachen? Ja, es stimmt, Fakten und Kommentar sind streng zu trennen. Richtig ist aber auch, dass die Grenzen allzu oft verschwimmen. Für ein Nachrichtenmagazin wie das heute journal gelten andere Maßstäbe wie für die heute-Nachrichtensendung. Letztere hält sich streng an die Fakten, die Moderationen des Journals sind einordnender, gewichtender und wertender. In vollem Bewusstsein und unter Beachtung der Kriterien einer Nachrichtensendung gibt man sich auf diesem späteren Sendeplatz mehr Spielraum zur eigenen Meinung.

Das Gleiche gilt übrigens auch für die Tagesthemen. Bei strenger Auslegung des Gesetzes zur Trennung von Nachricht und Meinung habe auch ich dagegen verstoßen.

Die Moderationen während meiner Zeit im heute journal waren mitunter voller Meinungsfreude. Streng genommen war ich Täter, streng genommen habe ich gesündigt. Meine Taten sind verjährt. Zur Verurteilung hätte es wohl nicht gereicht. Man muss einfach nur wissen, wie weit man zu weit gehen kann.

Dem Strom der Gesinnung folgen

Medien haben die Aufgabe, die Menschen zu informieren. Es ist interessant, auf welcher Basis das geschieht. Nach sehr vorsichtigen Schätzungen sympathisieren rund ein Drittel der deutschen Journalisten mit den Grünen. Etwa ein Viertel fühlt sich der SPD verbunden. Es gibt andere Untersuchungen, die zu dem Ergebnis kommen, dass Journalisten ihre eigene Grundhaltung zu 18 Prozent links und zu 48 Prozent eher links einschätzen. Als eher rechts und rechts schätzen sich nur 17 und 2 Prozent ein. 15 Prozent siedeln sich selbst in der politischen Mitte an.

Diese Zahlen bilden vermutlich nicht den aktuellen Stand der politischen Meinungsbildung im deutschen Journalismus ab, aber sie zeigen in die richtige Richtung, zumal ein gewisser Sympathiesog der Medien in Richtung Rot und Grün durch den Regierungswechsel in Berlin nicht auszuschließen ist. Die Zahlen jedenfalls sprechen eine klare Sprache, und die lässt sich nur so lesen: Journalisten in Deutschland fühlen sich in ihrer Mehrheit linken Parteien nah. Damit unterscheiden sie sich deutlich von den Parteipräferenzen der Bürger.

Dies stellt ein Problem dar, und man kann es nicht mit dem einfachen Hinweis abtun, das Narrativ vom links-grünen Gesinnungsjournalismus halte sich nur deshalb hartnäckig, weil es von interessierter Seite immer wieder

neu erzählt werde. Eine Erklärung für dieses Ungleichgewicht in der Präferenz politischer Parteien könnte in
persönlichen Gründen für die Berufswahl zu suchen sein.
Wer Journalist werden möchte, neigt eher dem linken als
dem konservativen Parteienspektrum zu. Auf der linken
Seite verortet der angehende Journalist Klimaschutz und
Sozialstaat, ein möglicherweise attraktives Arbeitsgebiet,
für das sich das künftige Talent in besonderer Weise interessiert.

Die Parteienpräferenz von Medienleuten hat in den
vergangenen Jahren auf den ersten Blick scheinbar an Bedeutung verloren. Die Parteifarbe wird zwar noch ernst genommen, doch sie ist längst übertüncht von dem Prinzip
Gesinnung. Die richtige Gesinnung hat die klare Meinung
abgelöst – und damit die Fakten. Warum sollte man noch
über Tatsachen informieren, wenn man sich auf den Weg
gemacht hat, die Welt zu retten vor den Uneinsichtigen
und vor dem Bösen? Was böse ist oder falsch, das sagen sie
dem Publikum schon selbst.

So wie Angela Merkel der CDU die neue Überschrift
»wir sind die Mitte« verpasst hat, so hat man sich das mit
dem deutschen Journalismus vielleicht auch vorzustellen:
Im Zweifel noch mehrheitlich links, aber nicht mehr offen,
sondern verkleidet im Gewand der erlaubten Gesinnung
und so etwas wie Neutralität vortäuschend werden wir
schon seit geraumer Zeit Zeugen eines Mainstreamjour-
nalismus, der sich im alleinigen Besitz allgemeingültiger
Wahrheiten glaubt, der wenig bis null Toleranz gegenüber
anderen Gesinnungen und alternativen Positionen zeigt.
Da wünschte man sich vielleicht doch wieder eine Welt
der Medien mit pointierten Meinungen aller Richtungen
zurück.

Susanne Gaschke sieht die deutschen Medien schon in
einem Essay aus dem Jahr 2016 statt links oder rechts auf

einem neuen Weg nach oben. Bei vielen Journalisten, sagt sie, habe sich »ein fatales ›darüber‹ breitgemacht«. Sie würden »inzwischen tatsächlich an das Märchen von ihrer eigenen professionellen Objektivität« glauben, sie seien »nicht Teil des Systems«, stünden »nicht einmal außerhalb des Systems«, sondern sie würden »über ihm« schweben.

Eine wachsende Zahl von ihnen hat die Plätze gewechselt – vom harten Stuhl des Informationsbeschaffers und Rechercheurs auf den bequemen Schiedsrichterstuhl, von dem aus man den Daumen heben oder senken und bewerten kann, was das Gute ist und wo das Böse haust. Sie bestimmen die Richtung, in die der Mainstream zu fließen hat. Wer dem Strom der Gesinnung nicht folgen möchte, sondern mit seiner Meinung dagegenschwimmt – was ja das Wesen der Meinungsfreiheit und damit eines wichtigen Teils der Demokratie ausmacht –, der wird mit medialer Nicht- oder Missachtung bestraft oder auf andere Art zum Schweigen gebracht.

In diesem Zusammenhang ist ein Blick auf die Medien während Merkels 16-jähriger Regierungszeit sehr interessant. Wie ist es eigentlich zu erklären, dass die Kanzlerin über weite Strecken ihrer Regierungszeit von der Zustimmung vieler Leitmedien getragen wurde? Ein Grund ist ohne Zweifel das exzellente Verkaufstalent, mit dem ihre beiden Regierungssprecher Ulrich Wilhelm und Steffen Seibert dafür Sorge trugen, dass Angela Merkel und ihre Politik auch bei erstaunlich vielen CDU-kritischen Medienvertretern alles in allem in ein mildes Licht getaucht wurde. Ist den Medienvertretern nicht vorzuhalten, dass sie ihre Kontrollfunktion gegenüber den Regierenden nur begrenzt ausgeübt haben? Ganz gleich, ob von links oder von rechts, Regierungen gleich welchen politischen Zuschnitts sind von den Medien zu kritisieren und nicht in Watte zu packen.

Den zweiten und – wie ich meine – noch wichtigeren Grund für die erstaunlich hohe Zustimmung der Medien für Merkel hat die Kanzlerin nach meiner Beobachtung selbst geliefert. Sie und ihre (noch?) auf Mitte-links-Position stehende CDU haben die SPD genauso wie die Grünen thematisch enteignet und beide Parteien links überholt. Merkel hatte sich schlau der meisten Themen bemächtigt – vom Klimaschutz bis zum Mindestlohn –, für die sich vorher andere Parteien zuständig und kompetent erklärt hatten. Auf einmal war Angela Merkel die Frau, die sich des Themas annahm. Ausgestattet mit dem Bonus der Kanzlerin erschien sie noch dazu kompetent. Entscheidend war, dass sie sich Themen zu eigen gemacht hatte, die auch Journalisten auf dem linken Meinungsspektrum wichtig waren. Warum also hätte man sie kritisieren sollen? Auch wenn es noch immer großartigen Qualitätsjournalismus in Deutschland gibt, trüben solche Tendenzen das Bild professioneller journalistischer Arbeit ein.

Der Schlüsselbegriff heißt Gesinnung. Wie konnte es so weit kommen, dass sie zum obersten journalistischen Maßstab geworden ist? Nach meiner Beobachtung ist Gesinnung der Versuch, sich gegen den Verlust der eigenen Bedeutung zur Wehr zu setzen. Die digitale Welt marginalisiert die Bedeutung erleuchteter Redakteure (in deren Selbstwahrnehmung) und zwingt sie vom Hochsitz des Schiedsrichters herab auf den harten Boden der Realitäten. Sich von der gewohnten Rolle der Weltverbesserer zu verabschieden, muss für viele Medienmenschen ein schmerzhafter Prozess sein.

Im Internet ist jeden Tag abzulesen, dass ihre Kundschaft, die Leser und Zuschauer, nicht dümmer sind als sie selbst. Manchmal sind die sogar gescheiter. Journalismus in Deutschland ist genauso wie jeder andere Journalismus in den demokratischen Staaten der Welt längst vom Einwegsender zum Dialogmedium zwischen Sender und Empfänger geworden. Mag auch manche Reaktion im Bereich Bullshit oder Häme angesiedelt sein, so sind doch viele Rückmeldungen ein wichtiger Seismograf dafür, was die Menschen von den journalistischen Angeboten halten, was sie bewegt und was sie langweilt.

Da sie, wie bereits erwähnt, den Journalisten oft auch inhaltliche Fehler nachweisen, würden diese auf eine derart selbstbewusste Kundschaft am liebsten verzichten. Daher spricht einiges für die These, dass sich der Gesinnungsjournalismus zur letzten Abwehrschlacht gegen den eigenen Bedeutungsverlust versammelt. Diese Schlacht ist jedoch bereits verloren. Es werden nur die Medienhäuser erfolgreich sein, deren Journalisten unanfechtbar informieren und die den Dialog mit ihren Lesern, Hörern und Zuschauern auf Augenhöhe zu führen bereit sind.

Auf einmal ist alles Recherche

Es heißt, Recherche sei die Königsdisziplin des Journalismus. Dem ist nicht zu widersprechen. Was soll Journalismus denn anderes sein als die gezielte Suche nach Informationen, nach Themen und Widersprüchen? Recherche erfordert Fantasie, Hartnäckigkeit und neuerdings auch internationale Vernetzung – wie bei den Nachforschungen zu den *Panama-Papers,* die am 3. April 2016 veröffentlicht wurden. Es war dies eine Recherche, wie man sie in dieser Dimension noch nicht gekannt hatte. 380 Journalisten in der ganzen Welt waren daran beteiligt. Ich kenne keine journalistische Investigation, die eine so massive Wirkung zeigte. Es ging vor allem um Steuerhinterziehung und Korruption. Finanzbehörden und Gerichte konnten anschließend über eine Milliarde Euro an Strafgeldern und

Steuernachforderungen einziehen. Recherchen in dieser Dimension sind die Ausnahme.

Es sind im Normalfall zunächst einmal akribische Schreibtischarbeiten, doch ohne den Augenschein vor Ort kann sich der gewünschte Erfolg nicht einstellen. Der Reporter muss sich sein eigenes Bild machen können. Sparzwänge in den Redaktionen und wachsende Bequemlichkeit der Journalisten haben jedoch dazu geführt, dass immer öfter die allumfassend informierte Google-Suchmaschine die Bahnfahrkarte oder das Flugticket zum Gegenstand und zum Ort der Recherche ersetzt. Oft wurde ich gefragt, wie es denn möglich sei, dass international erfahrene Journalisten, die als Korrespondenten von gutem Ruf in den USA und in Großbritannien arbeiten, sowohl Trumps Wahl wie auch den Brexit in ihren Berichten kategorisch ausgeschlossen hätten.

Meine Antwort darauf lautete, dass Recherchen in der amerikanischen Ostküstenschickeria von New York oder im Filmestablishment von Los Angeles genauso wenig ausgereicht hätten, sich ein umfassendes Bild von der Stimmung im Land zu machen, wie sich bei den Nachforschungen über den Brexit auf die City von London zu beschränken. Ich will allerdings nicht ausschließen, dass auch der Wunsch der Vater mancher dieser Einschätzungen gewesen sein könnte: der Wunsch, Donald Trump möge nicht siegen, der Wunsch, es möge nicht zum Brexit kommen. Diese Haltung ist verständlich und entsprach der überwiegenden Meinung der Menschen auf der ganzen Welt. Nur im Journalismus hat sie nichts zu suchen. Er verlangt nur eine Haltung: nämlich sein Handwerk zu beherrschen.

Man sieht, Recherche ist gar keine so einfache Sache. Journalisten haben kaum noch Zeit. Kleinere Zeitungen sind meist nur mehr Fremdverwerter von Informationen.

Was im Blatt steht, kommt aus Datenbanken, Informationen aus dem Internet oder umgeschriebenen Presseerklärungen. Es ist wahrlich keine erbauliche Angelegenheit, unter solchen Bedingungen zu arbeiten. Da kam die Wiedergeburt der Recherche gerade recht. Mit ihr war es möglich geworden, den sich abzeichnenden Bedeutungsverlust der Branche ein wenig zu kompensieren. Diese Eigenleistung war es, die das Selbstbewusstsein der Journalisten stärkte, die ihre Seele streichelte.

So können wir jetzt mehrmals täglich lesen sehen oder hören: »Wie unsere Recherchen ergaben«, »nach unseren Recherchen«, »wie unsere umfassenden Recherchen zeigen«. So klingt es, wenn Medienschaffende deutlich vernehmbar darauf hinweisen, dass sie etwas Besonderes, etwas Eigenes, etwas aus dem grauen Einerlei fremder Quellen Herausragendes geschaffen haben. Die Zeiten haben sich geändert, und die Ansprüche sind gesunken. Auf einmal ist alles Recherche! Was ist Watergate im Westentaschenformat? Wenn nach einem dreiminütigen Anruf bei der Pressestelle der Polizei vollmundig zu lesen ist: »Nach unseren Recherchen«.

Merke: Viele Recherchen sind gar keine Recherchen, sondern werden nur so genannt, weil es den Medienleuten guttut und es ganz einfach nach mehr aussieht.

Kopieranstalten

Selbstständigkeit und Unabhängigkeit gegenüber dem Mainstream der Medien zu bewahren, ist keine einfache Sache. Es erfordert Mut und vor allem Überzeugungskraft, ein eigenes Thema gegen den Trend des Tages zu setzen und damit Eigenständigkeit in der Themenauswahl zu bewahren. Ich kenne keinen anderen Beruf, in dem der Herdentrieb so ausgeprägt ist wie im Journalismus. Die Zunft befindet sich in einer gnadenlosen Kopierspirale. Den Takt geben die großen Leitmedien vor. Was sie zum Thema machen, prägt die veröffentlichte Meinung kaskadenförmig bis hinunter zu den Regionalzeitungen.

Dort kann und will es sich ein Chefredakteur in der Regel nicht leisten, die Themenvorgaben der führenden Medienhäuser zu übergehen. Es ist die Angst vor der Lücke, die die Arbeit vieler kleinerer Medien bestimmt. Wichtig ist es, solche Auswahlprozesse für die Menschen transparent zu machen. Schließlich geht es nicht nur darum, welche Informationen ins Blatt, ins Newsportal oder in eine Sendung gelangen, sondern auch, warum das so ist. Die »Warum haben wir das nicht?«-Frage vieler Medienverantwortlicher führt zu einer wachsenden thematischen Gleichschaltung, die einer notwendigen Vielfalt des Journalismus zuwiderläuft.

Dieses Pochen auf Vollständigkeit gab es schon immer. Allerdings war es früher mit einem Anspruch verbunden. Das Thema der Konkurrenz war für das eigene Medium lange Zeit nie ein Grund zu kopieren, sondern allenfalls Anregung, dieser Vorlage der Konkurrenz einen eigenen, neuen, anderen, nicht weniger interessanten, am besten interessanteren Aspekt abzugewinnen. Die Beobachtung der Konkurrenz, wohl eine der wichtigsten Aktivitäten des Journalismus überhaupt, sollte damals vor allem Ansporn sein, es besser zu machen als die anderen.

Das hat sich geändert. Heute reicht oft die Kopie (der Kopie der Kopie). Ein Journalismus, der sich immer ähnlicher wird, verliert an Spannung, Attraktivität, Überraschung, an Unberechenbarkeit. Er wird im wahrsten Sinn des Wortes eintönig. Während meiner über 40-jährigen Tätigkeit als Journalist konnte ich immer wieder feststellen, wie es vielen Kollegen schwerfiel, sich zu exponieren.

Eine öffentliche Unterscheidung in der Meinung oder im Thema war ihre Sache nicht so sehr. Mitunter, so hatte ich den Eindruck, waren sie sich ihrer Sache auch gar nicht so sicher. Da ist es dann wohl angenehmer, im Schutz der Mehrheitsmeinung oder des Mehrheitsthemas in Deckung zu gehen und sich in der kollektiven Geborgenheit der Branche zu positionieren, wie es ein Kollege einmal sehr klug formuliert hat. Die schützende Gemeinschaft, die den medialen Gleichklang orchestriert, gibt einer wachsenden Zahl von Journalisten ein wohliges Heimatgefühl, auf das sie nicht mehr verzichten wollen.

Wer sich in den Kopieranstalten oder in den Gesinnungskathedralen nicht mehr wohlfühlt, weil er das Gegenteil denkt, sagt, schreibt oder sendet, der wird bald spüren, dass er sich auf eine Strecke begeben hat, auf der ihm viele Steine in den Weg gelegt werden.

Wer Donald Trump eine Chance für den Wahlsieg gab, wer in der Flüchtlingskrise auf die Schwierigkeiten der Integration hinwies, wer sich in der Pandemie gegen die Impfpflicht positionierte, wer Argumente für einen Austritt Großbritanniens aus der EU suchte (ich weiß gar nicht, ob es einen Journalisten gab, der das tat), dessen abweichende Wahrnehmung wurde und wird von den Vertretern der Mainstreampublizistik in vielen Fällen als absurde Idee verächtlich gemacht oder totgeschwiegen. Wer immer wieder unter Rechtfertigungsdruck für seine Meinung gerät, wird irgendwann wütend oder resigniert.

Mussisten und andere

»Distanz halten, sich nicht gemein machen mit einer Sache, auch nicht mit einer guten, nicht in öffentliche Betroffenheit versinken.« Dieses Zitat von Hanns Joachim Friedrichs ist heute wichtiger denn je. Ich habe den Eindruck, es wird von immer mehr Kollegen, die sich zum Haltungsjournalismus bekennen, mit Nichtachtung gestraft. Haltungsjournalisten werden geleitet von dem Gefühl, einen Auftrag erfüllen zu müssen. Sie lassen es dabei an Distanz fehlen und hegen nicht den leisesten Zweifel, dass sie die Vertreter des Wahren und des Guten sind. Das Selbstverständnis des Weltverbesserers schließt es eigentlich aus, den Beruf des Journalisten auszuüben. Die gute Absicht kann kein Maßstab für die Medien sein – es sei denn, die gute Absicht zu haben, exzellenten Journalismus zu betreiben. Dabei sollte es allerdings nicht nur bei der Absicht bleiben.

Mancher Journalist ist im Begriff, seine eigentliche Aufgabe aus dem Auge zu verlieren, nämlich den Mächtigen auf die Finger zu schauen. Nicht unwahrscheinlich ist es, dass der Klimaschutz zu einem neuen »Weltrettungs«-Denken führt. Da die Notwendigkeit der Rettung des Klimas von niemandem ernsthaft in Zweifel gezogen wird und es unterschiedliche Positionen nicht über das Ziel, sondern allenfalls über die Wege dorthin geben kann, tut sich hier ein besonders komfortables Gebiet für Haltungsjournalisten auf, deren politische Präferenz ohnehin auf dem Terrain der Grünen zu finden ist.

Die selbst ernannten Erlöser der Erde sind an Fakten nur so lange interessiert, als sie ins eigene Weltbild passen. Sie haben sich entschieden, Journalismus neu zu definieren und neu zu denken. Seine Aufgabe (»Sagen, was ist«!, Rudolf Augstein) deuten sie um in: sagen, senden, schreiben, was muss. Die Mussisten sind eine besondere Gruppe des Journalismus, wie ein Schweizer Kollege einmal amüsiert geschrieben hat. Sie findet immer mehr Sympathisanten. So sagen dieselben den Großen dieser Welt, was sie zu tun oder zu lassen haben. »Der Kanzler muss für Klarheit sorgen.«»Der Präsident muss ein Machtwort sprechen.«»Laschet muss die Konsequenzen ziehen.«»Scholz muss sich entschuldigen.« Die Mussisten gehören zur Kategorie der Belehrungsjournalisten und sind in allen Medien zu Hause – von der kleinen Regionalzeitung bis zum großen Fernsehsender. Ich kann mich des Eindrucks nicht erwehren, dass Mussisten ein wenig wirklichkeitsfremd und auch anmaßend sind. Glauben sie allen Ernstes, die Präsidenten, Kanzler und Minister dieser Welt werden auf ihre Ratschläge hören? Aber irgendeiner muss denen doch sagen, was sie tun müssen, oder? Wofür bräuchte man sonst die Mussisten?

Emotionalisierungs- und Banalisierungsschub

Natürlich ist es die Aufgabe des Journalismus, auch des exzellenten, seine Inhalte so anzubieten und zu verpacken, dass sie nicht gähnende Langeweile hervorrufen, sondern nach Möglichkeit gespannte Aufmerksamkeit. Man muss das immer wieder betonen, weil ein Teil unseres Publikums denkt, seriöse Information könne auf jede Form von animierender Präsentation verzichten und möge sich auf den kargen Kern reiner Sachlichkeit konzentrieren. Diese Vorstellung ist ein Trugschluss und geht von der irrigen Annahme aus, Medienverantwortliche müssten nicht darauf achten, wie ihre Produkte beim Publikum ankommen.

Umgekehrt ist längst bewiesen, dass Zuschauer, Hörer und Leser wichtige Informationen in interessanter und anregender, ja bis zu einem gewissen Grad auch unterhaltsamer Form erwarten. Es kommt also stets auf das richtige Maß und die noch vertretbare Mischung an. Durch die globalen Veränderungen unserer Welt ist im zurückliegenden Jahrzehnt vieles aus dem Gleichgewicht geraten. Für die Eliten genauso wie für die Bürger. Dieser allgemeinen Verunsicherung konnten auch die Journalisten nicht entkommen. Die komplexen Kontexte, wie sie die Welt, die Nation und die Region neuerdings bestimmen, sind für eine wachsende Zahl von Journalisten immer schwerer durchschaubar.

Die Folge ist, durchaus naheliegend, ein plötzlicher Emotionalisierungs- und Banalisierungsschub, leider auch in der politischen Berichterstattung. So nehmen wir in immer kürzeren Abständen anbrandende Erregungswellen wahr, die von einer gefährlichen Unterströmung namens Skandalisierung getrieben werden. Diese Welle der Skandalisierung bewegt sich nicht mehr nur auf Politiker zu, was ein beinahe schon gewohnter Vorgang ist, sondern erfasst inzwischen längst auch Vertreter der Wirtschaft. Bei vollem Bewusstsein wird eine Grenze überschritten, die nichts mehr mit einer vermeintlich interessanten Gestaltung eines Stoffes zu tun hat. Statt differenzierter Darstellung erleben wir die durch und durch moralische Aufladung eines Themas, die einen Prozess der Empörungskommunikation in Gang setzt, der Auflagen, Klicks und Einschaltquoten versprechen soll und dabei Häme statt Fairness zum Maßstab macht. Bei solchen Gelegenheiten leben sich Inquisitionsgefühle und eine besondere Art von Herdenjournalismus aus.

Die Fälle Wulff, Hoeneß und Kachelmann ließen einen am eigenen Berufsstand und an der Justiz zweifeln. Die Menschenwürde wurde mit Füßen getreten und die Schadenfreude, die Medienleuten leider allzu oft zu eigen ist, kam grinsend herein durch die weit geöffnete Tür einer Berichterstattung, die vor nichts und niemandem mehr haltmachte. Bei solchen Gelegenheiten erleben wir den Journalismus der Enthemmten, die am liebsten diejenigen treten, die schon am Boden liegen. Was manche Medien bei solchen Anlässen bieten, lässt einen manchmal an der eigenen Zunft verzweifeln.

Live Cast

Liveberichterstattung ist die Gleichzeitigkeit von Ereignis und Sendung. Ihre Geschwindigkeit hat sich in den letzten Jahren durch die rasant voranschreitende Digitalisierung dramatisch erhöht. Die Übersicht ist längst verloren gegangen, weil ein Millionenheer von Liveberichterstattern, man könnte auch sagen Bürgerreportern unterwegs ist. Ich erinnere mich noch gut an den 9. November 1989, den Tag, an dem die Mauer fiel. Liveberichterstattung bedurfte damals aufwendigster Vorbereitungen. Live war nur möglich mithilfe von gigantischen Übertragungsfahrzeugen, die sich erst einmal zum Ort des Geschehens in Bewegung setzen mussten. Erst als die technische Infrastruktur stand, konnten die Reporter zum Einsatz kommen. Eine Livesituation vorzubereiten, war seinerzeit eine komplizierte Sache.

Heute können Reporter wie auch Bürger mit ihrem Smartphone binnen Sekunden auf Sendung gehen. Ich denke mir manchmal, was eine solche Möglichkeit für den 9. November 1989 bedeutet hätte. Die Nachricht von den Reiseerleichterungen für die Bürger der DDR wäre bereits kurz nach 19 Uhr von Abertausenden Einzelsendern in alle Welt verbreitet worden, die Menschen in der DDR wären nicht erst um 23 Uhr, sondern bereits kurz nach 19 Uhr an die Grenzübergänge geströmt. Der Mauerfall wäre durch die Digitalisierung unseres Lebens, wie sie heute unseren Alltag beherrscht, sehr viel dynamischer – und möglicherweise unberechenbarer – verlaufen.

Deutschland ist – wie die ganze Welt – ein Live Cast geworden. Live ist die Währung, auf die kein Sender mehr verzichten kann und verzichten will. Die besondere Dynamik dieses Journalismus gewinnt immer mehr Bedeutung, auch in den abendlichen Nachrichtensendungen. Die »Wir sind dabei«- und »Wir sind nah dran«-Attitüde soll Authentizität und Glaubwürdigkeit schaffen. In Wirklichkeit jedoch wird eine wachsende Erregtheit und Nervosität bei Journalisten wie beim Publikum erzeugt. Der Gleichzeitigkeitswahn des Instant-TV, des Sofort-Fernsehens, das inzwischen über Millionen Bürgerreporter im Dauereinsatz verfügt, kann das ganze Land in Dauererregung versetzen.

Liveberichterstattung entzieht sich (fast) jeder Kontrolle. Die Informationen verbreiten sich unter den Leuten, sobald die Worte ins Mikrofon gesprochen sind. Das Gesagte ist Allgemeingut und nicht mehr rückholbar. Falsche Fakten, nicht absichtlich verbreitet, sondern einem brutalen Zeitdruck geschuldet, treffen erst einmal auf den Zuschauer oder Hörer, bevor sie bestenfalls während der nächsten Liveschaltung wieder korrigiert werden können. Livereporter mögen in den Stunden oder Tagen ihrer intensiven Medienpräsenz in einem Katastrophengebiet oder Krisenherd zu wichtigen Gliedern der Informationskette werden, in Wirklichkeit sind sie ziemlich arm dran. Sie können sagen, was sie wollen, bei einem Teil des Publikums machen sie es immer falsch.

Wer zu schnell ist, vermutet einen Terroristen, wo es sich um einen amoklaufenden Einzeltäter handelt. Wer dagegen erst ein weiteres Mal recherchiert, eine weitere Information einholt, kommt erst später auf Sendung als die Konkurrenz und wird dafür von seinem Chefredakteur als Schlafmütze gerüffelt. Es ist bedauerlich, aber offensichtlich nicht zu ändern, dass das Fernsehen bis zum heutigen

Tag von seinen Kritikern angesichts außergewöhnlicher
Ereignisse nur noch mit einem Maßstab gemessen wird:
Wer war als erster auf Sendung? Wer am besten informiert
hat, wer am besten erklärt hat, das interessiert offensichtlich nicht. Ich finde das bedauerlich.

Es ist eine Chance und ein Problem zugleich, wenn heute jeder, der sich im Besitz eines Handys befindet, auf Facebook und Twitter Livevideos senden kann. Entweder werden auf den Bildern wichtige Informationen sichtbar oder
es sind Fake News beziehungsweise Banalitäten. Streng betrachtet hat das klassische Fernsehen sein Monopol auf das
Livebild jedoch längst verloren. Daher wird die Frage immer wichtiger werden, wie mit Handyvideos von Internet-
nutzern umgegangen werden soll. Der Verwendung solcher
Angebote muss eine sorgfältige Kontrolle des Materials vo-
rausgehen. Nur das spektakulärste Bild zu haben, reicht als
Begründung für seine Verwendung nicht mehr aus. Ernst
Elitz, ehemaliger Intendant des Deutschlandradios, sagte
einmal, im digitalen Meer der Medien brauche es »Anker
der Verlässlichkeit«. Damit meinte er Journalismus in Ab-
grenzung zum nicht journalistischen Teil in den sozialen
Medien. Diese Grenze lässt sich klar beschreiben: Es geht
um Verifizierung, Einordnung, Auswahl und – besonders
wichtig – auch um Verzicht. Eigentlich handelt es sich um
einen Abwehrkampf gegen Sensation und Trivialität. Fatal
wäre es, wenn Journalisten ihre ethischen Standards senken würden, nur um mitzuhalten und dabei zu sein.

Wirtschaft Nebensache?

Martin Walser hat einmal gesagt, dass ein Schriftsteller
über Wirtschaftskenntnisse verfügen sollte. Wenn er einen Roman lese und darin nicht erfahre, wovon der Held

lebe, sei sein Interesse schon halbiert. Walser überraschte in diesem Interview, das er dem *Handelsblatt* gegeben hatte, mit dem Satz, ihm sei Warren Buffet so wichtig wie anderen Leuten Thomas Mann: »Das Feuilleton lebt von Ansichten, der Wirtschaftsteil von Wirklichkeit.«

Walsers Haltung kommt nicht von ungefähr. Seine Eltern betrieben eine Kohlehandlung und ein Bahnhofsrestaurant. Bei Journalisten ist es oft umgekehrt. Es fehlt an Interesse und an Kenntnissen für Wirtschaftsthemen. Journalisten sagen über sich selbst und ihre Kollegen, dass sie die Relevanz von Wirtschaftsthemen oft unterschätzten. Auch, so der selbstkritische Befund, strenge man sich zu wenig an, um die Themen verständlich zu vermitteln. Laut einer Umfrage des Ernst-Schneider-Preises der Industrie- und Handelskammern hält jeder Zweite der befragten Journalisten die Berichterstattung über Themen der Wirtschaft für mittelmäßig oder schlecht. Es gibt einen ganzen Berg von Defiziten, die zu diesem für die Branche wenig schmeichelhaften Ergebnis geführt haben können.

Schon vor zwei Jahrzehnten war eine Tendenz in allen Medien zu beobachten, Wirtschaftsberichterstattung vorwiegend auf Verbraucher- und Nutzwertthemen zu verengen. Der vergleichende Blick auf Benzin- und Heizölpreise in verschiedenen Regionen ist ein Angebot, dass nahe am Menschen sein will (und auch ist).

Ich erinnere mich an viele Redaktionskonferenzen, in denen wir heftige Diskussionen führten, welche Themen in einer Wirtschaftssendung zu behandeln seien und welche nicht. Unbestritten ist, dass Themen, die wichtig für den Alltag der Menschen sind, ihren Platz finden müssen. Wirtschaft in den Medien ist jedoch viel mehr als das: nämlich die Erklärung ökonomischer Zusammenhänge, zum Beispiel Nullzinsen für die Sparer, Zinserhöhung der EZB, Inflationsgefahren, das Währungsverhältnis zwischen Euro und Dollar. Solche Themen sind freilich schwieriger umzusetzen als ein vergleichsweise einfacher Vergleich von Benzin- und Ölpreisen, die natürlich auf ein sehr großes Interesse der Menschen stoßen.

Daher geht es nicht ohne eine besondere Umsetzungsintelligenz und -anstrengung, um Leser und Zuschauer dafür zu interessieren. Die Aufgabe von Journalisten ist es zu zeigen, was ist, aber auch zu erklären und einzuordnen. Manchmal ist es mangelndes Fachwissen, manchmal sind es jedoch auch finanzielle oder strukturelle Zwänge, die dazu führen, dass Fachredaktionen samt Personal geschlossen werden. Es versteht sich von selbst, dass Wirtschaftsjournalismus vor ganz ähnlichen Problemen steht wie alle anderen Redaktionen auch. Sie müssen mit immer weniger Geld auskommen und haben immer weniger Zeit für sorgfältige Recherche und Überprüfung der Fakten.

Man muss sich auch die Frage stellen, wo der Mittelstand in den Medien bleibt. Wir sprechen vom Rückgrat der deutschen Wirtschaft, von »hidden champions« und Weltmarktführern, die die meisten Arbeitsplätze schaffen. Aus eigener Erfahrung weiß ich, dass es nicht leicht ist, Familienunternehmer davon zu überzeugen, dass sie ihren unternehmerischen Erfolg auch zu einem öffentlichen Thema machen müssen. Es kann ja wohl nicht sein, dass die, die Macht über Märkte und Milliarden haben, die Verantwortung für Millionen von Arbeitsplätzen und damit für Schicksale von Abertausenden von Familien tragen, die Meinungsführerschaft auf breiter Front verlieren. Wen wundert es, wenn die soziale Marktwirtschaft immer weniger Anhänger hat, weil zu wenige Unternehmer bereit sind, für dieses weltweit einzigartige Wirtschaftsmodell mit Leidenschaft zu werben und sich dafür auch in die Öffentlichkeit zu wagen (warum eigentlich »wagen«?).

Zu Recht sind Menschen aus der Wirtschaft oft unzufrieden mit dem, was Menschen in den Medien über sie berichten. Andererseits tun sie nichts, um ihr stumpf gewordenes Schwert aufzupolieren. Da ist es doch viel bequemer, die Verantwortung für ihren ramponierten Ruf der vermeintlich oder tatsächlich einseitigen Darstellung in den Medien zuzuschieben. Wo aber bleibt der Mut der Unternehmer zur Selbstverteidigung, zur Richtigstellung, zur Einmischung, zur Werbung für die eigene Sache?

Glauben Sie mir, es ist eine fast unmögliche Angelegenheit, mittelständische Unternehmer zu finden, die bereit sind, das öffentliche Parkett einer Fernsehdiskussion zu betreten. Die Ausreden klingen immer gleich: Keine Zeit, ich werde im Unternehmen gebraucht! Die Handvoll Unternehmer, die doch den Mut aufbringen, sich in die gesellschaftspolitische Diskussion einzuschalten, haben allerdings die nicht immer ermutigende Erfahrung gemacht, dass sie eine solche Debatte nur erfolgreich bestehen können, wenn sie das Spannungsverhältnis zwischen Verantwortungsethik und Gesinnungsethik auszuhalten bereit sind. In jeder öffentlichen Diskussion wird der Unternehmer auf eine Überzahl von Gesinnungsethikern treffen. Deren Ansichten und Forderungen sind ohne Limit und nicht eingeschränkt durch die Zwänge und Notwendigkeiten, die die Frau oder der Mann berücksichtigen müssen, die an der Spitze eines Unternehmens Verantwortung tragen.

Max Weber hat zu Recht darauf hingewiesen, dass die abwägende und die Folgen von Entscheidungen berücksichtigende Position der Verantwortungsethik der Öffentlichkeit sehr viel schwieriger zu vermitteln ist als der Wunschkatalog der Gesinnungsethik, der sich nicht an die Grenzen der Machbarkeit und des Umsetzbaren gebunden fühlen muss. Die Mittelständler – das sind

99 Prozent aller umsatzsteuerpflichtigen Unternehmen dieses Landes! In mittelständischen Betrieben werden 80 Prozent aller Ausbildungsplätze angeboten. Diese Unternehmen tragen rund 70 Prozent der Gewerbesteuer. Allein diese Zahlen zeigen, welche Bedeutung die Familienunternehmen für den jeweiligen Standort und damit für die Region und das ganze Land haben. Es ist Zeit, dass sie sich einmischen und Teil einer öffentlichen Debatte werden, in der die Verantwortungsethiker leider noch immer in der Minderheit sind.

Journalistenpflichten

Der Beruf des Journalisten ist nach wie vor eine der interessantesten Tätigkeiten, die man sich vorstellen kann. Junge Leute streben mehr denn je in den Journalismus. Die Volontariate von Fernsehanstalten und Zeitungen sind gefragt wie nie. Studiengänge für Journalistik sind überlaufen. Die Veränderungen der digitalen Welt machen es offenbar noch interessanter, in den Medien eine berufliche Erfüllung zu suchen.

Was den Beruf des Journalisten so attraktiv macht, ist ein hohes Maß an Freiheit und Selbstbestimmung. Doch das bedeutet nicht nur Selbstverwirklichung und Befriedigung persönlicher Eitelkeiten. Es scheint sich noch immer nicht bei allen herumgesprochen zu haben, dass für den Journalismus die gleichen Regeln gelten wie für jeden Bereich unserer Gesellschaft. Freiheit ist der eine Pol eines Spannungsverhältnisses, an dessen anderem Ende die Verantwortung steht. Dies ist kein schöner Spruch, sondern die Grundlage für journalistische Arbeit. Genau genommen bedeutet das, dass jede Nachricht, jede Reportage, jede Gesprächsrunde und jeder Kommentar, also die Gesamtheit des publizistischen Schaffens, ihren Auftrag, ihre Grenzen und ihre Begründung in der Verantwortung für unsere Gesellschaft finden sollte. So kann publizistisches Schaffen auch bedeuten, eine Recherche sein zu lassen. Spätestens seit Billy Wilders wunderbarem Film »Extrablatt« wissen wir, dass sich Journalisten nicht tagein tagaus ihr Hirn zermartern, wie sie die ethischen Grundsätze ihres Berufs beachten. Sie wollen ganz einfach einen ordentlichen Job machen, eine gute Zeitung, ein interessantes Newsportal. Sie stehen unter Auflagen- und Quotendruck. Hinzukommt eine enorme Beschleunigung der Arbeitsabläufe. Immer mehr Medien klagen außerdem über Sparzwänge, gerade in kleineren Zeitungen, die die Qualität der journalistischen Produkte beeinträchtigen. Gerade weil und auch wenn das publizistische Tagesgeschäft so gnadenlos ist, wie es ist, sollten sich Medienmenschen einem permanenten Prozess der Selbstvergewisserung unterziehen (auch wenn er mitunter Schmerzen bereiten mag) und sich fragen, worauf es in Zukunft vor allem ankommt. Journalisten haben zwar viele Freiheiten und Rechte, aber auch genauso viele Pflichten, an die sie sich selbst immer wieder erinnern müssen.

Ich weiß, Pflicht ist ein uncooles Wort. Helmut Schmidt hat es gefallen, Oskar Lafontaine ist es ein Graus. Ist es nicht so, dass sich viele von uns am liebsten von allem entpflichten wollen? Pflicht – das Wort ist in die Jahre gekommen und unter die Räder des Zeitgeistes. Es könnte vielleicht eine gute Idee sein, gerade in Zeiten wachsender Störungen zwischen Sender und Empfänger über so etwas wie journalistische Selbstverpflichtungen gegenüber den Kunden nachzudenken.

1. Jungen Journalisten versuche ich immer wieder zu vermitteln, dass Medien eine Dienstleistungspflicht ha-

ben. Medienleute sind in aller Regel fantasiereiche Wesen mit einem Kopf voller Ideen. Diese Kreativität ist etwas Wunderbares und macht das Medienvölkchen so einzigartig gegenüber anderen Berufen. Allerdings muss sich dieser geballte Ideenreichtum messen lassen an den Bedürfnissen der Kundschaft.

Es ist ziemlich unerheblich, was sich Redakteure oder Reporter ausdenken, wenn sie mit ihren Produkten am Interesse und den Bedürfnissen des Publikums vorbeischreiben oder vorbeisenden. Medien haben einen Mehrwert für die Menschen zu liefern, die für öffentliche ebenso wie für private Medien einen Preis bezahlen. Renten, Altersvorsorge, Gesundheitsversorgung, Pflegeversicherung sind existenzielle Themen von größter Relevanz und Komplexität. Hier wartet eine Kernaufgabe für Journalisten. An der Behandlung und Bewältigung solcher Lebensstoffe wird sich zeigen, ob Medien überzeugende Antworten auf die Fragen des Publikums geben können.

2. Journalisten haben die Pflicht zur Differenzierung. Durchblick und Überblick drohen für immer mehr Menschen verloren zu gehen. In dieser Situation haben die Medien die besonders verantwortungsvolle Aufgabe, Versicherung statt Verunsicherung herzustellen. Leser und Zuschauer haben ein Recht, undurchsichtige Probleme, Entwicklungen, Entscheidungen so vermittelt zu bekommen, dass sie sie verstehen. Dies ist aber nur möglich, wenn sie von den Überbringern der Botschaft vorher auch geistig durchdrungen worden sind.

Differenzierung bedeutet auch, Missstände aufzudecken, Skandale öffentlich zu machen, die Verursacher zu identifizieren. Diese Resultate professioneller Recherche sind allerdings mit dem deutlichen und vermutlich auflagen- und quotenschädlichen Hinweis zu verbinden, dass es sich bei der Steuerhinterziehung des Managers, bei der verbotenen Spekulation des Bankers oder der unerlaubten Vorteilsnahme des Politikers um Einzelfälle handelt, die nicht den verallgemeinernden Schluss zulassen, eine ganze Zunft, ein ganzes System oder ein ganzes Land stecke tief im Sumpf der Korruption. Die Zukunft gehört dem differenzierenden Journalismus. Dessen Aufgabe besteht darin, verstehbar zu machen, was komplex ist; nahezubringen, was fernsteht; die Distanz zu wahren zu den Mächtigen und Nähe herzustellen zum Alltag.

3. Von der Königsdisziplin Recherche war schon die Rede und auch davon, dass sie Zeit, Geld und erstklassiges Personal erfordert. Sie folgt dem Leitspruch des angelsächsischen Journalismus: »Be first, but first be sure.« Sei nach Möglichkeit der Erste, aber zuerst sei dir deiner Sache sicher. Und dazu gehört eben auch loszulassen, wenn eine Recherche zu dem Ergebnis führt, dass sich der Reporter auf einem Irrweg befindet und sich sein Verdacht als unbegründet erweist. Es gehört zu den größeren journalistischen Fehlleistungen, die Story um jeden Preis zu produzieren. Eine weitere Unsitte ist es, noch nicht zu Ende recherchierte Geschichten auf den Markt zu werfen, getrieben von der Furcht, das Konkurrenzmedium mit der gleichen Geschichte würde früher erscheinen.

4. Auch im Journalismus muss es fair zugehen. Journalisten und ihre Gesprächspartner sollten sich auf einem sachlich selbstbewussten Niveau begegnen. Journalistische Glaubwürdigkeit steht und fällt mit einer angemessenen Gesprächskultur. Medienleute werden ihrem Auftrag nicht gerecht, wenn ihre Interviews entweder zum Schmusekurs verkommen oder zur Inquisition degenerieren. Beide gerade im Umgang mit Politikern gepflegten Varianten werden vom Publikum nicht geschätzt, ja sogar als unzumutbar empfunden, wie entsprechende Reaktionen beweisen.

Der Kehlkopf sollte nicht den Kopf beherrschen. Andersdenkende sollten nicht vorgeführt und dem Spott der Öffentlichkeit ausgeliefert werden. Eigentlich sind das Selbstverständlichkeiten oder sollten es zumindest sein. Sie sind es aber nicht, wie ein Berg von Beispielen aus der neuen deutschen Medienwelt vor Augen führt. Merke: Menschenachtende Fairness und funkenschlagender Streit schließen sich auf den Bühnen der Kommunikation nicht aus. Im Gegenteil: Es ist die brisante Mischung, die das Publikum begeistert, das ist der Kitt, der die Demokratie zusammenhält.

5. Lange genug hat man ihnen eingeredet, sie seien die vierte Gewalt im Staat, allgegenwärtig, allgewaltig und beinahe unkontrolliert. Die Medienmenschen, die gemeint waren, wiesen das mit schelmischer Miene weit von sich, aber hörten es dennoch nicht ungern. So fiel es ihnen Jahrzehnte lang nicht ein, sich für Fehler zu entschuldigen. Dabei wurden wie in jedem Handwerk auch im Journalismus viele Fehler gemacht, wie sollte es auch anders sein. Die Nachlässigkeiten nehmen zu, weil in der digitalen Welt das Tempo steigt und die Produktkontrolle immer schwieriger wird.

Reden wir noch einen Moment von Ethik! Nicht von Gesinnungs-, sondern von Verantwortungsethik. Medien haben in ihrem unersättlichen Jagd- und Auflagenfieber dazu beigetragen, ihren »Opfern« in mitunter menschenunwürdiger Weise zuzusetzen. Journalismus hat die Pflicht, herabzusteigen vom Thron der Unfehlbarkeit und sich für Fehler öffentlich, glaubwürdig und in angemessenem Umfang zu entschuldigen. Es ist nicht auszuschließen, ja sogar wahrscheinlich, dass eine solche Verhaltenskorrektur dazu beitragen wird, verlorenes Vertrauen beim Publikum zurückzugewinnen. Fehler einzugestehen ist bekanntlich ein Zeichen von Stärke.

EPILOG

Was uns
Roman Herzog heute
sagen würde

Aufstand der Ernsthaften

Angesichts der Lage, die ich in diesem Buch dargestellt habe, stellt sich also die Frage, wie wir mit dieser ebenso verfahrenen wie beunruhigenden Situation umgehen wollen. Sie zielt mitten hinein in unsere heutige und zukünftige Alltagsexistenz, dorthin also, wo wir Verluste und Ungerechtigkeit am schmerzhaftesten zu spüren bekommen. Schließlich ist die Wahrheit längst ans Licht gekommen und vor den Menschen nicht mehr zu verheimlichen. Die Renten sind nicht mehr finanzierbar. Die Schulden steigen ins Uferlose. Die Mieten sind nicht mehr bezahlbar. Gesundheit wird immer teurer, Strom und Lebensmittel auch. Werden sich das die Menschen noch länger gefallen lassen? Die Antwort auf diese Frage wird davon abhängen, wie lange die deutsche Hängematte des Wohlstands und der sozialen Abfederung noch trägt. Sobald dieses ebenso bequeme wie gefährliche Netz zur Beruhigung der Menschen zu reißen beginnt, stehen wir vor einer neuen Situation.

Klar, in den Adern der Deutschen pocht nicht das Blut der Revolutionäre wie in Frankreich. Natürlich demonstrieren wir viel und gern und zu jeder Gelegenheit. Radi-

kale, Querdenker, Rechtsextreme, Reichsbürger, Coronaleugner, Linksextreme, Wohlstandsjugendliche testen, was
unsere Demokratie alles so auszuhalten in der Lage ist.
Und unsere Demokratie besteht jedes Mal aufs Neue diese
Prüfung, indem sie den Lauten, Radikalen, Dummen und
den Mitläufern die Gelegenheit gibt, sich in einem System
zu artikulieren, das sie bekämpfen und eigentlich abschaf-
fen wollen.

Die Demokratie bewährt sich immer wieder aufs Neue,
bisher jedenfalls. Würde es dieser Demokratie nicht gut-
tun, wenn der aktive, engagierte und informierte Teil der
Bürgerinnen und Bürger ihrer Unzufriedenheit über die
Inkompetenz der Handlungseliten nicht nur an der Wahl-
urne, sondern auch im direkten Protest auf der Straße Luft
machte? Es ginge nicht um die Verteidigung der Freiheit
gegenüber vermeintlich wild gewordenen Politikern, für
die Corona eine willkommene Gelegenheit gewesen sei, die
Bürgerinnen und Bürger wegzusperren, wie uns gerne versichert wird. Wir müssen uns die Freiheit Gott sei Dank
nicht mehr erobern wie die Franzosen einst beim Sturm
auf die Bastille.

Es würden sich vielmehr jene vernehmbar zu Wort melden, die wissen, dass es die Freiheit in der Demokratie ist,
die ihren Protest überhaupt erst möglich macht. Es ginge
um einen Weckruf von denen da unten an die da oben.
Die Botschaft müsste heißen: Wir nehmen euer Versagen
und eure Nachlässigkeit nicht mehr hin. Wir erwarten von
euch, dass ihr uns während Krisen und Katastrophen besser schützt. Wir erwarten von euch, dass ihr die Lebens-
grundlagen und den Wohlstand kommender Generationen
sichert.

Wenn sich politisches Handeln nur noch auf das Management des Tagesgeschäfts beschränkt und Zukunft nur
mehr als ein Gefäß verstanden wird, in das alles gekippt

wird, was sich zum Zeitpunkt des Handelns nicht lösen lässt, dann kann das nicht gutgehen.

An dieser Stelle möchte ich einem Missverständnis vorbeugen. Ich habe zu keinem Zeitpunkt meiner journalistischen Arbeit Politikerbashing betrieben. Die Welt ist in atemberaubenden Tempo komplexer geworden. Parallel dazu sind Entscheidungen heute sehr viel schneller zu treffen als noch vor fünf, zehn oder zwanzig Jahren. Und für das Virus und die Flut gab es kaum Vorlagen, die sich als Blaupause geeignet hätten. Dieses Argument wird von den handelnden Politikern gerne gebraucht, wenn sie ihr Versagen entschuldigen wollen.

Dies reicht jedoch nicht als Erklärung für die Fülle von Fehlentscheidungen einer sich täglich ändernden Coronapolitik. Diese vollzieht und vollzog sich in einem permanenten Kompetenz- und Profilierungsstreit zwischen Bund und Ländern, in einem Abschieben der Verantwortung zwischen den Ministerien und den Kommunen. Dies führte zu einer langen Liste des Versagens, vor allem verantwortet von den politischen Eliten. Man wird sehen, ob sich die Menschen das weiter gefallen lassen oder den Entscheidern ein entschlossenes und ernsthaftes »So nicht mehr!« entgegenrufen. Vielleicht bedarf es wirklich einer seriösen (!) außerparlamentarischen Opposition mit klugen Köpfen ohne Parteiinteressen und Parteisprech. Wie mächtig eine solche Bewegung zur »Zurückgewinnung von Kompetenz und Sorgfalt« tatsächlich werden könnte, lässt sich schwer vorhersagen, doch Gründe für einen Aufstand der Anständigen gibt es mehr als genug.

Wird der Staat, werden die Politiker, die ihn verkörpern, weiterhin so schamlos in die Taschen ihrer Untertanen greifen, die doch eigentlich ihre Anvertrauten sein müssten? Wir müssen doch nur Statistiken zurate ziehen, um zu einem nicht überraschenden Ergebnis zu gelangen: Deutschland ist Weltmeister unter den Industrieländern, wenn es darum geht, den Faktor Arbeit mit Steuern und Sozialbeiträgen zu belasten.

Ich kenne niemanden, der sich vorstellen kann, dass wir in naher Zukunft noch mehr von unserem sauer Verdienten an den Staat abgeben müssen, den Staat, der längst nicht mehr als Vater oder als Mutter Staat daherkommt, was ja Ausdruck eines fürsorglichen Umgangs mit den Menschen wäre, sondern als Räuber, der den Hals nicht voll genug bekommen kann. Doch der gigantische Schuldenberg, der durch Corona noch einmal enorm gewachsen ist, verheißt nichts Gutes. Das Ausmaß der Staatsverschuldung hat inzwischen einen Umfang angenommen, der beängstigend hoch ist, an den wir uns aber anscheinend längst gewöhnt haben.

Noch einmal zum Mitschreiben: Die Schulden sind von 2019 auf 2020 um 274 Milliarden Euro gestiegen. Der Grund dafür war Corona. Zum Stichtag 31. Dezember 2021 war Deutschland mit 2320 Milliarden Euro verschuldet, in Zahlen schreibt sich das so: 2 320 000 000 000 Milliarden – oder sagen wir einfach: 2,3 Billionen. Man kann es auch so sagen: Jeder von uns Deutschen ist allein durch die Kreditaufnahmen des Staates mit knapp 2000 Euro zusätzlich verschuldet.

Man mag uns immer wieder mit neuen Märchen in den Schlaf singen wollen, aber angesichts dieser astronomischen Summen braucht es nur wenig Fantasie, um sich vorstellen zu können, dass sich auch künftige Regierungen weiterhin hemmungslos aus dem Staatssäckel bedienen werden, den fleißige Menschen in diesem Land durch ihre Steuern und sonstigen Abgaben und Zuschläge füllen werden. Natürlich kann, ja soll ein Land nicht schuldenfrei sein. Aber genauso natürlich verlangt die Haushaltsdisziplin, dass der Staat seine Schulden zurückzahlt, auch wenn sie in der Geschichte der Bundesrepublik nie auf Heller und Pfennig oder Euro und Cent zurückgezahlt wurden.

Die Rede ist von den guten Schulden, mit deren Hilfe man wichtige Zukunftsinvestitionen stemmen können muss. Dennoch darf die Frage nicht verdrängt werden, wie und wann das Geld, das man in der Krise zu Recht in die Hand genommen hat, wieder zurückgezahlt wird – schließlich handelt es sich ja nicht um Peanuts, sondern um einen dreistelligen Milliardenbetrag. Woher das Geld nehmen? Ganz einfach: Die Linke träumt mangels intellektueller Alternativen wieder einmal von einer Vermögensabgabe. Etwas anderes war nicht wirklich zu erwarten. Für diese Legislaturperiode mag es uns beruhigen, dass die Vernünftigen in der Ampelkoalition die Vermögenssteuer erst einmal vom Tisch gewischt haben.

Wir dürfen also gespannt sein, was sich ebenso engagierte wie unzufriedene Deutsche einfallen lassen, um den Zerfallserscheinungen des Landes kraftvoll entgegenzuwirken. Es wäre ja auch denkbar, dass sich eine solche Volksbewegung (in welchem Umfang sie auch immer antreten würde), in eine ganz andere, neue Richtung bewegt: raus aus der Umklammerung der Politik, die auch noch unser Privatleben regeln möchte, weil sie glaubt, besser zu wissen, was gut für uns ist, wie der Philosoph und Medienwissenschaftler Norbert Bolz sagt. Damit wäre ein solcher Befreiungsakt nichts anderes als ein Aufstand gegen die voranschreitende Bevormundung durch den stets mächtiger werdenden Wohlfahrtsstaat, gegen den grenzenlos vorsorgenden Sozialstaat, der in seinen hemmungslosen Betreuungsaktivitäten immer weitergehen zu müssen glaubt, um den Einzelnen vor seinen individuellen Freiheiten zu schützen.

Wäre ein solcher Aufstand auch in den neuen Bundesländern denkbar, wo man der staatlichen Fürsorge, wie
man sie in DDR-Zeiten gewohnt war, noch immer nicht
ganz entwöhnt ist? Könnten diese zur Veränderung entschlossenen Deutschen mit einer großen Demonstration
zeigen, dass sie zwar politische Kompetenz und Übernahme politischer Verantwortung von ihren Volksvertretern
verlangen, aber gleichzeitig auch deren Eingeständnis,
nicht mehr die universalen Problemlöser (Norbert Bolz) zu
sein, die den Eindruck erwecken, auf alles sofort eine Antwort parat zu haben.

Die engagierten und die kritischen Geister bilden selten die Mehrheit, eigentlich nie. Das lehrt die Geschichte der Menschheit. Das war auch schon John F. Kennedy
bewusst, als er im Januar 1961 in seiner Antrittsrede als
Präsident der Vereinigten Staaten den berühmt gewordenen Satz sprach: »Frage nicht, was dein Land für dich tun
kann, sondern frage, was du für dein Land tun kannst.«
Der Präsident wollte die Amerikaner damit zu mehr Engagement und Einsatzbereitschaft bewegen. Damit forderte
er sie auf, nicht auf die Wohltaten und die Hilfsbereitschaft
des Staates zu warten.

Heute, mehr als 60 Jahre danach, vermisse ich einen
solchen Appell bei uns im Land. Betreuung ist eben für viele Deutsche noch immer die beste Art, regiert zu werden.
Dieses Erbe der DDR hat man mit der Wiedervereinigung
Deutschlands nicht ausgeschlagen, sondern im Gegenteil
dankbar angenommen. Wir werden schon versorgt werden,
ist eine weitverbreitete Haltung im vereinten Deutschland.
Der Rest ist Gleichgültigkeit – außer, wenn es um die eigenen Interessen geht.

Während dieses Buch so gut wie abgeschlossen ist,
verändert sich die Welt binnen weniger Tage in einem
so dramatischen Tempo, dass diese neue Weltlage und

ihre Auswirkungen auf Deutschland einige zusätzliche Gedanken nahelegen. Der Angriff Putins auf die Ukraine markiert eine Zeitenwende, von der Bundeskanzler Olaf Scholz am 27. Februar 2022 im Deutschen Bundestag sprach. In der Mitte Europas, nur zwei Flugstunden von Berlin entfernt, herrscht Krieg. Die Gefahr einer Eskalation zu einem dritten Weltkriegs ist nicht mehr ausgeschlossen – ein gespenstischer Gedanke, der 2022 Realität geworden ist.

Es sind viele unter uns, denen die Ungewissheit dieser Wochen Angst macht. Die Demokratie und ihre Kraft der Freiheit wird von Autokraten wie Wladimir Putin alles andere als zerbrechlich, sondern vielmehr als ernsthafte Bedrohung empfunden, die man nur glaubt überwinden zu können, wenn man sie mit Panzern und Bomben, mit roher Gewalt auszulöschen versucht, wie das in der Ukraine Tag für Tag und Nacht für Nacht geschieht. Weil sich die Angst, die der Präsident Russlands offensichtlich vor dem Freiheitssystem des Westens empfindet, mit seiner Großmachtfantasie zaristischer Dimension verbindet, ist es nicht möglich, sein politisches und militärisches Denken zu kalkulieren.

Wie immer dieser Krieg ausgehen mag, provoziert er hoffentlich ein neues Nachdenken über die Situation, in der sich Europa und Deutschland außen- und sicherheitspolitisch befinden. Einige Zeichen der vergangenen Wochen lassen sich so deuten, als hätten der Westen, Europa und auch Deutschland erkannt, was jetzt auf dem Spiel steht. Es geht um nicht mehr und nicht weniger als eine neue Weltordnung. Wenn es der freien Welt nicht gelingt, Putin in seine Schranken zu weisen, so bedeutet das nicht mehr und nicht weniger als eine Carte blanche, freie Hand für die Diktatoren dieser Welt, die sich eingeladen fühlen könnten, es Moskau gleichzutun.

Während Washington schon längst keinen Zweifel mehr am russischen Angriff Putins auf die Ukraine hatte, träumten die Europäer, allen voran die Deutschen, noch den Traum der Friedensverliebten, für die Krieg seit der Wiedervereinigung ein Fremdwort geworden war. Doch jäh wurde die naive Sehnsucht, alle Menschen mögen Brüder im Frieden sein, im Keim erstickt. Erschrocken rieb man sich in Europas Hauptstädten, vor allem in Berlin, die Augen, als russische Soldaten in der Ukraine standen. Verwundert musste man zur Kenntnis nehmen, dass der Frieden längst nichts keine Selbstverständlichkeit mehr ist, sondern ernsthaft bedroht.

Die Demokratie, derer wir uns für alle Zeiten sicher wähnten, verträgt keinen Augenblick Vernachlässigung, sondern bedarf sorgfältigster Pflege. In diesem Buch war vor allem von den inneren Gefährdungen der Demokratie die Rede – von Demokratieverweigerern, Verschwörungstheoretikern, vom Sturm auf den Reichstag und von der Tatsache, dass wir unsere Demokratie genauso selbstverständlich genommen haben wie den Frieden, der jetzt auf einmal von einem Aggressor in Europa bedroht ist. Haben wir uns so etwas je vorstellen können? War die Demokratie für uns nicht so selbstverständlich geworden, wie der Strom aus der Steckdose und das Benzin aus der Zapfsäule?

Jetzt müssen wir auf einmal feststellen, dass wir ein Problem haben mit der Demokratie, dem Strom und dem Benzin. Dies zu erkennen, gehört zum Prozess des Erwachsenwerdens. Deutschland als Staat und auch seine Menschen erleben gerade einen Schub ins Erwachsenenleben und müssen unter Schmerzen erkennen, dass nichts mehr selbstverständlich ist – nicht einmal mehr das, woran wir uns jetzt mehr als ein Menschenalter gewöhnt hatten – nämlich in Frieden zu leben.

Da eine ganze Nation, einschließlich ihrer Eliten, jahrelang in der trügerischen Annahme verharrte, in Deutschland und Europa könne nie wieder ein Krieg ausbrechen, rüstete sie auf sträfliche Weise das ab, was zum Schutz vor Angriffen anderer Staaten dient: die Bundeswehr. Die Truppe wurde jahrzehntelang vernachlässigt, kleingespart, in die Wehruntauglichkeit getrieben. Alles, was mit Waffen zu tun hat, ist den Deutschen ohnehin zuwider. Spätestens seit der Abschaffung der Wehrpflicht durch den forschen Baron zu Guttenberg war die Bundeswehr Persona non grata geworden. Zynisch könnte man jetzt sagen, dank Putins Überfall auf die Ukraine wird von einer Zeitenwende auch bei der Bundeswehr gesprochen. Mit 100 Milliarden soll sie jetzt in die Lage versetzt werden, dass sie kämpfen kann und dass deutsche Soldaten so ausgerüstet sind, dass sie nicht mehr um ihr Leben fürchten müssen. Niemand hatte erwartet, dass diese radikale Wende in der Außen- und Sicherheitspolitik Deutschlands ausgerechnet von einem sozialdemokratischen Bundeskanzler vollzogen würde.

Dieser Krieg lehrt uns auch, dass wir nichts in unserem Leben als selbstverständlich betrachten sollten. Wir sehen, wie zerbrechlich und anfällig Demokratie und Frieden sind. Gleichzeitig werden wir Zeugen, mit welchem Mut unter Einsatz ihres Lebens die Ukrainer die Freiheit ihres Landes auf dem steinigen Weg zur Demokratie verteidigen. Viele von den Frauen und den Kindern, die in den Westen geflüchtet sind, haben nur ihr nacktes Leben gerettet. Binnen Stunden wurden sie aus der Bahn einer gesicherten Existenz geworfen. Diese Heimatvertriebenen des Jahres 2022 haben Tod, Blut, Schmerz und Leid erlebt, was nie in ihrem Lebensbuch verzeichnet war. Für sie geht es längst nicht mehr um ein auskömmliches Leben.

Die Bilder dieses Krieges lehren uns, dass Wohlstand alles andere als selbstverständlich ist und dass die Geschichte vom guten und immer besseren Leben über Nacht zu Ende erzählt sein kann. Wir beginnen zu erkennen, wie auch unsere deutschen Sicherheitszonen schrumpfen. Gewohnte Gültigkeiten geraten in Gefahr oder gehen verloren. So stellen wir erstaunt fest, dass Energie- und Klimapolitik in Zeiten des Krieges anders funktionieren, als es in den grünen Lehrbüchern geschrieben steht. Die Erkenntnis, dass Energiepolitik auch Sicherheitspolitik ist, nimmt eben keine Rücksicht auf Parteibücher.

Offensive der Sorgfalt

Unabhängig vom Kriegslärm müssten wir Deutsche uns jetzt möglichst schnell in einen Zustand versetzen können, der es uns ermöglicht, besser zu werden, als wir sind, und zur Spitze aufzuschließen, an der wir einmal waren und an der jetzt andere unseren Platz einnehmen.

Was im Argen liegt und was schnell anders werden müsste, dafür hat dieses Buch einige Beispiele zu liefern versucht, die zeigen, wie Deutschland nachgelassen hat – seine Eliten wie seine Bürger. Dieser Zustand ist bereits seit mehr als einem Jahrzehnt zu beklagen. So lange ruhen wir uns schon in der Hängematte unseres Wohlstands aus und geben uns mit dem Durchschnitt zufrieden.

Daher ist es Zeit für eine Sorgfaltsoffensive, die dem Virus der Nachlässigkeit, der unser Land befallen hat, mit aller Kraft entgegenwirkt. Deutschland ist zu einem »Geht-auch-so«-Land verkommen. Diese Nachlässigkeit macht sich vor allem dort bemerkbar, wo es um den Dienst am Kunden geht. Im Land der Satten nimmt der Leistungswille in einem dramatischen Tempo ab. Die Bereitschaft, das Beste zu geben, sich anzustrengen, sich mehr als erforderlich einzubringen, ist von Jahr zu Jahr mehr verkümmert.

Wenn sich Deutschland weiter mit dieser Durchschnitts-haltung zufriedengibt, wird es im internationalen Leis-tungsvergleich immer weiter zurückfallen.

Daher braucht dieses Land einen Pakt gegen Nachläs-sigkeit und für mehr Sorgfalt. Eine solche Offensive ist von gleicher Wichtigkeit wie das Engagement bei den Themen Klimaschutz und Nachhaltigkeit. Es geht um nicht mehr und nicht weniger, als sich mit Leidenschaft sowie nach bestem Wissen und Gewissen für eine Sache einzusetzen – jeweils an der Stelle, an der er oder sie Verantwortung trägt. Es geht um ein radikales Umdenken in unserer Gemein-schaft – bei den Eliten, die weitreichende Entscheidungen in der Politik, der Wirtschaft oder der Wissenschaft treffen müssen, wie bei Millionen von Bürgerinnen und Bürgern in ihrer jeweiligen beruflichen Existenz. Es geht jetzt um alles und um alle.

Romano Guardini, Philosoph und Theologe, sprach schon vor vielen Jahrzehnten von der »Metanoia«, einer Überprüfung unserer gesamten Lebenshaltung und einer »Änderung der Weise, wie Menschen und Dinge gesehen und genommen werden«. Oberstes Gebot für Guardini ist es, »eine Sache so zu tun, wie sie ihrer Wahrheit nach getan sein will« – und wie sie längst nicht mehr getan wird, ist aus heutiger Sicht hinzuzufügen.

Hören wir endlich auf mit unserem Eskapismus, einer Realitätsverweigerung, die unsere Sinne betäubt und un-sere Wahrnehmung so verändert, dass wir wie im Drogen-rausch die Wirklichkeit und die Probleme ausblenden und die Welt um uns herum nur mehr in den schönsten Far-ben sehen, »ein Surrogat wie ein Zug am Joint oder eine Nase Koks, das heißt ein kleiner Urlaub von der Wirklich-keit«, wie der peruanische Nobelpreisträger Mario Vargas Llosa in seiner großartigen Betrachtung »Alles Boulevard« schreibt.

Ein neuer Ruck

»Es geht mit quälender Langsamkeit voran. Wir leisten uns den Luxus so zu tun, als hätten wir zur Erneuerung beliebig viel Zeit: ob Steuern, Renten, Gesundheit, Bildung – zu hören sind vor allem die Stimmen der Interessensgruppen und der Bedenkenträger. Wer die großen Reformen verschieben oder verhindern will, muss aber wissen, dass unser Volk dafür einen hohen Preis zahlen wird ... Die zentralen Herausforderungen unserer Zeit werden wir mit diesem Tempo ganz gewiss nicht bewältigen. Wer 100 Meter Anlauf nimmt, um dann zwei Meter weit zu springen, der braucht gar nicht anzutreten.«

Dieses Zitat ist ein Vierteljahrhundert alt und der berühmten Ruckrede des damaligen Bundespräsidenten Roman Herzog entnommen. Wie man unschwer feststellen kann, hat sich an der Beschreibung der Lage Deutschlands zwischen 1997 und 2022 wenig geändert. Jeder Satz klingt wie heute geschrieben. Herzog wollte damals die Deutschen aufrütteln. Er wollte, dass ein Ruck durch Deutschland geht. Diese Rede vom 26. April 1997 im Berliner Hotel Adlon gehört zum politischen Vermächtnis des wiedervereinigten Deutschlands.

Deutschland braucht einen neuen Ruck. Was würde Roman Herzog uns heute sagen?

Er würde uns sagen, dass er in seiner Adlon-Rede vor 25 Jahren schon eine klare Vorstellung formulierte, was im Deutschland des Jahres 2022 anders sein müsste. Er stellte sich ein Land vor, in dem der Einzelne mehr Verantwortung übernehmen würde, die Freiheit zum zentralen Wert unseres Landes geworden wäre und dass Deutschland endlich mehr internationale Verantwortung übernommen hätte.

Er müsste feststellen, dass ein Vierteljahrhundert später keine dieser drei zentralen Forderungen erfüllt ist.

Er würde uns ins Stammbuch schreiben, dass wir damals wie heute kein Erkenntnis-, sondern ein Umsetzungsproblem haben. Er würde uns sagen, dass Deutschland noch immer der Schwung zur Erneuerung fehlt. Die Deutschen wollen kein Risiko eingehen, nichts Neues wagen und ihre gewohnten, eingefahrenen Wege nicht verlassen. Er würde uns zornig fragen, warum wir uns nach wie vor über die unwichtigen Dinge streiten – offenbar um den wichtigen nicht ins Auge sehen zu müssen.

Seit vielen Jahren beschreiben wir Bildung vollmundig als das Zukunftsthema unseres Landes. Vor fast 60 Jahren schrieb Georg Picht einen alarmierenden Weckruf über die Bildungskatastrophe in Deutschland. Seitdem hat sich einiges bewegt, aber bei Weitem nicht genug. In Deutschland verkümmert der Rohstoff Geist an allen Gliedern der Bildungskette. Das Schließen der Bildungslücken geht nicht von heute auf morgen, sondern wird noch viele Jahre dauern. Erstklassige Professoren, Lehrer und Vorschulerzieher sind nicht zum Nulltarif zu haben, sondern kosten Geld, vor allem, wenn man sie in ausreichender Zahl einsetzen will. Es ist an der Zeit, den aufgeblähten Sozialstaat, der sich längst zur Regierung in der Regierung verselbstständigt hat, auf notwendige Leistungen zu reduzieren und die frei werdenden Mittel in die Bildung von Kindern und Jugendlichen zu investieren. Wenn 100 Milliarden Sondervermögen Bundeswehr möglich, weil notwendig sind, dann müssen 500 Milliarden Sondervermögen Bildung auch möglich, weil notwendig sein. So würde es uns Roman Herzog sagen, der in seiner Adlon-Rede bereits vor dem sich selbst überfordernden, weil nicht mehr finanzierbaren Sozialstaat eindringlich gewarnt hatte.

Die vergangenen 25 Jahre zeigen ein Deutschland, das im internationalen Vergleich immer mehr ins Hintertreffen gerät. Gründe dafür sind die mangelnde Fähigkeit und der fehlende Wille der Eliten, das als richtig Erkannte auch durchzusetzen.

In diesem Buch geht es nicht darum, Rezepte oder Programme zu entwickeln, sondern Gedanken zu sammeln, aus denen sinnvolles Tun entstehen könnte.

Wir haben keine Zeit mehr. Zu lange wurde zu viel vertagt. Entscheidungen in Deutschland werden auf die lange Bank geschoben und nicht getroffen. Renten, Gesundheit, Bildung, Steuern – die großen Probleme lassen sich nicht mehr verschieben. Sollten diese wichtigen Lebensthemen der Deutschen nicht umgehend gelöst werden, wird vor allem die junge Generation einen hohen Preis dafür bezahlen müssen.

Es wird nicht die einzige Last sein, die kommenden Generationen angesichts Corona- und Kriegskosten auf die Schultern gelegt wird. Die gewählten, gestaltenden und damit verantwortlichen Politiker müssen angesichts dieser schwierigen Entscheidungen in einer sich immer schneller drehenden und komplexer werdenden Welt eine Eigenschaft ablegen, die ihr Handeln seit Jahrzehnten bestimmt: die Angst vor der Wahrheit! Das Notwendige können sie nur dann tun, wenn sie aufhören, auf den nächsten Wahltermin und die vermeintlichen oder tatsächlichen Erwartungen der Wählerinnen und Wähler zu schielen. Dazu sind allerdings nur die wirklich in der Lage, deren Ausbildung und Berufsprofil ihnen Alternativen zum Politikerdasein erlauben.

Immer mehr Menschen verstehen nicht mehr, wie Entscheidungen in Politik, Wirtschaft oder Wissenschaft zustande kommen. Das liegt einerseits an der Komplexität der Themen und Probleme, andererseits und vor allem an der Sprache der Eliten, die nicht mehr bei den Bürgerinnen und Bürgern ankommt. Dies muss schnell anders werden, weil sonst der Vertrauensverlust in der Bevölkerung weiter voranschreitet. Immer mehr Deutsche haben einen wachsenden Bedarf an differenzierten und verständlichen Antworten. Ich frage mich, warum es unseren Politikern und Wirtschaftsführern so schwerfällt, diese Erwartungen zu erfüllen. Sie verzetteln sich stattdessen in kleinteiligen Zahlenkolonnen, die keinen Platz mehr lassen für die Erklärung der Zusammenhänge, für die große Perspektive. Erklärungsarbeit ist anstrengend, aber bietet die Chance, diffuse Vorurteile in fundierte Urteile zu verwandeln. Dies setzt allerdings voraus, dass man Argumenten gegenüber aufgeschlossen ist, zuhört und erkennt, dass man sich in einer Welt, die gerade aus den Fugen gerät, daran gewöhnen muss, dass es Planungssicherheit wie in der Vergangenheit immer seltener geben wird.

Alle sind in der Pflicht, wenn es darum geht, lieb gewordene Besitzstände auf den Prüfstand zu stellen und sich auf noch immer hohem Niveau einzuschränken.

Alle sind gefragt, wenn es darum geht, sich mehr auf sich selbst als auf die Fürsorge des Staates zu verlassen.

Wir alle sind gefragt, wenn es darum geht, achtsam mit unserer Demokratie umzugehen, deren Zerbrechlichkeit uns immer wieder vor Augen geführt wird.

Wir alle sind gefragt, wenn es darum geht, wer die Richtung bestimmt, in die dieses Land und seine Gesellschaft in den kommenden Jahren gehen werden: Sind es diejenigen, die eine demokratische Legitimation haben oder die, denen es gelingt, lautstarke Öffentlichkeit für ihr Thema zu mobilisieren?

Vielleicht würde uns Roman Herzog solche Gedanken nahelegen und fragen, wo eigentlich der Ruck geblieben ist, den er vor einem Vierteljahrhundert für dieses Land eingefordert hat. Könnte sein, dass er wiederholte, was er damals im Berliner Hotel Adlon sagte: »Die Welt ist im Aufbruch, sie wartet nicht auf Deutschland.«

Literaturverzeichnis

Albright, Madeleine, Faschismus. Eine Warnung, Köln 2008

Applebaum, Anne, Die Verlockung des Autoritären. Warum antidemokratische Herrschaft so populär geworden ist, München 2021

Beckstein, Guenter, Künast Renate, Schwarz vs. Grün, München 2021

Brechtken, Magnus, Der Wert der Geschichte, Zehn Lektionen für die Gegenwart, München 2020

Bueb, Bernhard, Die Macht der Ehrlichen. Eine Provokation, Berlin 2013

Buschkowsky, Heinz, Die andere Gesellschaft, Berlin 2014

Bolz, Norbert, Diskurs über die Ungleichheit, Paderborn 2009

Bolz, Norbert, Die Avantgarde der Angst, Berlin 2020

Dohnany von, Klaus, Nationale Interessen, München 2022

Fleck, Dirk C., Die vierte Macht, Hamburg 2012

Fourest, Carolin, Generation beleidigt. Von der Sprachpolizei zur Gedankenpolizei, Berlin 2020

Gauck, Joachim, Toleranz, Freiburg 2019

Gottlieb, Sigmund, Stoppt den Judenhass, Stuttgart 2020

Grau, Alexander, Hypermoral, Die neue Lust an der Empörung, München, 2. Auflage 2017

Hahne, Peter, Seid Ihr noch ganz bei Trost?, Köln 2020

Krall, Markus, Die Bürgerliche Revolution, Stuttgart 2020

Kraus, Josef, Der deutsche Untertan – vom Denken entwöhnt, München, 3. Auflage 2021

Llosa, Mario Vargas, Alles Boulevard. Wer seine Kultur verliert, verliert sich selbst. Berlin 2013

Mak, Geert, Große Erwartungen auf den Spuren des europäischen Traums, München 2020

Maier, Hans, Wegmarken seiner Geschichte, München 2021

Mayer-Schoenfelder, Viktor und Cubier Kenneth, Big Data, Die Revolution, die unser Leben verändern wird, München 2013

Moravia, Alberto, Die Gleichgültigen, Hamburg 2015

Nida-Rümelin, Julian, Demokratie als Kooperation, Frankfurt 1999

Picht, Georg, Die deutsche Bildungskatastrophe, München 1964

Postman, Neil, Wir amüsieren uns zu Tode, Frankfurt, 19. Auflage 2014

Precht, Richard David, Von der Pflicht, eine Betrachtung, München 2021

Pruys, Karl Hugo, Die Republik der Phrasendrescher, Berlin 2004

Safranski, Ruediger, Goethe – Kunstwerk des Lebens, Frankfurt, 2. Auflage 2017

Schirach von, Ferdinand und Kluge, Alexander, Die Herzlichkeit der Vernunft, München, 2. Auflage 2017

Schopenhauer, Arthur, Die Kunst, Recht zu behalten, Wiesbaden 2015

Schirrmacher, Frank, Payback, München 2009

Steiner, George, In Blaubarts Burg, Anmerkungen zur Neudefinition der Kultur, Berlin 2014

Steiner, George, Ein langer Samstag, Hamburg 2016

Wagenknecht, Sarah, Die Selbstgerechten, Frankfurt 2020

Wagner, Hubert und **Gottlieb,** Sigmund, Wie der Kunde wieder König wird, Rosenheim 2019

Weber, Max, Politik als Beruf, Stuttgart 1992

Winkler, Heinrich August, Zerbricht der Westen? München 2007

Anleitung zum Selberdenken

Ein leidenschaftlicher, scharfzüngiger Weckruf gegen den Mainstream. Josef Kraus, Bestsellerautor und Träger des Bundesverdienstkreuzes, sieht eine »Postdemokratie« heraufziehen, dessen Lebensgeister endgültig zu verschwinden drohen: Seine Bürger liefern sich größtenteils apathisch einer »Vollkasko-Bemutterung« durch den Staat aus. Höchste Zeit aufzuwachen und dem allseits grassierenden Konformismus etwas entgegenzusetzen.

Josef Kraus
DER DEUTSCHE UNTERTAN
352 Seiten · ISBN 978-3-7844-3584-8
auch als E-Book erhältlich

langenmueller.de

Bedroht die Ideologisierung unsere Demokratie?

Thilo Sarrazin, einer der meistgelesenen politischen Denker Deutschlands, beobachtet seit Jahren zunehmende Ideologisierungstendenzen auf allen Seiten des politischen Spektrums und in den Medien. Wenn Logik und Empirie durch »alternative Fakten« ersetzt werden, weitet sich der Raum für ideologisch geprägtes Denken und die Toleranz nimmt ab. Das widerspricht nicht nur dem Geist der abendländischen Aufklärung, sondern gefährdet die Grundlagen unserer demokratischen und liberalen Gesellschaftsordnung.

Thilo Sarrazin
DIE VERNUNFT UND IHRE FEINDE
392 Seiten · ISBN 978-3-7844-3641-8
auch als E-Book erhältlich

langenmueller.de